Stoppen met roken vc

Allen Carr bij Boekerij:

Stoppen met roken
Stoppen met roken voor vrouwen
Stoppen met alcohol

www.boekerij.nl

EASY WAY STOP
SMOKING WOMEN

NEDERLANDS

en

…, voorgoed en zonder aan te komen

BOEKERIJ

Eerste druk 2004
Twintigste druk 2020

ISBN 978-90-225-8589-4
ISBN 978-94-023-0292-9 (e-book)
NUR 860

Oorspronkelijke titel: *Allen Carr's Easy Way for Women to Stop Smoking*
Oorspronkelijke uitgever: Arcturus Publishing
Nederlandse vertaling: Delta Text, Marjo Frings Latour
Omslagontwerp: Hilden Design, München
Zetwerk: Mat-Zet bv, Soest

Allen Carr

Na talloze mislukte pogingen om van zijn eigen verslaving aan nicotine af te komen ontdekte Allen Carr in 1983 waarop de wereld had zitten wachten – de Carr-methode om te stoppen met roken. Hij gaf een succesvolle carrière als accountant op om de rokers van de wereld te genezen en bouwde een wereldwijde reputatie op met zijn fenomenale methode en een netwerk van praktijken over de hele wereld. Allen Carrs *Stoppen met roken* werd een internationale bestseller en werd in meer dan twintig talen vertaald, gevolgd door *The Only Way to Stop Smoking Permanently*, *Kinderen en roken* en video-, audio- en cd-romversies van de Carr-methode.

In 1998 werd Allen Carr uitgenodigd op het tiende wereldcongres over tabak en gezondheid in Peking, een onderscheiding waar de beroemdste arts trots op zou zijn. Zijn methode en reputatie konden geen hogere lof krijgen. Hij wordt nu alom als 's werelds leidende expert op het gebied van stoppen met roken beschouwd.

Door het succes van de Carr-methode zochten ook mensen met andere problemen Allen Carrs hulp. Dit resulteerde in de publicatie van *En nu: afvallen*, en *Overwin uw vliegangst*. Na tests met een aantal patiënten ontdekte hij dat de eenvoudige logica van de Carr-methode ook werkte bij mensen met een drankprobleem en Allen Carr schreef vervolgens *Stoppen met alcohol*.

Mannen komen van Mars

Mijn bijzondere dank aan Angela Jouanneau,
een van onze therapeuten, die de tekst in dit boek heeft bijgeschaafd
en er het Venus-gevoel in heeft gelegd.

Inhoud

Inleiding

Ik schreef mijn eerste boek, *Stoppen met roken*, in 1985. Sindsdien heb ik bijna elke dag iets nieuws over nicotineverslaving geleerd. Tot nu toe heb ik alles vanuit mijn standpunt geschreven. In dit boek heb ik geprobeerd om dat standpunt een beetje naar de achtergrond te verplaatsen en vertel ik de ervaringen en inzichten van vrouwelijke rokers die met behulp van de methode voorgoed zijn gestopt. De meeste cliënten die tegenwoordig naar onze sessies komen zijn vrouwen en daarom moet er een versie van de Carr-methode aan hen worden gewijd. Toch?

Men heeft mij gevraagd of het nodig is – of zelfs politiek correct met het oog op het sociale klimaat van vandaag de dag – specifiek over vrouwen en roken te schrijven. Ik beweer immers dat mijn methode werkt bij álle rokers. Ik ben nog steeds die mening toegedaan. Maar ik weet uit eigen ervaring en uit gesprekken met andere therapeuten dat er elke keer weer problemen zijn die vooral betrekking hebben op het stoppen met roken van vrouwen. In onze sessies pakken we deze dingen rechtstreeks aan. Nu wil ik in *Stoppen met roken voor vrouwen* aan een breder publiek laten zien dat de methode ook succesvol is bij het omgaan met de zeer specifieke angsten van vrouwen.

Zijn mannen en vrouwen dan zo verschillend? Ja, en nee. Maar vrouwen die roken zijn veel banger om te stoppen dan mannen. We weten dit omdat ze het in onze sessies vertellen. Ik weet zeker dat de reden van dit verschil niet is dat mannen te verlegen zijn om hun angsten te tonen. Zij hebben gewoon niet de angsten die vrouwen vaak beschrijven.

De diverse redenen waarom dit bij vrouwen het geval is zullen in de komende hoofdstukken uitvoerig aan de orde komen. Om het kort te formuleren: voor vrouwelijke rokers zijn sigaretten een grote steun, een schijnbaar wezenlijk deel van haar leven en blijkbaar onlosmakelijk verbonden met het beeld dat ze van zichzelf hebben. Dit geldt in het bijzonder voor vrouwen die zich bewust zijn van hun gewicht of figuur. De gedachte die steun te verliezen is beangstigend – zelfs als de vrouwelijke roker op het eerste gezicht geslaagd en veelzijdig is.

De 'bijzondere verhouding' die vrouwen met hun sigaretten en met roken hebben is onverbrekelijk verbonden met het hoe en waarom vrouwen op een bepaalde manier functioneren en met hun opvattingen over hoe ze in het leven staan. De tabaksindustrie begrijpt dit verband heel goed. Niet voor niets heeft ze miljarden dollars uitgegeven – en doet dit nog steeds – aan het bepalen van het psychologische profiel van de vrouw. De industrie doet haar best in het hoofd van vrouwen te kijken, om te begrijpen hoe zij de dingen zien, hoe ze denken en de manieren waarop hun psychologische benadering verschilt van die van mannen.

De fundamentele waarheden van de valkuil van het roken zullen nooit veranderen: fundamentele waarheden die de Carr-methode zo succesvol aanpakt. Maar de manieren waarop vrouwen in die val terechtkomen zijn veranderd en zij die eruit willen ontsnappen, moeten zich van deze manieren bewust worden als ze de valkuil blijvend willen vermijden. De tabaksindustrie heeft bij deze verandering een rol gespeeld, maar sociale veranderingen en ook de vrouwen zelf hebben dat gedaan. De veranderingen die in de jaren zestig begonnen hebben een melkkoe voortgebracht die, nu de industrie meer mannelijke rokers verliest dan aantrekt, een lucratieve nieuwe markt heeft gevonden, met name onder vrouwen die ze YAF's (Young Adult Females – jonge volwassen vrouwen) noemt. Het is een tragische ironie dat vrouwen in bepaalde opzichten geëmancipeerd zijn en in dit opzicht tot slaaf worden gemaakt.

Ik zal dit verderop uitleggen. Alles zal duidelijk worden. Maar één ding is zeker: wanneer je de rookval eenmaal in zijn ware licht ziet, zul je begrijpen waarom ik de wereld van deze plaag wil bevrijden. Ik hoop dat jij ook je aandeel zult leveren – door zelf met roken te stoppen of misschien door dit boek te kopen voor een vrouw wier welzijn je na aan het hart ligt. Door het te vertellen hoop ik dat ik je ervan kan overtuigen hoe gemakkelijk het is de belemmeringen om te stoppen met roken te overwinnen. Wanneer je dit eenmaal begrijpt, weet je dat de Carr-methode echt heel eenvoudig is.

1

Ladies first

Na generaties van onderdrukking zijn westerse vrouwen eindelijk gelijkgesteld, niet alleen op de werkplek, waar ze nu zelfs in de hoogste functies in voorheen door mannen gedomineerde beroepen vertegenwoordigd zijn, maar op alle andere gebieden van het leven. Weinig mensen zullen het hier niet mee eens zijn en velen zullen zeggen: 'Het werd ook tijd.' Om de vraag te beantwoorden waarom vrouwen roken is volgens mij belangrijk te weten hoe de emancipatiebeweging het conflict heeft beslecht.

Deze vrouwen durfden de heersende opvattingen en regels aan te vechten. Ze weigerden de situatie te accepteren als het enig mogelijke scenario voor de maatschappij en voerden steekhoudende argumenten aan voor het verwerpen van de stereotype vrouwelijke rollen die hun werden opgelegd. Er waren natuurlijk veel vrouwen die hun 'zusters' in het geheim steunden, maar die hun voorbeeld niet durfden te volgen. En er waren nog meer vrouwen die de bestaande situatie zonder meer accepteerden.

Het is raar, maar vaak worden de onrechtvaardigheden van het leven pas duidelijk als we daar vraagtekens bij zetten. Als we dat niet doen, accepteren we de situatie, hoe die ook is. De hersenspoeling is van toepassing op nagenoeg elk aspect van ons leven. In dit boek houden we ons in eerste instantie bezig met twee aspecten van de hersenspoeling: met betrekking tot het roken op zich en met betrekking tot de verschillen tussen mannen en vrouwen.

Mijn woordenboek omschrijft hersenspoeling als:

'het teweegbrengen van een radicale verandering in de ideeën en opvattingen van een persoon'.

Je zult je wel afvragen wat dit te maken heeft met het stoppen met roken. We weten allemaal dat roken een vieze, walgelijke gewoonte is die onze gezondheid ruïneert en ons een vermogen kost. Tegenwoordig beschouwen zelfs de meeste rokers het als een uitgesproken asociaal tijdverdrijf. Waarom moet je dan je ideeën en opvattingen veranderen om te stoppen? Bestaat er een toverpil of goocheltruc waarmee je niet meer naar een sigaret verlangt? Je kunt je ook afvragen hoe het lezen van een boek je kan helpen bij stoppen met roken. Ik zal het uitleggen:

Wat wil je echt proberen te bereiken? Dat is duidelijk: je laatste sigaret doven en daarna nooit meer een sigaret willen roken.

Ongetwijfeld ken je veel ex-rokers die met succes zijn gestopt, maar de meeste hebben het een paar keer eerder geprobeerd voordat het hun lukte. En zelfs als het hun niet lukte, hebben ze een aanzienlijke wilskracht en tabletten, pleisters of kauwgom nodig gehad en hebben ze dagen, weken, maanden of jaren van ellende doorgemaakt. En velen van hen verlangen soms nog steeds naar – bedelen soms bijna om – een sigaret of, hoewel ze niet-roker willen zijn, hebben het gevoel dat maaltijden en feesten niet meer zo gezellig zijn zonder een sigaret, of willen het pakje pakken dat er niet meer is als de telefoon gaat.

Is dát echt wat je wilt bereiken?

Maar denk er voorlopig niet aan dat je nooit meer wilt roken. Probeer eerst deze belangrijke vraag te beantwoorden: wat is het verschil tussen een roker en een niet-roker?

Het antwoord lijkt voor de hand te liggen: de een rookt, de ander rookt niet. Oké, maar zo eenvoudig is het niet. Niemand dwingt je om die sigaret op te steken. Steken rokers dan alleen maar een sigaret op als ze dat willen? Nou nee, want je weet dat er momenten zijn dat je een sigaret opsteekt, niet omdat je dat wilt, maar puur uit gewoonte. De meeste rokers van twintig sigaretten per dag geven openlijk toe dat ze maar van ongeveer twee sigaretten echt genieten; de rest is puur uit gewoonte. Maar als dat waar is, moeten we ons heel gemakkelijk kunnen beperken. We zouden onze sigaretten achter slot en grendel kunnen bewaren. Deze praktische hindernis geeft ons dan even tijd om na te denken als we zin in een sigaret krijgen. Als we de sleutel willen pakken, kunnen we onszelf afvragen: *Steek ik deze sigaret op om ervan te genieten of is het alleen maar een gewoonte*? Als het alleen maar een gewoonte is, heeft het weinig zin die sigaret te roken.

Met deze eenvoudige truc kunnen rokers die twintig sigaretten per dag roken zonder moeite met twee sigaretten volstaan. Als je deze of een vergelijkbare truc hebt geprobeerd, dan weet je dat die maar een beperkte tijd werkt – dat wil zeggen, totdat je geen wilskracht meer hebt. Heb je ooit geprobeerd de hulp van je kinderen, kleinkinderen of beste vriendin in te roepen en hun je sigaretten te geven? Dan weet je maar al te goed hoeveel moeite je zult doen om ze terug te krijgen, zelfs als je zegt dat ze je smeekbeden moeten negeren wanneer je zin in een sigaret krijgt. Hoe vastberaden ze ook zijn de sigaretten niet terug te geven, niets kan de paniek, vindingrijkheid en vastbeslotenheid van een roker weerstaan die het punt heeft bereikt waarop hij een sigaret wil, NU!

Vrouwen staan bekend om hun beschermende moederinstincten en ook om hun gevoel van vergelding als hun onrecht wordt aangedaan. Toch lezen we horrorverhalen over moeders die de kinderen thuis aan hun lot overlaten terwijl zij zich in de stad of zelfs in het buitenland amuseren. We verachten en bespotten deze vrouwen om hun gebrek aan verantwoordelijkheid. Maar wees eens eerlijk: ben jij terwijl de kinderen lagen te slapen nooit het huis uit geslopen om heel even sigaretten te gaan kopen? Is het nooit voorgekomen dat je ze in de auto met draaiende motor achterliet terwijl jij de supermarkt inrende? Ik heb zelfs van een vrouw op een kraamafdeling gehoord, dat ze een verpleegkundige vroeg op haar pasgeboren kind te passen terwijl ze een pakje sigaretten ging halen. De overbelaste verpleegkundige weigerde. Overbodig te zeggen dat deze niet-roker was: iemand die nooit heeft gerookt tegenover een ex-roker. Haar commentaar – '*Je weet dat je er niet echt een hoeft*', '*Het is niet goed voor je gezondheid en die van je baby*', en '*Je hebt ook niet gerookt gedurende de bevalling die 14 uur duurde*' – maakte het schuldgevoel van de vrouw alleen maar groter. Maar dat weerhield haar er niet van toch te gaan, ondanks recente berichten in de Engelse pers over een ontvoering van een baby uit het ziekenhuis. Toen de moeder terugkwam, was haar baby verdwenen en de daaropvolgende paniek en haar geschreeuw waren in het hele ziekenhuis te horen. Gelukkig was haar angst ongegrond want een andere verpleegkundige bleek de baby op een andere plek op de afdeling te hebben gelegd.

Ik geef dit voorbeeld om twee redenen. De eerste is om zowel het effect als de kracht van hersenspoeling te verduidelijken. Vrouwen die hun vriendinnen verwijten maken omdat die niet stoppen als ze zwanger zijn, stoppen zelf ook niet als zij op hun beurt zwanger zijn. Het is dus moeilijk te geloven dat het voorval dat ik heb beschreven een gewetensvolle moeder ooit zal overkomen. Maar voordat je haar veroordeelt, denk dan aan die keer dat je kilometers reed op zoek naar een benzinestation dat de hele nacht open was, omdat je geen sigaretten meer had. Heb jij nooit paniek gevoeld omdat je sigaretten bijna op waren? Natuurlijk wel. Als jij de sigaretten kunt laten liggen, zoals veel rokers beweren, waarom in vredesnaam zou je dit boek dan lezen? Om één enkele reden:

angst!

Heus, dat is de enige reden dat een roker blijft roken. Die vrouw liet haar baby niet in de steek wegens het genot van het inademen van kankerverwekkende rook in haar longen. Ze deed het omdat ze zonder sigaretten in paniek was.

Stel je een heroïneverslaafde voor zonder heroïne. Visualiseer de paniek, de rillingen, de angst. Stel je nu de opluchting voor als de verslaafde de heroïne in zijn ader mag spuiten. Geloof je werkelijk dat ze het leuk vinden zichzelf te injecteren? Niet-heroïneverslaafden kunnen dat onmogelijk geloven. Niet-rokers kunnen moeilijk geloven dat rokers werkelijk genieten van het inademen van dodelijke rook. Dat geloofde jij ook niet voordat je verslaafd raakte aan nicotine. Ik dacht vroeger dat heroïneverslaafden zich injecteren om ongelofelijk plezierige hallucinaties of dromen te krijgen, maar ze doen dat alleen maar om een einde te maken aan dat paniekerige, rillerige, onzekere gevoel dat ze hebben als de drug uit hun lichaam verdwijnt.

Een van de vele misvattingen over drugverslaving is dat verslaafden alleen ontwenningsverschijnselen krijgen als ze proberen te stoppen. Die hebben ze al vanaf het moment dat de eerste dosis hun lichaam begint te verlaten en de enige reden waarom ze de volgende dosis nemen is omdat ze een einde willen maken aan dat lege, onzekere gevoel dat de vorige dosis veroorzaakte.

Niet-heroïneverslaafden hebben dat paniekerige gevoel niet. Het is precies hetzelfde met roken. Niet-rokers kunnen niet begrijpen waarom iemand die vieze rook in zijn longen wil krijgen, laat staan dat iemand een fortuin wil uitgeven en verschrikkelijke ziektes riskeren! En om liever het leven van je baby op het spel te zetten dan een uurtje te wachten is niet alleen schandelijk, maar volledig onbegrijpelijk voor niet-rokers. Als collega-verslaafde kon ik het gedrag van die vrouw niet goedkeuren, maar ik had medelijden met haar. Het is niet bepaald aangenaam een plastic zak over je hoofd te trekken, zelfs als je weet dat je hem kunt wegpakken wanneer je dat maar wilt. Maar als iemand anders die de zak over je hoofd trekt, zelfs iemand die van je houdt, dan is dat afschuwelijk! Vooral als ze denken dat ze jou daar een plezier mee doen!

Laten we even stilstaan bij de effecten van wat ik zojuist heb gezegd. Ik vroeg je na te denken over het verschil tussen een roker en een niet-roker. Het voor de hand liggende antwoord is dat de een rookt en dat de ander niet rookt. Dit is ook het goede antwoord en omdat het voor de hand liggend en correct is, pakken we de oplossing van het probleem onbewust achterstevoren aan. Met andere woorden, we proberen het probleem op te lossen door nooit meer te roken. Dit lijkt nu misschien logisch. Ik wil met een ander voorbeeld uitleggen waarom dat niet zo is.

Er ontbreekt een dakpan op je dak. Elke keer als het regent, heb je een vochtige plek op je dure tapijt. Hoe los je dat probleem op? Je kunt een aantal stappen doen. Je kunt je tapijt opnemen of een emmer op die plek zetten om het regenwater op te vangen, of je kunt zelfs een radicale stap zetten en verhuizen. Maar de verstandigste en goedkoopste oplossing is de oorzaak van het probleem op te heffen en een nieuwe dakpan op het dak te leggen.

Als je fietsband leeg is zou je de neiging kunnen krijgen een van de hiervoor genoemde oplossingen aan te wenden: je kunt de band oppompen. Als hij na een paar dagen weer leeg is en als je lui bent of een optimist of, net als ik, allebei, dan herhaal je de procedure nog enige keren. Maar hoe lui of hoe optimistisch we ook zijn, als we geen enkel resultaat boeken weten we dat er een gaatje in zit en dat we hem moeten repareren.

Het echte verschil tussen een roker en een niet-roker is niet dat de een rookt en de ander niet. Het opsteken van een sigaret is alleen maar het gevolg van het echte probleem. Hopen te kunnen stoppen met roken door nooit meer een sigaret op te steken lijkt meer op het neerzetten van een emmer onder het gat in je dak in plaats van een nieuwe dakpan aan te schaffen of het almaar oppompen van je fietsband in plaats van tot reparatie over te gaan.

Het echte verschil tussen een roker en een niet-roker is dat een roker de behoefte tot roken heeft en de ander niet. Dat is het werkelijke probleem: het equivalent van de ontbrekende dakpan of het gaatje in de band. Accepteer gewoon dit feit: niemand, behalve wijzelf, dwingt ons een sigaret op te steken. Zelfs wanneer anderen hemel en aarde bewegen ons te laten stoppen, vinden wij een manier om hen de mond te snoeren. Wanneer we proberen te minderen of definitief te stoppen, moeten we ook het feit accepteren dat een ander deel van onze hersenen zegt: 'Maar ik wil een sigaret!' Als dat niet zo was, zou stoppen met roken gemakkelijk zijn. Je kunt dit misschien moeilijk geloven, maar stoppen ís gemakkelijk voor elke roker, zelfs voor jou, mits je het maar op de juiste manier aanpakt.

Om zover te komen moeten we het probleem dus aan de bron oplossen: we moeten de behoefte of het verlangen tot roken wegnemen, niet alleen maar voor een paar uur, een paar dagen, maanden of jaren, maar voorgoed. Niemand gelooft dat het mogelijk is te stoppen met roken zonder een beetje wilskracht. Maar denk hier eens aan – als je nooit de behoefte of de wens hebt om nog een sigaret op te steken, dan heb je daar geen wilskracht voor nodig.

Je zult vast wel denken: Prima, ik kan je niet tegenspreken. Ik kan het alleen maar accepteren, want niemand anders dan ikzelf dwingt me hiertoe. Er moet een of ander suïcidaal trekje in mijn aard zitten. Hoe kan een boek dit trekje nou uitroeien?

HIEP HOI! Je hebt de kern van het probleem te pakken. Met de ontbrekende dakpan en de lekke band kunnen we de oorzaak en de oplossing van het probleem duidelijk zien. De oplossing bij het roken is het wegnemen van het verlangen tot roken – voorgoed. Gemakkelijk gezegd, maar hoe doen we dat?

We moeten een stapje verdergaan. Voordat we deze behoefte of dit verlangen om te roken kunnen wegnemen, moeten we eerst begrijpen waarom we roken. We werden immers niet zo geboren. De mensheid heeft honderdduizenden jaren zonder te roken overleefd. Niemand gelooft toch zeker dat er iets natuurlijks is aan het inhaleren van smerige en kankerverwekkende rook. Het is een feit dat niemand van ons behoefte had om te roken voordat we onze eerste sigaret opstaken. Als jij een van de ongelukkigen bent die al op zo'n jeugdige leeftijd in de val is gelopen, dat je je de tijd niet meer kunt herinneren waarin je niet hoefde te roken, maak je dan maar geen zorgen – als je het gevoel had dat je iets miste, dan zou je het je wel herinneren! Hiervoor gaf ik de definitie van hersenspoeling uit mijn woordenboek:

'het teweegbrengen van een radicale verandering in de ideeën en opvattingen van een persoon'.

Wij worden vanaf onze geboorte allemaal dagelijks met zogenoemde 'feiten' bestookt. Met betrekking tot roken zegt men dat het ons ontspant, de concentratie bevordert en stress en verveling verdrijft. We krijgen ook te horen dat het een vieze, walgelijke gewoonte is waaraan we verslaafd kunnen raken en die onze gezondheid ruïneert en een fortuin kost als we dom genoeg zijn ons ermee in te laten. Ironisch genoeg roken de mensen die de negatieve kant ervan benadrukken – onze ouders – er vaak lustig op los. We geloven hen, maar hoezeer ze ook de nadelen van het roken benadrukken, we zijn niet dom. We zien dat moeder elke keer als ze zenuwachtig wordt naar haar pakje sigaretten grijpt en dat vader niet zonder sigaret de telefoon opneemt. Ze hebben deze woorden vaak genoeg gezegd – 'Ik snak naar een sigaret!', 'Kom, we gaan, ik heb zin in een sigaret!' of in het geval van een stoppoging: 'Ik doe een moord voor een sigaret!' – vergezeld van het slechte humeur en de geprikkeldheid.

Het is niet juist te zeggen dat we op dat moment worden gehersenspoeld, omdat onze ideeën en opvattingen niet zozeer veranderen maar eerder worden gevormd. Natuurlijk heeft dit bombardement van informatie – zowel de voors als de tegens van roken – niet het minste effect op ons. Op dat moment geloven we beide kanten. Maar omdat we geen behoefte of verlangen hebben en we van sociale gebeurtenissen kunnen genieten en met stress kunnen omgaan zonder de behoefte aan een sigaret omdat we nog niet verslaafd zijn, verkeren we in de gelukkige omstandigheid dat we helemaal niets te winnen maar heel veel te verliezen hebben door te gaan roken. Er is geen roker in de hele geschiedenis van onze planeet – er is zelfs geen alcoholist of drugverslaafde in de hele geschiedenis – die dacht dat híj verslaafd zou raken. Als ze hadden geweten dat het zou gebeuren, dan hadden ze nooit die eerste dosis genomen. Het is alleen omdat die eerste sigaret, dat eerste drankje of die eerste dosis, zo smerig is dat we denken dat we niet verslaafd zullen raken.

Pas nadat we in de val zijn gelopen, wordt de hersenspoeling duidelijk. Met andere woorden, voordat we erin trappen, beschouwen we roken als een smerige, ongezonde en dure gewoonte. Die eerste sigaret bevestigt niet alleen dit beeld – hij ontzenuwt het fabeltje dat roken aangenaam en prettig is. Desondanks blijkt roken al snel prettig, ontspannend en een echte oppepper van het zelfvertrouwen te zijn. Binnen korte tijd beschouwen we sigaretten als onmisbaar en het duurt niet lang voordat we niet meer zonder kunnen. Hoe snel of geleidelijk dit proces ook gaat, we lijken ons er niet van bewust te zijn. Maar we kunnen niet ontkennen dat ons beeld is veranderd. Voor een optimist is de fles halfvol. Voor een pessimist is die halfleeg. Wie heeft gelijk?

Is de fles halfvol of halfleeg?

2

Is de fles halfvol of halfleeg?

Als de fles precies de helft van de totale inhoud bevat, hebben de optimist en de pessimist allebei gelijk. Ze hebben allebei een ander beeld van dezelfde werkelijkheid. Iedereen heeft recht op een eigen mening, maar in dit boek houden we ons niet bezig met meningen, alleen met feiten. Als de fles niet meer of niet minder dan de helft van de totale inhoud bevat, dan hebben de optimist en de pessimist een verkeerd beeld van de werkelijke situatie. Op de vraag: 'Hoe hielp Allen Carr je bij het stoppen?' antwoordt een aantal exrokers dat mijn sessies heeft bezocht: 'Hij hersenspoelde me en ik ging geloven dat ik er geen behoefte meer aan had.'

Van dit antwoord ben ik erg geschrokken. Het suggereert dat ik tactieken gebruik die vergelijkbaar zijn met de tactieken van de een of andere sekte die het denken van de leden probeert te beheersen en het suggereert, wat nog verontrustender is, dat het heel gemakkelijk is om het proces om te keren en de roker ervan te overtuigen dat hij weer *moet* gaan roken.

Hypnotherapie maakt deel uit van de sessies in onze klinieken en cliënten geloven er vast in dat ze geen sigaret meer nodig hebben. Maar als rokers en niet-rokers vragen stellen over wat er precies gebeurt in die sessies, kunnen de meeste cliënten dat niet uitleggen en als de vrager aandringt, geven ze een ontwijkend antwoord, zoals: 'Het is me ook een raadsel, maar het werkt.'

Ik verzeker je dat we niet aan mystiek doen. Ali Baba voelde zich ongetwijfeld geweldig toen hij bij de schat kon komen nadat hij 'Sesam, open u' had gezegd. Maar moet je je echt met mystiek bezighouden om je voordeur open te maken? Voel je je niet veiliger met een slot en een sleutel die jij alleen bezit? Ik ben alleen geïnteresseerd in feiten. Ik wil het benadrukken: ik gebruik nooit technieken van hersenspoeling. In feite is mijn methode – die ik de Carr-methode noem – gebaseerd op *anti-hersenspoeling.*

Voor het doel van dit boek moeten we hersenspoeling dus opnieuw definiëren als:

'Een persoon er gericht van overtuigen dat bepaalde zaken en opvattingen juist zijn terwijl ze feitelijk onjuist zijn.'

Ik zou anti-hersenspoeling als volgt willen omschrijven:

'Een techniek met het doel de hersenspoeling weg te nemen zodat de persoon de juiste situatie ziet.'

Misschien zeg je nu tegen jezelf: 'O, nee, hij gaat me toch zeker niet vertellen dat roken een vieze, walgelijke gewoonte is die slecht is voor mijn gezondheid en die me een fortuin kost?'

Ik verzeker je dat de Carr-methode deze tactieken niet gebruikt. Je bent je er al van bewust dat roken slecht is voor je gezondheid en van die kennis word je echt bang. Wat doen rokers als ze onder stress staan? Precies: ze pakken een sigaret.

Over het algemeen is de maatschappij geneigd rokers te behandelen als tamelijk dwaze sociale paria's zonder wilskracht. De meerderheid van de rokers ziet zichzelf ook zo. Je bent immers een kundige persoon en je hebt je meeste dagelijkse bezigheden goed onder controle, maar toch heb je het verloren als het om sigaretten gaat. Dit maakt ook helemaal deel uit van de hersenspoeling. In werkelijkheid heb je net zoveel wilskracht – of misschien nog wel meer – dan ieder ander, of dat nu een niet-roker of een ex-roker is. Maar op dit moment gebruik je je wilskracht op de verkeerde manier.

Sommige dingen die ik zeg, kun je misschien moeilijk geloven. Soms heb je de neiging dit boek in de vuilnisbak te gooien. Doe dat alsjeblieft niet. Er staan geen horrorverhalen in. Integendeel, ik heb alleen maar goed nieuws voor je. Maar we hebben hier een kip-ei-situatie. De belangrijkste factor die rokers tegenhoudt ook maar te proberen te stoppen is angst. Deze angst is echt en neemt vele vormen aan. De angst dat ze, om succes te hebben, eerst een onzekere periode van ellende en kwelling moeten doormaken. De angst dat ze niet genoeg wilskracht hebben. Faalangst. Ironisch genoeg is de grootste angst de angst voor succes: de angst dat maaltijden en andere sociale gelegenheden voor de rest van je leven nooit meer zo plezierig zijn. Je hebt immers gezien hoe het met je vrienden is gegaan en wie wil die ellende meemaken? De angst dat we zonder sigaret de telefoon niet kunnen oppakken of dat we zonder sigaret niet opgewassen zijn tegen stress. De angst dat we, als het ons lukt, gewoon een van die mopperende ex-rokers worden en dat we de rest van ons leven het feit betreuren dat we geen sigaret meer durven opsteken.

Laten we niet doen alsof deze angsten niet bestaan. Ze zijn reëel en sterk. Als je ooit een 'wilskrachtmethode' hebt geprobeerd om te stoppen, zoals ik dat vaker deed, dan weet je dat je niet zozeer het gevoel hebt dat je stopt met roken maar dat je stopt met leven en bovendien dat je iets opgeeft waarmee je het leven aankunt, jouw steun. Laten we nu dus eens aannemen dat je een of meer van deze angsten hebt. Laten we ook aannemen dat er echt moed voor nodig is om te stoppen. Maar het feit dat je al zover bent gekomen betekent dat je die horde al hebt genomen. De heerlijke waarheid is dat die angsten allemaal deel uitmaken van de hersenspoeling en dat die kunnen worden weggenomen voordat je echt stopt met roken.

Alle rokers zijn schizofreen. Ze beschouwen roken als een soort strijd. Aan de ene kant is er angst: het jaagt me de dood in, kost me een fortuin en beheerst mijn leven. Aan de andere kant: het is mijn pleziertje, mijn makkertje, mijn steuntje. Laten we eerlijk zijn: het is niet zo dat we van roken genieten – denk maar aan de vrouw in het ziekenhuis. Is het niet eerder zo dat we niet van het leven kunnen genieten of dat we het leven niet aankunnen zonder te roken? Die kant van de strijd is ook angst. Roken, als elke drugverslaving, is een strijd van de angst: de angst voor wat de drug met ons doet en de angst dat we niet van het leven kunnen genieten of het leven niet aankunnen zonder deze drug. Bedenk dat niet-rokers deze angst niet hebben.

Een slimmigheidje van de valkuil is dat de angst aan de ene kant angst voor de toekomst is: 'Oké, ik kan longkanker krijgen, maar ik kan ook geluk hebben.' Maar op het moment dat je besluit een poging te gaan doen te stoppen, dwing je jezelf de ellende van het trauma waar je doorheen moet onder ogen te zien, de angst voor mislukking en de angst voor een leven zonder sigaret. Natuurlijk heb je de neiging de dag des onheils uit te stellen in de hoop dat je geluk blijft hebben, of dat je onder een bus loopt, of dat je op een ochtend wakker wordt en als door een wonder nooit meer de behoefte of het verlangen hebt om te roken.

Misschien heb je net als ik gehoord van rokers bij wie dat is gebeurd. Dertig jaar lang heb ik gebeden dat dat bij mij zou gebeuren. Houd het duidelijk in gedachten: één slimmigheidje van de nicotinevalkuil is dat hij, net als alle drugverslavingen, bedoeld is om je verslaafd te maken en hoe meer vat hij heeft op je portemonnee en gezondheid, des te verslaafder ben je. Het is waar dat een heel klein aantal rokers 's ochtends wakker wordt en het verlangen te roken kwijt is. Deze rokers hebben allemaal het punt bereikt waarop ze zichzelf niet langer kunnen wijsmaken dat ze plezier of steun van het roken hebben. Helaas stopt de overgrote meerderheid die dat punt bereikt, te laat. Laat dat alsjeblieft niet met jou gebeuren. Ons hele leven als roker beloven we onszelf dat we morgen stoppen. Ik had het geluk dat ik kon ontsnappen voordat het met me gebeurde. Ik kan me de zelfverwijten alleen maar voorstellen als ik te laat zou zijn gestopt. Als ik echt longkanker had gekregen, dan weet ik zeker dat de hersenspoeling onmiddellijk zou zijn verdwenen en dat dit mijn reactie zou zijn geweest:

Jij volslagen gek, jij idioot! Jij had het geluk dat je met een krachtig, gezond lichaam bent geboren. Hoe kon je zo ondankbaar zijn, of zo stom, dat je je hele leven lang je longen vergiftigde met deze viezigheid? Hoe kon je zo egoïstisch zijn en ongevoelig voor het leed dat je de mensen berokkent die van je houden? Je denkt dat je een redelijk en intelligent mens bent. Hoe kun je zo stom en zwak zijn om jezelf dit aan te doen?

Misschien geloof je nog steeds dat ik een beroep doe op je redelijkheid. Nee dus, ik probeer me alleen voor te stellen wat ik op dat moment zou denken. Het punt is dat geen enkele roker deze gedachten zal hebben tenzij hij te laat is gestopt. Ik probeer je alleen te wijzen op de slimmigheid van de valkuil. Zoals ik al zei, is dit het kip-ei-verhaal. De heerlijke waarheid is dat de twee angsten alleen maar deel uitmaken van de hersenspoeling en dat die kunnen worden weggenomen voordat je het boek uit hebt. Wees dus al bij voorbaat voorbereid. Aanvaard en verwacht ook, dat er momenten zijn waarop je in de verleiding komt het boek niet uit te lezen, of het heel langzaam te lezen, omdat je wordt afgeleid en andere, urgentere dingen zoekt die je moet doen, zoals het huishouden, de kinderen te eten geven, een carrière.

We accepteren allemaal dat het leven een gok is. In onze strijd van het leven te genieten en ertegen opgewassen te zijn, weten we nooit zeker of een bepaalde weg goed of slecht voor ons is. Maar hoeveel keer in ons leven zitten we in een positie dat we absoluut niets te verliezen hebben maar zoveel te winnen met een beslissing die we nemen? Jij bent nu in die benijdenswaardige positie. Vind je dat ik overdrijf? Helemaal niet. Ik wil dat je me belooft en, wat nog belangrijker is, dat je jezelf belooft dat je dit boek uitleest. Wees je ervan bewust dat de valkuil is bedacht om je voor het leven gevangen te houden. Laat jezelf er niet door voor de gek houden. Lees het boek maar uit:

je hebt absoluut niets te verliezen!

Als je dat wilt, kun je doorgaan met roken. Bovendien zul je je beter voelen. In plaats van je stom en schuldig te voelen, kun je tegen familie en vrienden zeggen: 'Ik heb mijn best gedaan. Ik heb het boek helemaal gelezen en ik kan toch niet stoppen!' Je hebt alles gedaan dat ik of iemand anders van je kon verlangen en je kunt met een zuiver geweten doorgaan met roken. Houd het duidelijk in gedachte: je hebt absoluut niets te verliezen. Je hoeft dus niet somber te zijn als je verder leest. Ik beloof je dat ik alleen maar goed nieuws voor je heb. Je hoeft zelfs niet te stoppen of te minderen terwijl je dit boek leest. Integendeel. Dit kan tegenstrijdig klinken, maar tenzij je hebt besloten dat je je laatste sigaret al hebt gerookt, zal het echt beter zijn om niet te stoppen of zelfs te minderen voordat je het boek uit hebt. Maar gebruik dit niet als excuus om maar één regel per dag te lezen. Als je je hopelijk laatste sigaret al hebt gerookt, lees het boek dan zo snel mogelijk uit.

Als ik het over het roken van sigaretten heb, zoals ik dat in het hele boek doe, bedoel ik elke vorm van roken, van pijp en sigaar tot shag en stickies, elke vorm van nicotine, inclusief snuiftabak, kauwgom, pleisters of neusspray.

Laat het feit dat je absoluut niets te verliezen hebt je niet blind maken voor alles wat je met de Carr-methode wint. En dat is meer dan alleen dat geld in je portemonnee en dat je lekkerder ruikt. Mensen die met de Carr-methode hun vrijheid ontdekten, zeggen vaak tegen me:

'Dankjewel dat je me mijn leven hebt teruggegeven.'

Of:

'Mijn leven begon toen ik stopte met roken.'

Ik krijg brieven van zware rokers, net als ik was, mannen en vrouwen en heel jonge mensen. Als we verslaafd zijn aan nicotine, kunnen we onze ogen niet sluiten voor de risico's die we lopen. Ik deed, ongetwijfeld net als jij, zoveel mislukte pogingen dat ik het steeds moeilijker vond mezelf ermee voor de gek te houden dat ik zou stoppen voordat HET gebeurde. Ik wachtte op het moment, verwachtte en berustte in het feit dat roken me op een dag zou vermoorden. Ironisch genoeg maakte ik me daar niet erg druk om. Ik was zover weggezakt dat de dood niet zo'n slecht alternatief leek te zijn. Natuurlijk dacht ik er – net als jij – niet aan dat roken de aanleiding was voor deze toestand. O, ik weet dat ik daardoor te weinig adem kreeg, maar ik schreef mijn gebrek aan energie en het voortdurende gevoel van vermoeidheid toe aan het feit dat ik ouder werd en dat ik te veel wilde doen. Wat nooit in me opkwam, was het effect dat het op mijn levenshouding had. Integendeel, ik geloofde echt dat roken me moed en zelfvertrouwen gaf. We weten toch allemaal dat een cappuccino in een café zonder een sigaret erbij ons het gevoel geeft dat we naakt zijn en dat een poging het ijs te breken op een feest zonder sigaret ons nog kwetsbaarder maakt. Ik wist dat ik me nooit goed zou kunnen concentreren als ik niet rookte. Hoe kun je ontsnappen aan de krankzinnige chaos zonder een sigaretje? Dat pakje sigaretten was niet alleen mijn beste vriend maar ook mijn kracht. Zonder dat pakje was ik een graatloze lummel die niet van het leven kon genieten of ertegen opgewassen was.

Als de rook voor je ogen is verdwenen, is het alsof je wakker wordt uit een permanente nachtmerrie. Ik werd vrijgelaten uit een zwart-witte wereld van angst en depressie en stapte een zonnige, kleurrijke wereld binnen van energie, zelfvertrouwen en beheersing. Meer dan dertig jaar lang was ik vergeten hoe geweldig het leven was. Zoals de meeste rokers raakte ik verslaafd toen ik een tiener was en weet het verlies van *joie de vivre* aan een combinatie van ouder worden en de verantwoordelijkheden van de volwassenheid. Toen ik stopte, verwachtte ik gezonder en rijker te worden en dacht dat dat de grootste voordelen zouden zijn. Die vielen echter in het niet, want:

1. Zelfverachting werd vervangen door zelfrespect.
2. Onzekerheid maakte plaats voor onvoorwaardelijk zelfvertrouwen.
3. Die steeds groter wordende zwarte schaduw werd weggenomen. Alle drugverslaafden hebben die bij zich vanaf het moment dat ze de tweede dosis nemen, hoe we onze ogen er ook voor willen sluiten. Vanaf dat moment liegen we de rest van ons leven, hetzij bewust, hetzij onbewust. In het begin zeggen we tegen onszelf dat we niet verslaafd raken. Als het uiteindelijk tot ons begint door te dringen dat we al in de val zitten, beloven we dat we stoppen – maar niet vandaag... morgen. Het is altijd morgen. Ik leg straks uit waarom morgen nooit komt.
4. Het was het einde van de slavernij. We zijn zo druk bezig weerstand te bieden aan de pogingen van de maatschappij, en onszelf, ons te dwingen te stoppen, dat het niet tot ons doordringt dat we niet genieten als we roken. We vinden het vanzelfsprekend. We weten dat we de meeste sigaretten alleen maar uit gewoonte roken. Veel rokers zeggen dat hun favoriete sigaret die na het eten is. Laten we eens naar deze bewering kijken. Waarom zou de ene

sigaret uit een pakje anders smaken dan de andere? Dat kan echt niet. Er zit geen verschil in wat erin zit. Het is niet zo dat rokers vooral genieten van een sigaret na het eten, maar het zit 'm erin dat een anders prettige gebeurtenis vreselijk wordt als je niet mag roken. Het leven van niet-rokers wordt niet op die manier bepaald. Wat voor een soort genot kan dat zijn? Altijd wanneer dat we de feiten over roken onder ogen zien, willen we dat we nooit waren begonnen. Sigaretten worden alleen belangrijk voor ons als we niet mógen roken. Kun je je een tijdverdrijf voorstellen, behalve drugverslaving, dat zo werkt? Alleen als je niet mag, wil je het doen en als je mag, wilde je dat je het niet hoefde te doen.

Maar het totaal aantal voordelen van stoppen met roken is groter dan de afzonderlijke voordelen waarover we hebben gesproken. Voordat ik niet-roker werd, werd ik elke ochtend zelfs na tien uur slaap moe en loom wakker. Dan moest ik mezelf het bed uit slepen om de problemen en ellende van die dag onder ogen te gaan zien. Nu ben ik 67 jaar. Ik word helemaal uitgerust en vol energie wakker en verheug me op de nieuwe dag. Dat bedoelen mensen als ze zeggen:

'*Mijn leven begon toen ik stopte met roken.*'

Ik kreeg een buitengewoon inspirerende brief van een jonge vrouw, Debbie Sekula:

'*Ik lachte mezelf uit omdat ik zo wanhopig graag wilde stoppen met roken dat ik mijn toevlucht nam tot een boek. Het leek onlogisch en zielig. Ik kon me niet voorstellen dat wetenschappelijk ontwikkelde methodes te stoppen met roken niet lukten en dat een boek wel succes zou hebben.*'

Zoals met zoveel dingen in het leven zoeken we met betrekking tot stoppen met roken vaak advies van zogenaamde deskundigen om ons ervan te verzekeren dat we de beste weg nemen om succes te hebben. In de wereld van de nicotineverslaafde is echter alles wat we denken te weten over de valkuil en hoe we eruit zouden moeten komen doorgaans totaal tegenovergesteld aan de werkelijkheid.

Het lijkt vreemd, maar dit boek zal de manier waarop je over sigaretten denkt, veranderen, niet alleen als je het uit hebt maar voor de rest van je leven. Het feit dat ik het belangrijkst vind, is dat informatie je de geestelijke instrumenten levert die je nodig hebt om te begrijpen hoe je kunt ontsnappen. Kennis is macht: zonder kennis ben je verloren, met kennis ben je een winnaar. Debbies woorden zeggen het allemaal:

'Toen ik de kennis had vergaard, had ik een glimlach op mijn gezicht die niet meer weg wilde gaan. Toen ik die zondagmiddag de laatste bladzijde van uw boek omsloeg, wist ik dat ik nooit meer zou roken. Ik wist het voor eens en altijd, ik was genezen.

Het was zo'n verbazingwekkend gevoel. Ik kan het niet uitleggen, maar ik weet zeker dat u weet wat ik bedoel.

Het is nu bijna twee weken geleden. Ik ben nog net zo gelukkig en opgewonden, misschien zelfs nog wel meer, als toen ik uw boek uit had. Ik beleef een nieuwe wereld van geuren, smaken, energie. Ik kan niet geloven dat ik me zo geweldig voel!

Mijn leven is nu één groot wonder. Alles lijkt nieuw en fantastisch. U opende de deur voor mij en ik liep naar binnen. Ik kan u niet genoeg bedanken.

U spreekt over een openbaring die op elk moment gedurende de eerste drie weken of zo kan optreden. Bij mij gebeurde dat al na een paar seconden! Ik denk zelfs niet meer aan roken.

Dank u wel.

Ik hoop dat ik ooit de gelegenheid krijg u persoonlijk te bedanken, maar voor nu: DANK U WEL DAT U ME LEVEN HEBT GELEERD!

Met vriendelijke groet en de beste wensen voor u en uw liefhebbende familie.

Debbie Sekula.'

Ik ben de tel kwijtgeraakt van de duizenden vergelijkbare brieven die ik in de afgelopen jaren heb gekregen. Je herinnert je misschien dat ik eerder met betrekking tot mijn eigen stoppen met roken schreef:

'*Toen het wonder gebeurde, was het alsof ik uit een permanente nachtmerrie ontwaakte.*'

In haar brief schrijft Debbie: '*Mijn leven is nu een groot wonder.*' Een andere opmerking die geregeld in deze brieven staat, is: '*Het was net als magie*', of iets dergelijks. Laten we deze tweeling eens nader bekijken:

wonder of magie?

3

Wonder of magie?

Het is geen wonder en ook geen magie; op dat moment leek het er alleen maar op. Achttien jaar later lijkt het er nog steeds op. Ik ben meer dan dertig jaar kettingroker geweest. Het was niet zozeer dat ik genoot van het roken maar ik leek niet te kunnen functioneren zonder te roken. Ik heb heel wat keren geprobeerd te stoppen. Ik heb zelfs een keer een halfjaar zonder sigaretten overleefd. Maar ik voelde me nooit een niet-roker. Ik geloofde zelfs – zoals jij ongetwijfeld ook – dat er verschillende typen rokers zijn. Er waren bijvoorbeeld sociale rokers, mensen die alleen maar deden alsof. Je hoefde maar naar ze te kijken om te zien dat ze er niet van genoten. Zij zagen er niet echt als echte rokers uit. Zij willen lid zijn van de club en roken dus alleen op feesten en partijen. Ze voelen zich niet op hun gemak, inhaleren nooit, vergeten de as af te tikken en roken in de regel alleen 'krijgertjes', doorgaans die van jou.

Dan is er het type dat door elke 'zware' roker wordt benijd – de gelegenheidsroker die blijkbaar ontzettend geniet van elke sigaret, die diep inhaleert zonder te hoesten en die zich met een sigaret een houding weet te geven. Maar ongelofelijk genoeg blijkt hij maar behoefte te hebben aan ongeveer vijf sigaretten per dag. De grootste groep lijkt die van de roker uit gewoonte te zijn, het type dat ik al eerder noemde, die alleen maar geniet van twee van de twintig sigaretten die hij elke dag rookt. Zij schijnen geen specifiek genot van roken te krijgen – het lijkt een gewoonte te zijn – en zeggen dat ze gaan stoppen als het hun gezondheid begint aan te tasten. Vervolgens is er mijn groep – de echte rokers. Diep vanbinnen weten deze mensen dat ze volledig afhankelijk zijn van tabak en dat ze niet van het leven kunnen genieten, zich niet kunnen concentreren of omgaan met stress zonder een sigaret. De term 'smokaholic' is nog niet gangbaar. Maar net zoals veel alcoholverslaafden denken dat ze een andere chemische aard hebben dan normale drinkers, dacht ik dat er een verschil moest zijn in de chemische aard van rokers als ik en normale rokers. Ik was er ook van overtuigd dat ik, als ik al genoeg wilskracht zou kunnen verzamelen om te stoppen, hoe lang dat ook duurde, altijd een roker zou blijven die niet mocht roken.

Toen gebeurde het, alsof een dikke en altijd aanwezige sluier voor mijn ogen werd weggetrokken: ik kon roken zien zonder de hersenspoeling. Zelfs voordat ik mijn laatste sigaret had uitgemaakt, wist ik dat ik al een niet-roker was. Ik wist zeker dat ik nooit meer de behoefte of het verlangen tot roken had. Wat ik niet meteen begreep, was *waarom* het zo gemakkelijk was. Waarom had ik niet die vreselijke ontwenningsverschijnselen die ik vroeger had toen ik probeerde te stoppen? Ik had helemaal geen ontwenningsverschijnselen en genoot in feite van het hele proces van stoppen met roken.

Nu heb je waarschijnlijk een aantal vragen waarop je antwoord wilt hebben. Ik weet zeker dat de eerste vraag is: 'Vertel me gewoon wat er met jou is gebeurd en hoe je ervoor kunt zorgen dat het met mij gebeurt.'

Hoe ik ervoor kan zorgen dat het met jou gebeurt? Dat kan ik niet. Maar dat doe je al zelf. Je hoeft alleen maar onbevooroordeeld de rest van dit boek te lezen. Het betekent dat je niet klakkeloos alles hoeft te accepteren wat ik je zeg. Integendeel, het is heel belangrijk dat je vraagtekens zet bij alles wat ik vertel en bij alles wat de hersenspoeling je heeft doen geloven. Door je vooroordelen overboord te zetten en je beeld van sigaretten en wat je vindt van roken in twijfel te trekken, kun je de juiste keuzes maken die je verderop in het boek worden voorgelegd.

Het 'waarom' gebeurt nu, terwijl je leest en dit gaat in de rest van het boek door. Je denkt misschien dat jij ook gemakkelijk kunt stoppen als je dezelfde fase van verwording als ik hebt bereikt. Maar denk eraan dat ik niet daardoor stopte. Ik dacht aan sterven en kon toch niet stoppen. Je kent waarschijnlijk wel mensen die vroegtijdig sterven omdat ze een met roken samenhangende ziekte hebben gekregen en toch niet zijn gestopt. Als jij in hun schoenen zou staan, zou je dat ook niet doen. We voelen ons beroerd als we op bezoek gaan bij zieke en stervende familieleden of vrienden, maar in zo'n situatie steunen we nog meer op die sigaretten, ondanks de schaamte en het schuldgevoel. Je hoeft alleen maar bij de hoofdingang van een ziekenhuis te kijken en je ziet dat het waar is.

Ik noemde verschillende typen rokers en misschien vraag je je af of jij behoort tot een type bij wie de Carr-methode niet werkt. Ik vroeg me dat ook af toen ik de nicotinevalkuil nog niet begreep. Stel je roken eens voor als een vrijwillige gevangenis. Elk slot kun je gemakkelijk met een sleutel openen. De Carr-methode is de sleutel waarmee elke roker onmiddellijk uit de nicotinevalkuil kan ontsnappen. Er zijn verschillende categorieën rokers, maar net als eeneiige tweelingen niet helemaal hetzelfde zijn, zo is ook elke individuele roker uniek.

Ik hoop dat je mijn reputatie kent en dat je dit boek leest op advies van een 'ontsnapte gevangene'. Misschien heb je zelfs een of meer boeken van mij gelezen of een van mijn sessies bezocht. In dat geval heb je waarschijnlijk wel gehoord van rokers die de Carr-methode hebben geprobeerd maar bij wie het mislukte. Hoe kwam dat?

Ik kan hun alleen maar de sleutel geven. Ik kan hen net zomin dwingen die te gebruiken als ik jou kan dwingen in een bus te stappen als je dat niet wilt! Nu ga je je er misschien zorgen over maken dat een deel van je hersenen niet wil dat je die sleutel gebruikt. Zelfs als je er van ganser harte een hekel aan hebt dat je rookt en je geen enkele positieve kant ervan kunt bedenken, accepteer dan toch dat jij alleen die sigaret opsteekt. Of je het nu begrijpt of niet, er zit iets in je hersenen dat jouw rationele gedachten tegenspreekt, anders zou je al een niet-roker zijn. Maak je daar in deze fase geen zorgen over. De Carr-methode zal de twijfels wegnemen. Denk eraan dat je absoluut niets te verliezen hebt. Lees het boek eerst helemaal uit en beslis dan of je wilt stoppen. Tegen het einde van het boek ben je vrij, net als Debbie.

Nu is je visie op roken vaag, als een driedimensionale foto, en omdat je niet de juiste wijze van benadering hebt, blijft die zo. Het moment waarop je het bekijkt vanuit een nieuwe positie, zal het beeld kristalhelder zijn.

Om een aantal redenen heb ik ervoor gekozen om Debbies brief op te nemen. Laten we nog eens kijken naar een paar opmerkingen die ze maakte:

'Ik lachte mezelf uit omdat ik zo wanhopig graag wilde stoppen met roken dat ik mijn toevlucht nam tot een boek. Het leek onlogisch en zielig. Ik kon me niet voorstellen dat wetenschappelijk ontwikkelde methoden om te stoppen met roken niet lukten en dat een boek wel succes zou hebben.'

Debbie was kennelijk heel sceptisch over de Carr-methode, net als alle andere rokers. Maar toch heeft ze het boek gelezen en het is haar gelukt. Ze begreep het 'waarom' heel goed. Maar misschien twijfel je eraan of ze op de lange termijn nog steeds succes heeft. Ze was immers pas in haar tweede week toen ze de brief schreef en wij hebben geleerd dat het langer duurt.

Dit is nog een voorbeeld van de belachelijke feiten waaraan we werden blootgesteld. De 'experts' van de Engelse organisatie ASH (*Action on Smoking and Health* – Roken en Gezondheid) beschouwen het als een succes als je een jaar niet hebt gerookt. Is dat wetenschappelijk? Waarom een jaar? Op welk wetenschappelijk bewijs is die termijn gebaseerd? Als dat waar zou zijn, zou niemand opnieuw verslaafd raken die een jaar niet heeft gerookt. Maar er zijn ontelbare gevallen van rokers die al jaren niet meer rookten en er toch weer mee begonnen. Inderdaad worden onze sessies vaak bezocht door rokers die op wilskracht zijn gestopt en een aantal jaren niet hebben gerookt. Waarom moeten zij opnieuw aan onze sessies deelnemen?

Omdat ze zich nog steeds kwetsbaar voelen en nog steeds wilskracht nodig hebben om de verleiding te weerstaan. Tijdens de sessies nemen we deze noodzaak weg. Een van de redenen dat ik niet graag een goeroe word genoemd, is dat dit suggereert dat de Carr-methode op mystieke of spirituele krachten is gebaseerd. Inderdaad, zij lijkt misschien op een wonder of magie, maar zij is gebaseerd op de wetenschap, gezond verstand en feiten. Net als ik wist dat ik vrij was voordat ik mijn laatste sigaret uitmaakte, zo wist Debbie dat ook. Ze hoefde niet te wachten tot de tweede week:

'Om heel eerlijk te zijn, mijn twijfels waren verdwenen toen ik ongeveer op de helft van uw boek was. Toen ik de kennis had vergaard, had ik een glimlach op mijn gezicht die niet meer weg wilde gaan. Toen ik die zondagmiddag de laatste bladzijde van uw boek omsloeg, wist ik dat ik nooit meer zou roken. Ik wist het voor altijd, ik was genezen.'

Dit is overigens heel normaal bij onze sessies. Op de helft van de therapie kan een cliënt zoiets zeggen als: 'Je hoeft niets meer te zeggen. Ik weet dat ik nooit meer zal roken.'

Maar toch zorgen we ervoor dat de cliënt de therapie afmaakt. Van feedback heb ik geleerd dat veel rokers dezelfde ervaring hadden voordat ze het boek hadden uitgelezen. Hopelijk gebeurt dat ook met jou. In dat geval moet je toch het boek uitlezen. Het heeft geen zin alleen de euforie te krijgen die Debbie zo helder beschrijft. We moeten ervoor zorgen dat je die vasthoudt, zodat je nooit meer in de verleiding komt weer te gaan roken.

Dit brengt me op een kwestie die ik liever niet wil aanroeren, maar waartoe ik me toch verplicht voel. Misschien heb je gehoord van rokers die de Carr-methode een aantal weken of zelfs jaren met succes gebruikten om dan toch weer in de val te lopen. Zij lijken de euforie te hebben verloren. Helaas kan dat gebeuren. Maar stel nu eens dat Debbie na drie maanden weer in de val loopt, dan zal een arts (de 'expert') veelbetekenend zijn hoofd schudden en ernstig zeggen: 'Zie je nu wel! Ze was niet echt genezen. Een roker is pas genezen als hij minstens een jaar niet heeft gerookt!'

Dezelfde 'expert' zal gemakshalve het feit over het hoofd zien dat rokers ook niet genezen zijn als ze een jaar niet hebben gerookt. Het succes van de 'expert' houdt ook helemaal geen rekening met de mentale toestand van de ex-roker tijdens de ontwenningsperiode, alsof die helemaal niet belangrijk zou zijn. Op grond hiervan definieer ik deze 'experts' als mensen die beweren deskundig te zijn maar die dat in werkelijkheid niet zijn.

'Ophouden' met roken is verreweg het meest populaire goede voornemen voor het nieuwe jaar. Ik ken een aantal gevallen van rokers die het hele jaar zonder een sigaret hebben overleefd en vervolgens verklaren: 'HOERA! Ik heb het gered!' Ze geloven dat ze nu veilig zijn en ze vieren dat zelfs met een sigaret. Voordat ze het weten, zitten ze weer in de val. Je hebt dat misschien zelf ook meegemaakt. We kunnen hierover met recht zeggen dat deze rokers geen succes hadden omdat ze een jaar niet hebben gerookt, maar mislukten omdat ze een jaar lang zijn gestopt. De arts zal beslist het feit over het hoofd zien dat de kans op succes met een 'wilskrachtmethode' minder dan tien procent is. Bij onze sessies krijgt de cliënt zijn geld terug als hij niet minstens drie maanden kan stoppen. Toevallig is het percentage hetzelfde, maar om de tegenovergestelde reden – wereldwijd vindt minder dan tien procent van onze cliënten het nodig geld terug te vragen en meer dan tachtig procent van onze cliënten komt naar ons toe via mond-tot-mondreclame.

Misschien geloof je deze cijfers niet. We hebben inderdaad kritiek gehad omdat we ze hebben genoemd, maar ze zijn waar. Je kunt mijn methode niet vergelijken met die van de Engelse ASH, een machtig instituut dat hoge subsidies krijgt of bijdragen van liefdadigheidsinstellingen. Ik heb ook niet de financiële middelen van de internationale geneesmiddelenconcerns die elke paar jaar grote televisiecampagnes opzetten om reclame te maken voor hun nieuwste pil of pleister. Aan het einde van het boek zul je begrijpen waarom deze producten alleen maar een gimmick zijn.

Ik ben gewoon een eenling die nooit adverteert. Toch is mijn eerste boek, *Stoppen met roken*, sinds de eerste uitgave in 1985 elk jaar een bestseller geweest. Het is nu in meer dan twintig talen vertaald, stond een jaar op nummer 1 van de bestsellerlijst in Duitsland en bereikte de tweede plaats in Nederland. We hebben nu meer dan veertig klinieken op elk continent met uitzondering van Antarctica. En medewerkers? Elke therapeut van de Carr-methode is zelf ex-roker die stopte met behulp van de methode en die de unieke doeltreffendheid ervan erkent. Debbie en haar vriend wonen aan de andere kant van de wereld en net zoals jij dit boek leest omdat je van mijn reputatie hebt gehoord, zo verging het hen. Waarom is Allen Carr voor stoppen met roken wat Tiger Woods is voor golf?

Er is maar één reden: de Carr-methode werkt.

Maar ik dwaal af. Ik heb je misschien afgeleid van een belangrijker vraag die je jezelf op dit moment moet stellen. Als de 'experts' je niet kunnen vertellen wanneer je bent bevrijd,

wanneer weet je dat je genezen bent?

4

Wanneer weet je dat je genezen bent?

Voordat ik de Carr-methode ontdekte, was ik er vast van overtuigd dat je dat nooit zeker kon weten. De 'experts' versterkten die gedachte bij mij. Laten we eens kijken naar een typische poging om te stoppen met roken met een 'wilskrachtmethode'.

Ik noem alle methodes behalve de Carr-methode, een 'wilskrachtmethode'. Hieronder valt de pil Zyban of nicotinevervangers zoals pleisters, kauwgom of neusspray. Bij deze methodes begin je altijd met een gevoel van straf en wanhoop, maar je hoopt toch dat je succes zult hebben als je die ellende en hunkering lang genoeg kunt overleven. Maar hoe lang moet je wachten? Wie weet dat? We hebben al vastgesteld dat zelfs na een onthouding van een jaar het project nog kan mislukken.

Dit is niet alleen ellendig en angstaanjagend, maar je zit ook in een belachelijke situatie omdat je in feite wacht op niets. Een typische opmerking van de 'experts' is: 'Denk eraan, hoe langer je de ellende kunt volhouden, hoe groter je kans op succes is.'

Dit is bedacht om je wilskracht te stimuleren en je in staat te stellen om het te blijven volhouden. Het probleem is dat het werkt. En het lijkt een goed en zinnig advies totdat je het gaat analyseren.

Wat deze woorden betekenen, is: als ik tien jaar zonder sigaret kan overleven, is mijn kans op succes groter dan wanneer ik na een uur al opgeef. Briljant! Ik zou dat zelf nooit hebben bedacht. In de praktijk verleng je de ellende als je dit advies opvolgt. Dit bedoelde ik toen ik sprak over het gebruik van wilskracht bij een negatieve tegenstelling. Hoe langer je het volhoudt, hoe langer de marteling duurt. Laat ik het eens anders zeggen: een kind wil een speeltje en jij stopt het weg. Wat gebeurt er? Een kind zonder wilskracht geeft het al snel op en dat is het dan. Maar het kind met een enorme wilskracht gaat maar door met zeuren en zal de gebeurtenis blijven oprakelen, soms nog als het al volwassen is, doorgaans als de geest en de tong door alcohol losser worden. Evenzo zal de zeurende stopper, twintig jaar nadat hij met roken is opgehouden, over het gebrek aan nicotine klagen als hij in een gespannen situatie zit.

Laat me mijn laatste poging met de 'wilskrachtmethode' beschrijven. Ik had zes maanden overleefd zonder een trekje aan een sigaret of sigaar. Mensen die op wilskracht *met succes* waren gestopt, deden me geloven dat het in het begin zwaar is maar dat het, mits je doorzet, geleidelijk aan gemakkelijker wordt en dat de zin in een sigaret steeds minder wordt zodat je er uiteindelijk geen last meer van hebt. In werkelijkheid vond ik het in het begin helemaal niet zo erg. Misschien kwam dat omdat ik wist dat ik niet lang meer te leven had als ik niet stopte, en dat ik vastbesloten was dat het me zou lukken. Het probleem was – zoals je misschien uit eigen ervaring weet – dat de ellende en de hunkering steeds erger werden in plaats van minder. Na zes maanden was ik een nerveus wrak en kon ik geen opdracht uitvoeren waar ik mijn hersenen bij moest gebruiken. En ik gaf het op. Ik huilde als een baby, deels omdat ik me zo ongelukkig voelde, deels omdat het me niet was gelukt iets te bereiken wat ik me had voorgenomen, deels omdat ik wist dat ik nooit vrij zou kunnen zijn. Maar ik huilde vooral omdat ik vermoedde dat het me gelukt zou zijn als ik het nog één dag, één week of één maand had volgehouden. Ik verachtte mezelf omdat ik het had opgegeven. Ik weet zeker dat jij jezelf tot op zekere hoogte hierin herkent.

Nu ik het roken helemaal begrijp (zoals jij het begint te begrijpen), realiseer ik me dat, hoe lang ik het ook had volgehouden, ik net zomin een kans van slagen had als wanneer ik de Matterhorn op zou skiën. Ik gebruikte gewoon mijn wilskracht om de ellende te *rekken*, omdat ik *geloofde* dat ik niet van het leven kon genieten, of me concentreren, of omgaan met stress zonder te roken. Alvorens ik mijn hopelijk laatste sigaret uitdrukte, versterkte de ellende die ik doormaakte alleen maar die overtuiging, maar nam die niet weg. Op dat moment leek het er niet op, maar ik nam gewoon een rationele beslissing, gebaseerd op de informatie die ik had en mijn eigen opvattingen. Ik besloot: 'Als dit het leven is zonder nicotine, dan kies ik voor het kortere maar zoetere leven van de roker.' (Voor het geval je overweegt hetzelfde te doen, bedenk dan dat het leven van de roker weliswaar korter is, maar in geen geval zoeter. Ik kom daar later op terug.)

Maar vergeet niet dat ik al die ellende doormaakte alleen *omdat* ik in de val was gelopen en niet omdat ik eruit probeerde te ontsnappen. Niet-rokers hoeven die martelingen nooit te ondergaan. Ik beloof je, lees het boek, volg mijn instructies op en je zult gauw weten wat echt genot is.

Misschien vraag je je af hoe een roker in vredesnaam kan ontsnappen op 'wilskracht'. Ik zou het kunnen uitleggen maar we kunnen mijn tijd en die van jou beter gebruiken door ons erop te concentreren hoe we de ontsnapping gemakkelijk en prettig maken. Toch slagen sommige mensen er uiteindelijk in. Het is duidelijk dat die er alleen maar naar kunnen gissen hoe lang het duurt en de meeste mensen leven van dag tot dag, als een afkikkende alcoholist, zoals een collega het zei. Maar er is een andere belangrijke fout in de wilskrachtmethode: daar leert men ons dat we nooit vrij kunnen zijn.

Het is belangrijk dat je goed over de volgende vraag nadenkt: wanneer weet je dat je genezen bent? Als je denkt dat je het juiste antwoord geeft, vergelijk dat dan eens met de meest voorkomende antwoorden die cliënten tijdens onze sessies gaven:

1. ALS IK EEN HELE DAG (WEEK ENZ.) GEEN BEHOEFTE HEB OM TE ROKEN
   Debbie zei ooit: '...*elke poging in het verleden mislukte al na een paar uur.*' Dit illustreert ook de angst die roken opwekt. Af en toe ontmoet je rokers die zeggen dat ze zo van het roken genieten dat ze nooit de wens hebben gehad te stoppen. Vroeger geloofde ik hen. In werkelijkheid zijn ze *te bang* het ook maar te proberen. Dit is iets anders wat je dadelijk gaat leren: dat alle rokers liegen, hoe eerlijk ze ook zijn met betrekking tot andere kwesties, zelfs tegen zichzelf – ze moeten wel! Helaas garandeert het feit dat een roker eerder zelfs geen dag zonder te roken kon niet dat ze vrij zullen zijn als ze er eenmaal van af kunnen blijven.

2. ALS IK EEN JAAR LANG GEEN SIGARET HEB GE-ROOKT
Dit is een heel algemeen antwoord dat we al hebben besproken. Maar kun je je de angst voorstellen die zo'n bewering bij de vorige groep veroorzaakt? Geen wonder dat we de kwade dag uitstellen.

3. ALS IK NAAR EEN FEEST GA EN ME AMUSEER
Dat lijkt er meer op, maar hoe weten ze dat ze zich op het volgende feest ook amuseren?

4. ALS IK ME VOEL ALS EEN NIET-ROKER
Ik geloofde vroeger dat rokers zich anders voelden dan niet-rokers. Maar niet-rokers *voelen* zich geen niet-roker, net zomin als niet-heroïneverslaafden zich een niet-heroïneverslaafde voelen. Dat *gevoel* van een roker is in werkelijkheid het besef dat je niet van het leven kunt genieten of dat je het leven niet aankunt zonder sigaretten. Het is helemaal geen prettig gevoel en je zult straks heel blij zijn dat je het kwijt bent.

5. ALS IK ME KAN CONCENTREREN ZONDER SIGARET
Daarom bleef ik verslaafd. Als je denkt dat je je beter kunt concentreren met sigaretten, ongeacht hoe lang je het zonder sigaret kunt volhouden of wanneer je een mentale blokkade hebt zoals iedereen die wel eens heeft, blijf je klagen over het feit dat je geen sigaret kunt roken en daardoor kun je je zeker niet concentreren.

6. IK WEET HET NIET
Klinkt niet erg bemoedigend maar is tenminste eerlijk en de mensen die dit zeggen hebben voor zichzelf besloten dat antwoord 1 tot en met 5 onjuist is.

7. NOOIT!
Dat dacht ik ook. Ik ben zo blij dat ik me vergiste!

8. ALS IK NIET MEER AAN ROKEN DENK

Ik citeer de brief van Debbie verder: '*Ik denk zelfs niet meer aan roken.*' Dit is een veel voorkomende zin in de brieven die ik ontvang. Is dit dan de ontbrekende dakpan? Is het de sleutel van de Carr-methode? Je kunt immers niet ontkennen dat Debbie blij was dat ze niet-roker was: '*Uw boek te lezen en de kans te grijpen, nou dat was de beste en ongelofelijkste beslissing die ik ooit heb genomen... Ik had een glimlach op mijn gezicht die niet meer weg wilde gaan!... Ik ben nog net zo gelukkig en opgewonden, misschien zelfs nog wel meer, dan toen ik uw boek uit had!... Ik beleef een nieuwe wereld van geuren, smaken, energie!!... Ik kan niet geloven dat ik me zo geweldig voel!... Ik straal echt!... Mijn leven is nu een groot wonder... Alles voelt nieuw en fantastisch... Ik ben enthousiast! Kijk hoe opgewonden ik ben... Het was zo'n verbazingwekkend gevoel!! Ik kan het niet uitleggen, maar ik ben er zeker van dat u weet wat ik bedoel. U opende de deur voor mij en ik liep naar binnen. Ik kan u niet genoeg bedanken! U hebt echter zo'n enorme impact op mijn leven gehad dat ik niet kan uitdrukken wat ik voel voor u en uw methode.*'

Jawel, Debbie, zelfs na achttien jaar vrijheid kan ik me dat gevoel nog heel goed herinneren. Ik denk dat je het met me eens bent als ik zeg dat zij haar gevoelens en haar dankbaarheid heel goed uitdrukte.

Vaak wordt me gevraagd: 'Hoe werkt de Carr-methode?'

Ik: 'Rokers komen naar onze sessies in diverse stadia van paniek. Ze geloven dat ze een onzekere periode van ellende tegemoet gaan en dat ze, zelfs als het lukt, sociale gebeurtenissen nooit meer zo prettig zullen vinden en dat ze niet meer zo goed met stress kunnen omgaan. Meer dan negentig procent gaat vier uur later al als een gelukkige niet-roker weg.'

'Wat zeg je in vredesnaam tegen hen?'

Ik: 'Heb je vier uur tijd?'

Ze denken dat ik eromheen draai en misschien kom jij tot dezelfde conclusie. Ik verzeker je dat ik dat niet doe. Debbie was duidelijk heel zorgvuldig bij het schrijven van haar brief. Ze drukte haar euforie heel helder uit en ze was zeer grootmoedig omdat ze mij alle eer gaf.

'U opende de deur voor mij en ik liep naar binnen.'

Maar ze kreeg de euforie pas toen ze door die 'deur' naar binnen was gelopen. Met uitzondering van een mogelijke aanwijzing legt ze niet uit hoe de Carr-methode het mogelijk maakte dat iemand, die het vroeger maar een paar uur kon volhouden, zo gemakkelijk kon stoppen. Ze somde weliswaar bepaalde voordelen op, maar dat was niet de aanwijzing. Ze was zich volledig bewust van die voordelen voordat ze het boek had gelezen. Alle rokers weten dat ze grote voordelen krijgen als ze ophouden. Waarom zou je het anders proberen? Wat is dus de aanwijzing? Het is: *'Ik denk zelfs niet meer aan roken!'*

Dit is nog een raad van de 'experts' en een raad die van de 'wilskrachtmethode' zo'n nachtmerrie maakt. Het klinkt logisch:

'Probeer je gedachten af te leiden. Vermijd situaties die je aan roken herinneren.'

'Briljant! Waarom ben ik daar niet op gekomen? Natuurlijk rookt mijn partner, maar we kunnen uit elkaar gaan. En met mijn rokende vrienden ga ik gewoon niet meer om. Ik maak immers snel nieuwe vrienden. Maar mensen roken in restaurants, cafés of verenigingen, plaatsen waar ik nieuwe vrienden zou kunnen maken. O, nou, dan moet ik daar ook niet heen gaan. Eigenlijk kan het alleen maar gezellig zijn als er geen enkele roker is. Wacht even: ik kan dus nooit meer uitgaan, laat staan andere mensen ontmoeten, omdat je in elke winkel op deze planeet sigaretten kunt kopen. En dan is er nog mijn baan – mensen roken op het werk. Ik moet ontslag nemen.'

'Kom, kom, je draaft door en je overdrijft. Je hoeft alleen rokers te vermijden totdat het je gelukt is.' En hoe lang duurt dat? Dat weet je nooit zeker maar de 'experts' denken dat het minstens een jaar duurt – misschien. Daar hebben we wat aan! Wat moet ik in de tussentijd doen? Alleen in een kamer patience spelen? Geen wonder dat zo weinig rokers succes hebben met de 'wilskrachtmethode'.

Kon je 's nachts niet slapen omdat je over een probleem piekerde? Leidde schaapjes tellen je toen af? Of kwam je tot de ontdekking dat het probleem door je hoofd bleef spoken, hoe je ook probeerde je aandacht af te leiden? Kwam je tot de ontdekking dat je gebrek aan slaap een bijkomend probleem werd en hoe meer je piekerde hoe meer je ervan overtuigd raakte dat je niet in slaap zou vallen? En natuurlijk, als je eindelijk in een diepe, vredige slaap viel, maakte die alarmbel je binnen vijf minuten weer wakker.

Roken beheerst je hele leven. Toen Debbie me schreef, dacht ze nog steeds aan roken. Haar hele brief ging uitsluitend over roken. Ik dacht het grootste deel van mijn leven aan roken. De eerste paar uren, dagen, weken of zelfs maanden zijn rokers die proberen 'op te houden' met behulp van wilskracht ook geobsedeerd door het thema roken. Maar het verschil is dat zij denken: *Wanneer komt er een einde aan deze ellende? Zal de hunkering naar een sigaret ooit overgaan?* Als Debbie en ik over roken denken, dan volgt direct de gedachte: *Is het niet geweldig? Ik ben ervan af! Ik heb er helemaal geen behoefte meer aan en ik heb er ook geen zin meer in om een sigaret op te steken.*

Is dat dan de sleutel? Is het echt zo eenvoudig? Vanaf dit moment hoef ik, als ik in de verleiding kom om een sigaret op te steken, alleen maar tegen mezelf te zeggen: *Is het niet geweldig? Ik ben ervan af! Ik heb er helemaal geen behoefte meer aan en ik heb er ook geen zin meer in om een sigaret op te steken.* Zou dat echt werken? Misschien een paar dagen maar verspil je tijd maar niet aan een poging. Het punt is: *je moet weten dat het waar is.* Het heeft geen zin om het alleen maar te zeggen: *je moet het begrijpen en geloven.*

Of ze nu de moed hebben om het toe te geven of niet, alle rokers denken dat ze domme mensen zijn met een zwakke wil. Bij sociale gebeurtenissen word ik vaak door rokers klem gezet die me willen overtuigen van het plezier en de steun die ze aan roken hebben. Als je denkt dat ze dit alleen maar doen om zich te verzetten tegen mijn pogingen om hen over te halen, dan vergis je je. Ik breng tien uur per dag, zeven dagen per week door met rokers over te halen om te stoppen, dus op een feestje zal ik elk gesprek over roken vermijden. Ik ontdekte al snel dat je meer kans hebt een reuzenoester over te halen open te gaan dan rokers te bewegen 'op te houden' voordat ze zelf die beslissing hebben genomen. Ik luister geduldig terwijl ik denk: *Ik vind erwtjes lekker maar ik heb er geen behoefte aan dit tegenover iemand die geen erwtjes lust te verdedigen.* Wanneer mijn geduld op is, vraag ik hun alleen of ze hun kinderen of kleinkinderen stimuleren om te gaan roken. Vervolgens vertellen ze me de rest van de avond hoe blij ze zijn dat hun kroost hun advies heeft opgevolgd en niet rookt, of hoe teleurgesteld ze zijn dat de kinderen wel roken ondanks hun pleidooi het niet te doen. Wanneer ik erop wijs dat ik niet begrijp waarom ze hun kinderen niet stimuleren te gaan roken, als zij er zelf zoveel plezier aan beleven en het zo'n steun voor hen is, staren ze me aan alsof ik gek ben.

Zoals ik verderop zal uitleggen zijn zware rokers vaak bijzonder intelligent en hebben ze een sterke wil. Maar de meesten vinden zichzelf dom omdat ze roken en er zijn er die het tegenovergestelde menen: dat ze roken omdat ze dom zijn. Beide beweringen zijn niet juist. Zelfs de intelligentste mensen doen soms domme dingen. Zowel hoogbegaafden als geestelijk gehandicapten kunnen per ongeluk van een dak vallen of onder een bus lopen, want als ze dat opzettelijk zouden doen, dan zou het zelfmoord zijn. Niemand blijft per ongeluk roken, of ze nu een ongelofelijk hoog IQ hebben of ernstige leerproblemen. De meeste sigaretten roken we onbewust. Zelfs het ritueel van het pakje pakken en een sigaret opsteken wordt doorgaans onbewust uitgevoerd. Maar als we geen sigaretten meer hebben, gaan we ze kopen of bedelen we er doelbewust en opzettelijk om.

Denk er goed aan: er is een reden voor elke sigaret die je rookt en dat is niet omdat je een zwakke wil hebt of dom bent. Je denkt misschien dat je weet wat de ware reden is. Ik verzeker je dat je dat niet weet, want als je het wist, hoefde je dit boek niet te lezen. Je bent dan al een gelukkige niet-roker en dat blijf je je hele verdere leven.

De Carr-methode werkt omdat zij de mysteries van de nicotinevalkuil uitlegt. Wanneer je die eenmaal begrijpt, heb je geen zin meer om te roken. Maar hoe kan de Carr-methode dat teweegbrengen? Het lijkt heel veel op de wereld zoals die wordt voorgesteld in de film *The Matrix*. Op het eerste gezicht lijkt deze heel normaal voor degenen die er wonen. Maar zij weten niet dat het alleen maar een ingewikkeld computerprogramma is en dat elke mens in een cocon woont, verbonden met een computerprogramma waarvoor hij de energie levert. Dan ontsnapt een aantal mensen naar de echte wereld, buiten de controle van de computer die hun beeld van de werkelijkheid vormde. Als ze voor zichzelf kunnen denken, zijn ze vastbesloten niet weer onder de invloed van de computer te vallen en willen ze niet meer terugkeren naar hun vroegere kunstmatige toestand. Ze willen leven en onvoorwaardelijk vrij zijn. Er heerst geen twijfel, geen onzekerheid. Er is het diepgewortelde zelfvertrouwen dat ze dit feit kennen en dat is op zichzelf bevrijdend. Hoe ongerust ze ook zijn of hoe ze ook twijfelen over dit nieuwe leven, ze zijn er opgetogen over.

Het belangrijke punt is het effect. Je begon dit boek te lezen omdat je je somber, nederig en angstig voelde, maar je zult al snel heel blij zijn. En maak je er geen zorgen meer over hoe de Carr-methode werkt. Debbie was niet alleen sceptisch maar dreef zelfs de spot met de gedachte dat ze met behulp van een boek zou kunnen stoppen met roken. Je kunt niet ontkennen dat ze euforisch was toen ze het had gelezen en dat ze dat een week later nog steeds was. Miljoenen andere rokers konden ook gemakkelijk stoppen met de Carr-methode. Nu wil ik iets vertellen over

mijn claim

5

Mijn claim

Ik noem mijn methode Easyway (de eenvoudige methode), de enige manier om te stoppen met roken. Daarom word ik voor dom en arrogant uitgemaakt. Als ik zeg 'de enige manier', dan bedoel ik niet dat er geen andere methodes zijn. Integendeel, ik heb daar al herhaaldelijk naar verwezen en ik heb ze allemaal geïdentificeerd als 'wilskrachtmethodes'. Ik spreek over de Carr-methode als 'de enige manier' omdat die effectiever is dan alle andere. Deze maken het in feite moeilijker voor je. Laat me het uitleggen.

Mensen uit de gezondheidszorg vergelijken roken ermee dat je tegen iemand die niet kan zwemmen, zegt dat hij eens moet proberen de zwembandjes te vervangen door loden bandjes of dat hij zijn benen moet vastbinden. Deze experts *denken* dat dat in het belang van hun patiënten is, maar we komen al snel tot de conclusie dat dat niet zo is. Ze opperen dit alleen als ze de beste optie niet *kennen*.

Laten we eens naar de vergelijking met zwemmen kijken zodat ik kan uitleggen wat ik ermee bedoel. Welk advies zou je geven aan iemand die wil leren zwemmen? Je zou kunnen voorstellen dat hij begint met schoolslag of crawl of rugslag, of misschien kan hij beter drijven of watertrappen proberen. Het zou me niets verbazen als een aantal mensen de ene methode gemakkelijker vindt, terwijl sommigen de voorkeur geven aan een andere aanpak. Waarom zou dezelfde regel dan niet van toepassing zijn op stoppen met roken? Als ik je zou vragen of je jouw aspirant zwemmer zou aanraden zwembandjes te verwisselen voor loden bandjes of zijn benen vast te binden, zou je me voor gek verklaren, toch? Zou er een zwemleraar zijn die zo dom is dat aan zijn leerling voor te stellen?

Stel je eens voor dat je een methode kent waarmee je kunt stoppen met roken

- EENVOUDIG, ONMIDDELLIJK EN VOORGOED
- ZONDER ONTWENNINGSVERSCHIJNSELEN
- ZONDER WILSKRACHT
- ZONDER TABLETTEN, VERVANGENDE MIDDELEN OF TRUCS EN ZONDER ELLENDE IN HET BEGIN
- EN JE KUNT MEER VAN FEESTJES GENIETEN

- WAARDOOR JE BETER MET STRESS KUNT OMGAAN
- NIET ZO NERVEUS EN GESPANNEN BENT
- ZELFVERZEKERD EN DAPPER
- WAARMEE JE JE BETER KUNT CONCENTREREN
- NOOIT MEER NAAR EEN SIGARET VERLANGT
- EN WAARMEE JE GEEN KILO'S AANKOMT

Wat vind je daarvan?

Volgens de experts is zo'n methode te mooi om waar te zijn. Dat kan toch niet? Zij zou het tegenovergestelde effect hebben van al die wilskrachtmethodes en stoppen gemakkelijk maken. Maar stel je gewoon eens voor dat zo'n methode wel zou bestaan en dat je zelfs mag blijven roken terwijl je leert hoe je haar moet gebruiken. Zou je dan iets anders willen?

Als je die methode gebruikt en ontdekt dat ze werkt zoals ik heb gezegd en als je haar voldoende begrijpt om ervan overtuigd te zijn dat zij bij alle rokers die willen ophouden, net zo doeltreffend is, zou ik je dan iets anders adviseren waarmee je eigenlijk veel moeilijker resultaat kunt boeken? Als ik dat zou doen, zou het dan niet hetzelfde zijn als ik de zwemmer adviseer loden bandjes te dragen in plaats van zwembandjes?

Ik heb goed nieuws voor je. Deze methode bestaat echt. Ik noem haar *Allen Carr's Easyway* en je gaat haar nu al gebruiken.

Maar als mijn claim klopt, waarom weet de medische beroepsgroep dat dan niet? En ben je het er ook niet mee eens dat het voor hun patiënten veel moeilijker is te stoppen als ze een andere methode adviseren?

We zijn gehersenspoeld en geloven dat stoppen met roken vreselijk moeilijk is. Maar toch zijn duizenden rokers van de ene op de andere dag zonder problemen gestopt, zonder de hulp van Allen Carr of iemand anders, zonder hulpmiddel of truc. Misschien ken je die mensen of heb je over hen gehoord. Maar die hebben niet hetzelfde euforische gevoel dat Debbie en ik en de meeste ex-rokers die de Carr-methode gebruikten, beschrijven. Opvallend genoeg vinden zij stoppen met roken relatief gemakkelijk.

Het verschil tussen die rokers en mij is dat zij niet weten waarom ze het zo gemakkelijk vonden. Ze proberen de redenen daarvoor te ontdekken en willen vaak heel graag hun 'expertise' inzetten om andere rokers bij het stoppen met roken te helpen. Voordat ik de Carr-methode ontdekte, heb ik de andere geprobeerd. Een paar ervan werkten zowaar, echter maar voor korte tijd. Ik heb tijdens mijn sessies verhalen over deze methodes van andere mensen gehoord. Soms raadt een cliënt tijdens een groepssessie zijn 'methode' aan de andere deelnemers aan. Ik vraag hem dan waarom hij naar deze sessie komt als zijn methode zo gemakkelijk was:

'Ik verzeker je dat die gemakkelijk was! Jarenlang heb ik geen behoefte gehad om te roken, maar toen was ik stom. Ik heb maar één sigaret gerookt. En dat wilde ik eigenlijk helemaal niet...'

Ik hoef je de rest niet te vertellen. Vervolgens vraag ik hem waarom hij zijn methode nu niet weer gebruikt. Het antwoord luidt altijd: '*Dat heb ik gedaan maar die werkte deze keer niet meer.*'

Ongetwijfeld geloven de maatschappij en de mensen die nooit hebben gerookt dat stoppen heel moeilijk is. Veel rokers denken, net als ik vroeger, dat dat voor sommige rokers zelfs onmogelijk is. Maar denk hier gewoon eens even over na. Waarom zou het moeilijk zijn te stoppen, laat staan onmogelijk? We hebben al ontdekt dat niemand, behalve wijzelf, ons dwingt een sigaret op te steken. Als je dus de beslissing neemt dat je nooit meer wilt roken, waarom zou dat dan zo moeilijk zijn? Je hoeft helemaal niets anders te doen. Het is een koud kunstje – je bent al niet-roker!

Zo eenvoudig kan het natuurlijk niet zijn. Iedereen weet toch dat roken een gewoonte is en dat je gewoontes moeilijk kunt afleren. Dit is nog een uitspraak van de 'experts' om met hun kennis te pronken. Een globaal onderzoek brengt aan het licht dat deze 'experts' geen inzicht hebben. In feite zijn beide stellingen misleidend: we roken niet uit gewoonte en zelfs als we dat deden, dan zou het nog belachelijk eenvoudig zijn ermee op te houden. Laten we het fabeltje dat we uit gewoonte roken nu maar vergeten.

Wat is een gewoonte? Een gewoonte is een herhaald gedragspatroon. Zorg dat je die herhaling kwijtraakt en er is geen gewoonte meer. Wat hier van belang is, is de oorzaak van de herhaling. Ik geef een paar voorbeelden om dit uit te leggen.

Het grootste deel van mijn leven rijd ik links. Ik doe dit niet alleen omdat ik dat gewend ben. Als ik op het vasteland van Europa of in Amerika rijd, leer ik die gewoonte gemakkelijk en onmiddellijk af en de reden daarvoor is duidelijk. Begrijp je wat ik bedoel? Gewoonte verklaart nooit waarom we ons gedrag herhalen. Om een gewoonte gemakkelijk te kunnen afleren, moet je de oorzaak van je gewoontegedrag wegnemen. Gelukkig heb ik nooit nagels gebeten, maar ik weet dat mensen die dat doen het heel moeilijk vinden om die gewoonte af te leren, zelfs degenen die dat dolgraag zouden willen. Ze vinden het zo moeilijk omdat ze de echte reden waarom ze het doen niet kennen of, als dit wel het geval is, niet weten hoe ze deze kunnen wegnemen.

Maar laten we nu eens aannemen dat de enige reden waarom we blijven roken is, dat we er een gewoonte van hebben gemaakt. Als dat waar is, waarom kunnen we die gewoonte dan niet doorbreken? Dat is een koud kunstje: steek gewoon geen sigaret meer op. Je hoeft er verder niets voor te doen!

De andere redenen die de 'experts' aangeven om te verklaren waarom 'ophouden' moeilijk is, zijn de vreselijke lichamelijke ontwenningsverschijnselen. Dit is ook een fabeltje en net zo gemakkelijk te ontzenuwen. Ik moet toegeven dat ik verwachtte dat ik vreselijke lichamelijke ontwenningsverschijnselen zou krijgen toen ik mijn laatste sigaret uitmaakte en wist dat ik nooit meer zou roken. Maar die kreeg ik niet. Maar hoe heb ik ze kunnen vermijden? Ik had immers geen nicotinevervangers gehad. Pas toen ik terugkeek naar mijn eerdere wilskrachtpogingen en me probeerde te herinneren wat er toen gebeurde, drong het tot me door dat ik toen ook geen lichamelijke pijn had gehad.

In onze praktijken hebben de meeste cliënten maar één sessie van vier uur nodig. Af en toe belt een cliënt op en het gesprek verloopt dan zo ongeveer als volgt:

Cliënt: 'Je hebt me verteld dat ik lichamelijk geen last zou hebben, maar dit is een marteling.'

Ik: 'Waar doet het pijn?'

Client: 'Het lijkt op de griep.'

Ik: 'En de huisarts heeft gezegd dat het ontwenningsverschijnselen van roken zijn?'

Client: 'Ik ben niet bij mijn huisarts geweest en ik weet dat het geen griep is.'

Ik: 'Beschrijf de symptomen eens.'

Cliënt: 'Mij breekt voortdurend het zweet uit!'

Ik: 'Dat gebeurt ook bij Stella Jongmans als ze hardloopt, maar die lijkt er niet veel last van te hebben.'

Cliënt: 'Maar ik kan 's nachts niet slapen.'

Ik: 'Iedereen heeft wel eens een periode waarin hij niet kan slapen.'

Cliënt: 'Maar ik kan me ook niet concentreren!'

Ik: 'Daar twijfel ik niet aan, maar geen van de symptomen die je beschrijft, hebben iets te maken met lichamelijke pijn.'

Het stomme is dat we een gat in de lucht zouden springen als we alleen maar een griepje hoefden te doorstaan om te kunnen stoppen met roken. Als we door de griep zijn geveld, hebben we misschien het gevoel dat we doodgaan, maar we zijn niet huilerig en paniekerig. We kunnen het aan en zieken het moedig uit. Begrijp me niet verkeerd; ik probeer de marteling die de roker doormaakt niet af te zwakken, niet tegenover hem en ook niet tegenover jou. Die marteling is echt; ik had er zes maanden last van. Wat ik hem en jou duidelijk probeer te maken is dat er geen *lichamelijke* pijn was. Rokers kunnen de hele nacht slapen zonder te roken. Acht uur lang roken ze geen sigaret. Ze worden niet wakker en trekken zich de haren niet uit het hoofd. De meeste rokers staan op voordat ze een sigaret opsteken. De meesten roken niet op de slaapkamer. Velen van hen drinken eerst koffie of thee, of ontbijten. Sommigen vertrekken voordat ze een sigaret opsteken en anderen wachten totdat ze op hun werk zijn. Zelfs zij gillen niet van de pijn of lopen tegen een muur. Maar als ze eenmaal op hun werk zijn en een sigaret willen opsteken, breken ze je arm als je de sigaret uit hun mond rukt of het pakje wegpakt!

Stel je eens voor dat je echt naar je huisarts zou gaan met de symptomen van dat 'ik wil een sigaret'-gevoel. Hoe zou je dat gevoel beschrijven? Als je wilt, kun je het nu proberen. Als je het afgelopen halfuur niet hebt gerookt of als je dat gevoel krijgt, steek dan bewust geen sigaret op. Probeer dan *precies* aan te wijzen waar het pijn doet.

Stel je voor dat je lichaam een kaart is, zoals die van een acupuncturist. Kun je ook maar bij benadering een punt aanwijzen? Dat kun je niet. Je hebt alleen een groeiend gevoel van onrust en onevenwichtigheid en je weet dat je dat kwijtraakt als je een sigaret opsteekt. Stel je voor dat je na dit experiment een sigaret wilt pakken en ontdekt dat je er geen meer hebt. Je raakt meteen in paniek en gaat vertwijfeld in zakken, laden, tassen en dergelijke zoeken. Het is een onaangenaam gevoel dat wij rokers al snel leren te vermijden.

Dat paniekerige gevoel dat rokers krijgen als ze 's avonds uit zijn en de sigaretten opraken, begint voordat die echt op zijn en wordt erger als ze de laatste sigaret roken. Je rekent het uit: 'Ik zit nog minstens twee uur op dit feest en ik heb nog maar vier sigaretten.'

Je rantsoeneert je voorraad alsof die het water is en jij door de Sahara aan het trekken bent. Je voelt dat het feest bijna is afgelopen. Vanaf het moment dat je in paniek raakte, heb je tegen iedereen gezegd dat je tegen die en die tijd moet gaan. Het feest werd niet helemaal een saaie boel, omdat je aan het begin deze onweerstaanbare man ontmoette. Hij bleek toevallig de enige andere roker op het feest te zijn. Aanvankelijk hinderde het je helemaal niet dat hij een van die gelegenheidsrokers was. Maar toen de avond verstreek, begon zijn charme te verdwijnen. Het maakte je niet echt zoveel uit dat hij geen sigaretten bij zich had, maar je vond hem een beetje onbeschoft toen hij je de les begon te lezen omdat je zoveel rookte, vooral omdat hij met je meedeed en jouw sigaretten rookte. Daarom waren ze nu bijna op. Maar zijn meest vervelende karaktertrek was dat hij liet doorschemeren dat hij alleen maar zoveel rookte ten gevolge van jouw slechte invloed!

Natuurlijk was je veel te beleefd hem daarop te wijzen. Toen je ontdekte dat je sigaretten bijna op waren, gaf je er geen meer weg. Uiteindelijk drong het tot die vervelende man door en droop hij af. Nu kun je veilig je op een na laatste sigaret opsteken. Terwijl je dat doet, staat hij opeens weer voor je neus en wil die kostbare laatste sigaret hebben.

'*Vind je het erg als ik een sigaret pak?*'

Erg! Errrg! Jij onnozele, stomme idioot! Natuurlijk vind ik het erg!

Maar dat denk je alleen maar. Hij heeft een gevoelige snaar geraakt en je wilt je gezicht niet verliezen. Je zegt: '*Natuurlijk vind ik het niet erg. Ik ben net als jij, ik kan heel goed zonder.*' Je sarcasme glijdt langs hem heen en je laatste sigaret verdwijnt tussen zijn lippen. Je zit vast.

Laten we het dus even duidelijk stellen: rokers hebben helemaal geen lichamelijke pijn als ze proberen 'op te houden' en als ze echt willen stoppen, kunnen ze de 'gewoonte' gemakkelijk opgeven. Dit geldt niet alleen voor jou maar voor alle rokers. Maar het staat onomstotelijk vast dat de meeste rokers het buitengewoon moeilijk, zo niet onmogelijk, vinden te stoppen. De reden is angst, paniek en dat vervelende gevoel dat je naar een sigaret verlangt, maar dat je dat verlangen niet mag bevredigen. En die paniek is wel degelijk echt. Rokers geven graag een sigaret of zelfs hun laatste dropje aan iemand die ze niet kennen, maar als die om hun *laatste* sigaret vraagt, zou hun antwoord waarschijnlijk zoiets zijn als: *Je mag een halve liter bloed van me hebben. Ik wil zelfs een nier afstaan, als je me dat vriendelijk vraagt, maar mijn laatste sigaret? Geen sprake van!*

De enige marteling voor rokers voor- of nadat ze besluiten 'op te houden' is dat ze een sigaret willen, maar dat ze er geen mogen roken. Met andere woorden, dat ze hun 'behoefte' niet mogen bevredigen. Die marteling is zuiver psychisch, maar ze is toch heel echt en hoe weet je wanneer het ophoudt? Het kan dan wel psychisch zijn, maar dat maakt het toch buitengewoon moeilijk 'op te houden'. NEE HOOR!

Laten we eens kijken naar de 'wilskrachtmethode'. Die begint met een gevoel van onheil en wanhoop en we hopen dat we genoeg wilskracht hebben om de ellende lang genoeg te verdragen en vrij te zijn. Maar waarom zouden we ons ellendig voelen? We hebben toch besloten dat we niet meer willen roken? Waarom zijn we niet overgelukkig omdat we niet meer *hoeven* te roken? Misschien komt het door de angst, waarover we hebben gesproken. Maar dat verklaart het niet. We hebben al vastgesteld dat rokers alleen dat angstgevoel krijgen als ze willen roken maar dat niet mogen. Waarom krijg je het dan als je hebt besloten dat je nooit meer wilt roken?

Misschien denk je dat het komt omdat nicotine verslavend is en dat de verslaafde gedurende een onbepaalde periode na onthouding naar de drug blijft verlangen. Dit klinkt heel logisch, maar het verklaart niets. Wat betekent 'verlangen'? In ons geval betekent het: 'IK WIL EEN SIGARET!' Maar ik heb net besloten dat ik nooit meer een sigaret wil, waarom verlang ik er dan nog steeds naar? In feite is het totaal onlogisch. Stel je eens het volgende gesprek tussen twee vriendinnen bij een kopje koffie voor:

A: 'Ik zou graag eens een zaterdag met je gaan winkelen.'
B: 'Geweldig. Ik ga niet graag alleen winkelen.'

A: *'Maar ik moet met John naar rugby. Dat is zo saai. Hij is er toch al te oud voor en ik sta in regen en wind, bang dat hij een been breekt. Dat kan er dan nog wel mee door. Maar het ergste is dat ik moet luisteren naar die kinderachtige liedjes na de wedstrijd.'*

B: 'Nou, het wordt hoog tijd dat hij volwassen wordt en jij stimuleert hem ook nog.'

A: *'Je hebt volkomen gelijk, natuurlijk. Ik blijf maar steeds dreigen dat ik niet meer meega. Ik ga niet mee – ik ga met jou winkelen!'*

Stel je nu eens A voor de volgende zaterdag terwijl ze zich ellendig van de ene winkel naar de andere sleept en zegt:

'Sorry, B, maar ik heb die vreselijke neiging om naar het rugbyveld te rennen. Ik probeer wanhopig er niet aan toe te geven. Ik hoop dat ik deze marteling niet elke zaterdag moet meemaken.'

Ik heb een levendige fantasie, maar ik zou dit zelfs in mijn stoutste dromen niet zeggen hoewel ik een hekel heb aan winkelen en dol ben op rugby. Je denkt misschien dat dit voorbeeld geen verband houdt met een wilskrachtpoging om met roken te stoppen. Maar je hebt rokers beslist al eens horen zeggen: *'Dat is het! Ik heb helemaal genoeg van deze vieze gewoonte. Het kost me een vermogen en het jaagt me de dood in. Ik stop!'* Waarom zou stoppen met roken dan het meest voorkomende goede voornemen voor het nieuwe jaar zijn? En vervolgens zeggen ze de volgende uren, dagen en weken: *'Ik doe een moord voor een sigaret!'*

Misschien heb je zelf ook dit totaal onlogische proces doorgemaakt. Ik heb het vaker gedaan. 'Verslaving' is alleen maar een woord waarmee we het beschrijven. Maar dit woord verklaart niet *waarom* intelligente mensen zo dom zijn en zeggen: 'Het is een gewoonte.'

Waarom zijn we dan zo dwaas? De sleutel is het woord 'ophouden'. Toen A het lastige probleem had John te moeten vertellen dat hij haar aanmoedigingen zou kwijtraken, heeft ze beslist niet gezegd: *'Ik "houd ermee op" om naar je te komen kijken.'*

Je hebt misschien gemerkt dat ik 'ermee ophouden' altijd tussen aanhalingstekens zet en dat ik dit alleen doe als ik het over een 'wilskrachtmethode' heb. Rokers hebben er misschien een hekel aan dat ze roken en vinden het tegenstrijdig dat het inademen van vieze en dodelijke rook aangenaam is, of dat het hen helpt zich te concentreren, of verveling te verdrijven of stress te verlichten, maar het is een feit dat ze allemaal *denken* dat ze roken prettig vinden en dat het hun steun is. Alleen al het woord 'ophouden' duidt op opoffering. Je hoeft niet te begrijpen waarom het ene gerecht beter smaakt dan het andere, of waarom je duim pijn doet als je er met een hamer op hebt geslagen, of waarom een lamp aangaat als je op de juiste schakelaar drukt. Net zoals je ook niet precies hoeft te weten waarom het lijkt dat sigaretten prettig zijn tijdens diners of op feestjes of hoe ze je helpen je te concentreren en verveling te verdrijven en stress te verlichten – *je weet alleen dat ze dat doen*.

Het lijkt er duidelijk op dat rokers zich met een sigaret meer ontspannen en minder angstig voelen dan zonder. Als je dat gelooft *voordat* je wat je hoopt je laatste sigaret te zijn, uitmaakt, waarom zou je dat dan niet meer geloven als je die sigaret hebt uitgemaakt? Is het dan vreemd dat je hersenen je na die laatste sigaret aansporen er een op te steken als de telefoon gaat of als je onder stress staat? En als je vrienden na het eten roken en jij dat niet mag, heb je dan het gevoel dat je er niet bij hoort? Natuurlijk hoop je dat het probleem na verloop van tijd verdwijnt. Maar waarom zou het? Afzien doet het verlangen groeien. Met de 'wilskrachtmethode' hoop je dat je op een dag wakker wordt en roept: 'HIEP HOI! HET IS ME GELUKT! IK BEN ERVAN AF!'

Maar dat gebeurt bijna nooit. Ik zeg niet dat het een minderheid niet lukt. Sommigen van hen zijn er zelfs enthousiast over dat ze niet-roker zijn en zeggen je eerlijk dat ze het roken helemaal niet missen. De tijd lost hun probleem op. Wat er gebeurt, is dat ze, als ze maar lang genoeg standvastig zijn, de situatie geleidelijk aan gaan accepteren en dat ze nog maar zelden zin hebben in een sigaret, zodat ze niet-roker worden. Maar van de minderheid die het lukt 'op te houden', zal de meerderheid bekennen dat ze een speciale sigaret missen, zoals die na het eten.

Door deze zeurende stoppers wordt de rest van ons bang 'op te houden' omdat ze dat fabeltje in het leven roepen van eens een roker, altijd een roker en dat je nooit helemaal bevrijd kunt zijn. Heb je trouwens gemerkt dat deze ex-rokers veel luidruchtiger dan niet-rokers protesteren als je rookt? Ze hebben er eigenlijk helemaal geen bezwaar tegen, het is meer om zichzelf te beschermen. De rook herinnert hen eraan dat ze zelf niet meer mogen roken en jou vernederen helpt hun beslissing kracht bij te zetten.

'Wilskrachtmethodes' zijn voor de meeste rokers moeilijk en onmogelijk voor anderen omdat we werden gehersenspoeld te geloven dat ze moeilijk zijn. En als je genoeg moed hebt verzameld om een van deze methodes te proberen, bevestigt de poging alleen maar dat het waar is en wordt de overtuiging niet weggenomen. Dit is overigens de reden waarom rokers maar elke vijf jaar een serieuze stoppoging doen. Zo lang duurt het voordat de herinnering aan de ellende van een vorige poging is verdwenen.

Als het je met de Carr-methode lukt, wil je natuurlijk dat je rokende vriendinnen er ook van profiteren. Wees niet teleurgesteld als zij niet zo enthousiast zijn over jouw goede nieuws. Deze aarzeling kan het gevolg zijn van twijfel of van de overtuiging dat de Carr-methode wel bij jou werkte maar bij hen waarschijnlijk niet. Zelfs als ze je geloven en als je ze zou vragen het te proberen nadat ze een vruchteloze wilskrachtpoging hebben ondernomen, dan zou dat hetzelfde zijn als wanneer je aan een marathonloper, die honderd meter van de eindstreep in elkaar is gezakt, vraagt een halfuurtje rust te nemen en dan helemaal opnieuw te beginnen.

Het grootste probleem van de 'wilskrachtmethode' is twijfel en onzekerheid. We beginnen eerder te *hopen* dan te *geloven* of te *weten* dat het ons lukt. Dit is negatief denken. Zwemmen leren kan een moeilijk en angstaanjagend proces zijn, maar heb je de stralende ogen van het kind gezien dat het zojuist heeft geleerd? Het kan het misschien nog maar een paar meter volhouden en proest en krijgt het halve zwembad binnen. Maar dat doet geen afbreuk aan zijn geluk. Het weet heel zeker dat het bleef drijven op eigen wilskracht zonder zwembandjes of andere hulpmiddelen. Hij kan zwemmen! Het kind weet ook dat het met oefenen straks een heel baantje kan zwemmen en als dat lukt, zal hij opnieuw opgewonden zijn. Alleen de euforie bij het behalen van een Olympische medaille is vergelijkbaar met die van die eerste paar slagen en de zekerheid dat het kind niet door het leven gaat als iemand die niet kan zwemmen.

Als het jouw doel is een heel jaar niet te roken, dan is het zeer voor de hand liggend dat je dat pas weet als het jaar voorbij is. Als je je hele leven niet meer wilt roken, is het eveneens duidelijk dat je pas weet of het is gelukt als je leven voorbij is. Dit betekent: zelfs als het je lukt, zul je dat, zolang je leeft, niet weten! Geen prettig vooruitzicht te moeten hopen dat je niet in de fout gaat en te weten dat je dat nooit zult *weten*. En het grote probleem van de 'wilskrachtmethode' is natuurlijk, dat zij bij rokers een gevoel van opoffering veroorzaakt. Weliswaar zijn ze ervan overtuigd, dat er veel meer nadelen dan voordelen aan roken kleven, maar toch geloven ze echt dat ze plezier en/of steun aan roken hebben. Er is maar één onvoorzichtig of dronken moment voor nodig of ze zitten weer in de valkuil. Geen wonder dat je met 'wilskrachtmethodes' zo moeilijk kunt ophouden.

In het vorige hoofdstuk vroeg ik je eens na te denken over de vraag: 'Hoe *weet* je dat het je is gelukt?' Vervolgens besprak ik uitvoerig de antwoorden van onze cliënten. Je hebt misschien gemerkt dat ik zelf geen briljante suggesties heb gedaan. Inderdaad, ik heb alleen gesuggereerd dat je onmogelijk kunt weten dat je je hele leven niet meer zult roken. Hoe kan Debbie, of zelfs Allen Carr, dan *weten* dat ze nooit meer zullen roken?

Als je aan een stroper vraagt: '*Weet je heel zeker dat je nooit met je voet in een val zult trappen?*' dan zal hij waarschijnlijk 'nee' zeggen. Maar als je de vraag eens anders formuleert: '*Weet je heel zeker dat je nooit OPZETTELIJK in een val zult trappen?*', dan zal hij waarschijnlijk beleefd antwoorden: '*Welke halvegare trapt er nu opzettelijk in een val?*' Een stroper is voortdurend bang dat hij per ongeluk in een val trapt, maar zal er helemaal niet bij stilstaan dat hij dat opzettelijk doet, vooral wanneer het al eens is gebeurd!

Misschien vind je deze vergelijking tussen de val en roken zwak. Het is alsof je het vergelijkt met rokers die met een 'wilskrachtmethode' proberen te stoppen. Ze geloven immers dat ze hun pleziertje en/of steuntje opgeven. En als ze zich ellendig voelen en denken dat de ellende blijvend is beginnen ze misschien weer te roken. Meer dan 90 procent doet dat uiteindelijk ook. Stel je voor dat je verslaafd was aan de nieuwste legale drugrage en dat je gelukkig op tijd kon stoppen. Denk je dat je dan weer verslaafd wilde raken?

Ongetwijfeld heb je van deze rage gehoord. We noemen hem:

verwoesting

6

Verwoesting

'Verwoesting' is het extract van een Zuid-Amerikaanse plant van hetzelfde geslacht als de dodelijke nachtschade en een van de meest verslavende drugs die we kennen. Al na één enkele dosis ben je verslaafd. Meer dan 60 procent van de volwassen leden van de stammen die deze drug gebruiken, raakt verslaafd. Het is een krachtig vergif en commercieel wordt het als insecticide gebruikt. Het vernietigt geleidelijk aan het immuunsysteem, veroorzaakt kortademigheid en lethargie en doodt een op de drie slachtoffers. Het smaakt heel vies en maakt systematisch het zenuwstelsel kapot, waardoor je een gevoel van onzekerheid en gebrek aan zelfvertrouwen krijgt. Het kost de verslaafde in zijn hele leven zo'n 80 000 euro. Wat doet de drug voor je? *Helemaal niets*. Welke roes of kick krijg je ervan? *Helemaal geen*.

Als je de feiten over 'verwoesting' kent en *gelooft*, zou ik je dan kunnen overhalen om het te proberen? Zelfs de meest avontuurlijke, onbevreesde of stomme onder ons zou het zelfs niet éénmaal proberen als we geloven dat we er verslaafd aan raken. Maar stel je voor dat je sinds je geboorte gehersenspoeld en misleid bent te geloven dat de drug duidelijke voordelen heeft en dat de negatieve kant alleen optreedt *als* je verslaafd raakt en dat je van één enkele dosis niet verslaafd raakt, maar dat het jaren duurt voordat dat gebeurt. In dat geval zouden de avontuurlijken onder ons het misschien proberen. Stel je nu voor dat je al jaren verslaafd bent, dat je net zo tegen de drug aan kijkt als ik heb beschreven en dat je het helemaal zat bent. Stel je ook voor dat je een methode ontdekt waarmee je er gelukkig onmiddellijk, gemakkelijk en voorgoed van wordt bevrijd, zou je dan aarzelen die methode te gebruiken? En als je ontdekt dat het werkt, *zul je dan opzettelijk weer in die val trappen?*

Ongetwijfeld had je al door dat de drug die ik beschreef onze oude vriendin en steun nicotine is. Je mag best vraagtekens zetten bij een paar van de feiten die ik opnoemde. Vooral dat het '*systematisch het zenuwstelsel kapotmaakt, waardoor je een gevoel van onzekerheid en gebrek aan zelfvertrouwen krijgt*' en dat het '*helemaal niets*' voor je doet. Maar ik vraag je mijn beschrijving voorlopig te accepteren. Lees die nog eens en probeer die nu niet met roken in verband te brengen. Geloof je nu ook maar één seconde dat je ooit nog naar een sigaret verlangt als het volgende op jou van toepassing zou zijn?

- Je beschouwt roken uitsluitend als de drug die ik heb beschreven.
- Je weet zeker dat roken precies het tegenovergestelde doet van je ontspannen, je concentratie bevorderen, je moed en zelfvertrouwen geven of stress verlichten en verveling verdrijven.
- Je weet dat je nooit meer een sigaret hoeft op te steken om te kunnen ontsnappen.
- Dat je, als de gedachte aan roken bij je opkomt, denkt: Hiep hoi! Het is me gelukt! Ik ben ervan af! en niet: Ik heb zin in een sigaret of: Wanneer zal ik ervan af zijn?

Het verlangen naar een sigaret is als een gifbeker met een mengsel van honing en vergif. Rokers hebben de honing nodig, maar daarvoor moeten ze het vergif drinken. Als elke roker een lijst zou maken van alle voor- en nadelen van het roken en er punten van nul tot tien aan zou geven, dan zou de totale score van de nadelen vele malen hoger zijn dan die van de voordelen. Als ons verstand ons vertelt dat we niet moeten roken, waarom gaan we er dan toch mee door? Dat komt omdat er nog een ingrediënt in de beker zit: verslaving – een mystieke kracht die ons verstand te boven gaat.

Een goede goochelaar kan ons misleiden en zijn trucs lijken op magie. Maar als hij zijn truc uitlegt, verdwijnt de mystiek. De naakte waarheid is dat er geen honing in de beker zit.

De Carr-methode verklaart de mystiek van verslaving en hoe

die haar slachtoffers wijsmaakt dat ze de een of andere vorm van echt plezier of steun krijgen. Als je roken zonder de hersenspoeling bekijkt, zoals het echt is, zoals je heroïne of zelfs 'verwoesting' zou bekijken, en als je *weet* dat je helemaal niets hoeft op te geven, maar alleen fantastische voordelen behaalt, dan heb je geen gevoel van onheil of wanhoop of opoffering. Tegen het einde van het boek kijk je verlangend uit naar het ritueel van de laatste sigaret en daarna weet je dat je al een niet-roker bent en geniet je ervan.

Roken is de subtielste valkuil die de mensheid, samen met de natuur, heeft gegraven. Veel rokers denken dat ze roken omdat ze dat willen. Het is waar dat niemand ons kan dwingen te roken. Maar het is ook waar dat we er niet voor kiezen roker te worden. Als je de valkuil eenmaal helemaal begrijpt, ben je automatisch bevrijd en wil je niet meer roken, net zomin als een stroper *opzettelijk* in een val wil trappen.

Waarom leg ik de mystiek van verslaving dan niet gewoon uit, dan kunnen we tenminste opschieten? Omdat je me in deze fase niet gelooft. Hoe kan ik je ervan overtuigen dat er nog nooit een roker is geweest die echt plezier of steun van roken heeft gehad. Het uitleggen van de illusie is een koud kunstje, maar je zult die uitleg niet geloven totdat ik met concrete bewijzen de zogenaamde 'waarheden' over het roken onderuit heb gehaald. 'Waarheden' waarmee we gehersenspoeld zijn . Maar er is een belangrijker thema dat we eerst moeten behandelen. Of de methode bij iedere roker werkt,

waarom werkt de Carr-methode dan niet bij alle rokers?

7

Waarom werkt de Carr-methode niet bij alle rokers?

Stel je eens voor dat je als tiener door de ingang van een groot park loopt. Je vindt het daar zo mooi dat je er niet weg wilt. Als de jaren verstrijken, begin je te vermoeden dat het fruit in het park, dat je hebt gegeten, je heeft vergiftigd. Je maakt je niet erg veel zorgen, hoewel de effecten van de vergiftiging duidelijk zijn bij andere mensen die ook in het park wonen. Je bent gerustgesteld omdat deze mensen, net als jij, redelijk intelligent blijken te zijn. Af en toe gaan er mensen weg, maar de meesten komen vroeg of laat terug.

Uiteindelijk bereik jij ook het stadium dat je weg wilt gaan. Je ontdekt dat het park een reusachtige doolhof is en dat de enige uitgang ook de enige ingang is. Er zijn twintig kruispunten in de doolhof. Om te ontsnappen moet je bij elk kruispunt de juiste richting raden. De kans dat je het goed hebt is iets meer dan één op een miljoen. Je probeert het, je maakt een fout en je komt er niet uit. Je probeert het opnieuw. Het probleem is dat je niet weet waar je de fout maakte. Je doolt alleen maar rond en komt niet verder, omdat je maar niet ontdekt wat je fout doet. Op den duur geef je het op.

Doet dit verhaal je niet denken aan een roker die met een 'wilskrachtmethode' wil 'ophouden'? Het lijkt er in ieder geval heel veel op.

Stel je nu gewoon eens voor dat er een 'officiële plattegrond' van de doolhof bestaat die bij elk kruispunt de juiste richting aangeeft. Je denkt dan misschien: 'Als ik die plattegrond had, zou ik gemakkelijk kunnen ontsnappen.' Maar stel dat deze plattegrond, hoewel die door gevestigde en gerespecteerde experts is gemaakt, de verkeerde informatie over elk kruispunt zou geven. Het zou ontzettend moeilijk, zo niet onmogelijk zijn de juiste weg te vinden. Dat is waar rokers eigenlijk mee worden geconfronteerd als ze proberen uit de nicotinevalkuil te ontsnappen. Rokers en de gevestigde 'experts' die hen adviseren, denken dat ze alles over roken weten. Laten we de kennis die ze op jou hebben overgedragen eens testen.

Wil je de onderstaande vragenlijst invullen zoals je denkt dat de meeste mensen dat zouden doen en wil je met 'ja' of 'nee' antwoorden. Zet je persoonlijke mening opzij. De komende paar minuten vertegenwoordig je de zwijgende meerderheid.

Persoonlijk heb ik een hekel aan het invullen van vragenlijsten. Ik verwacht dus niet van je dat je een marktonderzoek gaat doen of je hersenen te zeer pijnigt. Je krijgt ook geen cijfer voor je antwoorden. Daar gaat het bij deze oefening niet om. Doe gewoon je best.

VRAGENLIJST

1. Roken mensen omdat ze dat willen?
2. Roken mensen uit gewoonte?
3. Zijn rokers die al heel lang roken meer verslaafd dan jongeren?
4. Zijn zware rokers meer verslaafd dan gelegenheidsrokers?
5. Beginnen jongeren te roken omdat ze dan volwassen, cool of opstandig zijn?
6. Zijn rokers dom?
7. Genieten rokers van een paar sigaretten?
8. Smaken sommige sigaretten – bijvoorbeeld na het eten – beter dan andere?
9. Helpt roken verveling te verdrijven?
10. Kun je je beter concentreren als je rookt?
11. Kun je je beter ontspannen als je rookt?
12. Kan roken stress verlichten?
13. Genieten rokers van het roken?
14. Hebben sommige mensen meer aanleg voor verslaving?
15. Helpt roken je om af te vallen?
16. Helpt het als je nicotinekauwgom, pleisters of spray gebruikt?
17. Heb je wilskracht nodig om op te houden?
18. Krijg je lichamelijke ontwenningsverschijnselen als je stopt?

19. Moeten ex-rokers eerst een periode van hunkering en prikkelbaarheid doormaken?
20. Is het moeilijk om te stoppen?

Soms zul je 'ja' antwoorden, soms 'nee'. Verbazingwekkend genoeg is 'nee' het goede antwoord op alle vragen. Nu het belangrijkste punt van de oefening. Ik gaf een vergelijkbare vragenlijst aan een representatief aantal vooraanstaande 'experts' van de hele wereld tijdens het tiende wereldcongres over tabak en gezondheid dat in 1998 in Peking werd gehouden. Gemiddeld hadden ze 75 procent van de antwoorden fout.

Elk advies dat deze 'experts' aan rokers geven om hen te helpen met 'ophouden' is vergelijkbaar met de officiële plattegrond van de doolhof. Je zult wel begrijpen waarom de meeste rokers het moeilijk, zo niet onmogelijk vinden 'op te houden' als je je realiseert dat het advies dat ze krijgen en dat ze opvolgen, verkeerd is.

Ik beweer dat 100 procent van de rokers met de Carr-methode eenvoudig, onmiddellijk en voorgoed kan stoppen. Waarom slaagt de volle 100 procent er dan niet in? Omdat niet alle rokers het gemakkelijk vinden de instructies te begrijpen en/of op te volgen. Met betrekking tot de doolhof: als je een verkeerde afslag neemt, blijf je erin ronddolen. Met betrekking tot roken: als je een of meer instructies niet opvolgt, zal dat je niet per definitie verhinderen te stoppen of zelfs gemakkelijk te stoppen. Maar het maakt het wel minder eenvoudig en minder plezierig en je zult sneller weer in die valkuil terechtkomen.

Het is juist dat het met de Carr-methode niet kan mislukken als je alle instructies opvolgt. Af en toe krijg ik brieven waarin men zoiets schrijft als:

'Ik heb alles begrepen wat je hebt gezegd. Ik ben het er ook mee eens en ik heb alle instructies opgevolgd. Ik heb zelfs pleisters gekocht, maar ik rook nog steeds.'

Overbodig te zeggen dat een van de instructies is dat je geen hulpmiddelen moet gebruiken, vooral niets wat nicotine bevat. Misschien maak je je er nu zorgen over dat er een groot aantal ingewikkelde instructies is en dat je een Einstein moet zijn om ze allemaal te begrijpen. Niet waar: er zijn maar een paar instructies die je moet opvolgen terwijl je dit boek leest. De eerste en de moeilijkste is:

wees niet bevooroordeeld

Misschien heb je nu een zelfvoldane uitdrukking op je gezicht en denk je: Als dat de moeilijkste instructie is, dan wordt dit een makkie! Zo ja, pas op – in dat geval zal het je waarschijnlijk niet lukken. Vraag je vrienden en bekenden of ze ruim van opvatting zijn. Kijk eens of je iemand vindt die zegt: 'Helemaal niet, integendeel, ik ben nogal bekrompen.' Je moet gemerkt hebben hoe enorm vooringenomen en bevooroordeeld iedereen is. Is het niet ongelofelijk dat alleen jij en ik volledig onbevooroordeeld zijn, dat wij nooit overhaaste conclusies trekken en nooit een oordeel vellen voordat we de feiten kennen en beide kanten van het verhaal hebben gehoord? Onderschat de hersenspoeling niet. Die is krachtig. Je moet alleen sceptisch staan tegenover wat ik je vertel, maar je moet je eigen inzichten en de feiten die de 'experts' je hebben doen geloven, in twijfel trekken.

De tweede instructie – en de op één na moeilijkste – is:

houd steeds een blij gemoed

Ik weet dat je door je rookprobleem een slecht humeur hebt en dat je doodsbang bent voor mislukking. Hoe kan ik dan verwachten dat je in deze fase optimistisch bent? Ik wil je eraan herinneren dat je in de benijdenswaardige positie verkeert dat je heel veel te winnen en absoluut niets te verliezen hebt. In het ergste geval lukt het je niet en dan is er niets verloren.

Sommige mensen denken dat de Carr-methode alleen maar een oefening is in positief denken. Je kent dat wel: zeg tegen jezelf dat je het kunt en het lukt. Het is meer dan dat. Ik ben altijd een positief denker geweest, gewoon omdat dat logisch is. Het is vrij duidelijk dat je waarschijnlijk niets bereikt als je al meteen denkt: Dat kan ik niet. Maar je bent ook niet verzekerd van succes als je denkt: 'Ik kan het en ik wil het.' Met andere woorden, ondanks onze pogingen positief te denken kunnen we niet 'ophouden' met roken omdat we nog steeds 'wilskrachtmethodes' gebruiken.

Als je hieraan twijfelt, vraag je dan af of je een positieve instelling moet hebben als je jezelf niet met heroïne wilt injecteren of cocaïne snuiven of amfetamine slikken. Realistischer is dat je die dingen gewoon niet en nooit wilt.

De Carr-methode werkt gegarandeerd bij iedereen die alle instructies opvolgt en hoe meer het roken je heeft uitgeput, des te waarschijnlijker is het dat je dat zult doen. Zet dus alle negatieve gedachten opzij. Beschouw de Carr-methode als een opwindende uitdaging: bereiken waar elke roker heimelijk naar verlangt:

ontsnappen uit de slavernij van nicotine!

De derde instructie is:

probeer niet te stoppen of te minderen voordat je het boek uit hebt

Deze instructie heb ik in hoofdstuk 2 al kort besproken. De redenen voor deze instructie worden straks duidelijk.

De vierde instructie is:

loop niet te hard van stapel

Hiermee bedoel ik dat je het boek moet lezen in de volgorde waarin het is geschreven – je mag onder geen voorwaarde hoofdstukken overslaan. Lees vorige hoofdstukken zo nodig opnieuw, fris je geheugen op of neem eventuele twijfels weg. Je zult het vooral nuttig vinden de instructies te herlezen en vraag jezelf dan steeds af: *Volg ik deze instructie echt op of denk ik alleen maar dat ik dat doe?*

Deze instructies kun je te allen tijde gemakkelijk nalezen want ze staan in bijlage A achter in het boek. Voor het geval dat je denkt dat ik er een ben vergeten, ik bespreek nummer vijf zo meteen. Voordat ik dat doe, wil ik je graag herinneren aan de titel van dit hoofdstuk:

hoe kan de Carr-methode voor alle rokers werken?

Het antwoord is heel eenvoudig: volg de instructies op. Het zijn er maar vijf en die zijn niet zo moeilijk en ook niet ingewikkeld. Dat is het enige wat je moet doen om het gevoel van euforie te krijgen, dat Debbie had. Debbie was heel aardig. Ze gaf mij alle eer en negeerde bescheiden haar eigen bijdrage. Maar ik ben niet degene die het gemakkelijk maakt om te stoppen met roken. De geweldige waarheid is dat stoppen met roken gemakkelijk *is*. Dat is een feit. Ik geef je alleen een aantal instructies om je uit te leggen hoe jij ook gemakkelijk kunt stoppen. Je hoeft alleen die instructies op te volgen.

Nu denk je misschien:

Laten we nu niet te enthousiast worden. Het was pas Debbies tweede week toen ze die brief schreef. Wie zegt dat ze niet weer met roken is begonnen?

Je hebt helemaal gelijk. Ik wil hiermee niet zeggen dat Debbie weer rookt, maar je hebt gelijk als je dat denkt. Er zijn twee duidelijke oorzaken voor mislukking. De eerste is dat je de euforie niet krijgt. De tweede dat je die wel krijgt, maar toch weer verslaafd raakt.

Een van de ongetwijfeld intelligentste en beslist aardigste personen die in het begin mijn praktijk bezocht, was Emma Freud. Ze bood aan de inleiding van mijn video te verzorgen. Haar woorden zijn het herhalen waard:

'Het enige in mijn leven waarvan ik ooit echt spijt heb gehad was het moment waarop ik als veertienjarige mijn eerste sigaret rookte. Twaalf jaar later rookte ik twintig sigaretten per dag en ik genoot ervan. Ik hield er echt van, maar ik maakte me zorgen over mijn gezondheid. Als ik de krant las, zag ik altijd wel een artikel over kanker of over de gevolgen van roken. Ik sloeg die bladzijde dan zo snel ik kon, om. Elke keer als iemand tegen me zei dat ik mezelf vermoordde met die tabak, stak ik weer een sigaret op. Ik hield ervan en ik haatte het: en het werd nog erger toen een vriendin naar een therapeut ging en er van de ene op de andere dag voorgoed en zonder moeite mee ophield.

We zijn samen begonnen. Zij rookte net zoveel als ik en genoot er net zoveel van. Zij kon wel stoppen en ik kon dat niet. Een paar weken later gingen drie andere vriendinnen naar dezelfde therapeut en zij stopten zonder het overal rond te bazuinen. Ze kwamen niet aan. Ze hadden geen ontwenningsverschijnselen. Ze probeerden me niet over te halen. Zij hadden ervoor bedankt en ik niet. Tegen die tijd waren zeven vriendinnen gemakkelijk en voorgoed gestopt bij die man. Het liet me niet meer los.

De tijd die ik doorbracht met Allen Carr op 10 december 1988 was heel belangrijk en het meest doeltreffend sinds die eerste sigaret toen ik veertien was. Heel veel mensen hebben me sindsdien gevraagd: "Wat zegt hij tegen je waardoor je zo gemakkelijk kunt stoppen?" Ik kan alleen maar zeggen: "Het duurt even voordat ik je dat heb uitgelegd, ik geef je zijn telefoonnummer." Als ik me er niet zo voor schaamde, zou ik zeggen dat het mijn leven heeft veranderd. Hij is geweldig. Het is echt gemakkelijk, het werkt echt en je komt echt niet aan. Veel plezier!'

Zoals je zult begrijpen, dacht ik dat zij nooit meer verslaafd zou raken, maar helaas gebeurde dat toch.

Ik zal dit onderwerp nog behandelen, maar niet hier. Ik pak de dingen liever in de juiste volgorde aan. Aangezien je de euforie niet kunt verliezen als en totdat je die hebt bereikt, zullen we nu eerst eens kijken hoe je een gelukkige niet-roker wordt. In het laatste hoofdstuk bespreek ik hoe je dat de rest van je leven kunt blijven.

Hoe dan ook, dit is het geschikte moment om de vijfde instructie te behandelen:

stel je 'persoonlijke verklaring' op

Wat is je 'persoonlijke verklaring'? Elke roker – man en vrouw – zit in precies dezelfde gevangenis. De sleutel waarmee je hieruit kunt ontsnappen, is je bevrijden van de hersenspoeling. Waar de Carr-methode naar streeft, is het wegnemen van de hersenspoeling bij elke roker. Maar evenals er echte en onechte verschillen zijn tussen mannen en vrouwen, zo moet elke roker zijn of haar eigen hersenspoeling aanpakken.

Denk hier nu eens even over na en schrijf je eigen gevoelens over roken eens op: wat denk je dat roken voor je doet, waarom rook je en waarom wil je stoppen? Terwijl je het boek leest en we de hersenspoeling geleidelijk aan wegnemen, schrijf je alle punten erbij die je opvallen. Noteer er het nummer van de bladzijde waarop je die punten ontdekte ook bij. Misschien zie je op dat moment het belang er niet van in, maar het helpt je zodat je niet dezelfde fout maakt als Emma.

De nicotinevalkuil is de meest verraderlijke en ingenieuze truc die moeder Natuur en de mensheid samen hebben bedacht. Een goede goochelaar zal het geheim van zijn truc nooit prijsgeven. Waarom niet? Als hij dat doet, verliest de truc zijn mystiek, de illusie is weg en je vraagt je af hoe je je er toch zo door voor de gek hebt kunnen laten houden. Met de nicotinevalkuil is het precies hetzelfde. Als we die eenmaal hebben uitgelegd, zul je hem heel gemakkelijk begrijpen. En net als bij alle andere trucs zul je er nooit meer intrappen als je weet dat het een truc is. Met andere woorden, je zult nooit meer naar een sigaret verlangen.

Als het zo eenvoudig is, waarom leg ik de aard van de valkuil dan niet gewoon uit? Welnu, dat doe ik al, omdat ik je ogen open voor de werkelijkheid. De sleutel ligt in de vragenlijst. Voordat ik het ontdekte, begreep niemand de aard van de valkuil. De eenvoud ervan is buiten alle proporties opgeblazen en hij lijkt nu ongelofelijk ingewikkeld. De meeste mensen, zelfs de zogenoemde 'experts', houden meestal onbewust deze illusies en misvattingen in stand. We geloven hen. Sommige experts zijn wolven in schaapskleren en zorgen er moedwillig, koud en berekenend voor dat de huidige plattegrond van de doolhof onjuist blijft. Voordat ik je vraag de juiste en eenvoudige verklaring van de nicotinevalkuil te geloven, moet ik je er eerst van overtuigen dat de feiten die we sinds onze geboorte door hersenspoeling hebben meegekregen, niet waar kunnen zijn.

Met andere woorden, mijn standpunt dat het juiste antwoord op elke vraag van de vragenlijst 'nee' is, betekent dat rokers géén plezier of steun van roken krijgen. Het betekent ook dat het voor een roker níet moeilijk is te stoppen. Alle rokers zijn zich ervan bewust dat er aanzienlijke nadelen aan roken kleven op het gebied van gezondheid, geld en energie. Als ik dus onweerlegbaar kan bewijzen dat roken je niet alleen helemaal geen plezier of steun geeft, maar een belangrijke oorzaak is van stress en verveling, en ontspanning en concentratie werkelijk belemmert, dan denk ik dat je het met me eens bent dat stoppen met roken niet alleen eenvoudig maar ook prettig is. Het is gewoon niet meer of minder dan 'verwoesting', de drug uit hoofdstuk 6!

Laten we nu een volgende stap zetten op weg naar de vrijheid. Laten we eens kijken naar

de hersenspoeling

8

De hersenspoeling

In deze fase zal ik niet proberen te bewijzen dat de feiten die de maatschappij accepteert verkeerd zijn. Ik wil dat je je vooroordelen overboord zet en dat je je afvraagt of deze 'feiten' wél juist zijn. We hebben het eerste fabeltje – mensen roken uit gewoonte – al in twijfel getrokken. Dit slaat namelijk nergens op. Roken wordt alleen maar een gewoonte omdat mensen roken en niet andersom.

Niemand dwingt een roker ermee op te houden. Dus als een roker stopt, denken we dat hij dat doet omdat hij dat wil. De meeste rokers weten nog wanneer ze hun eerste sigaret hebben gerookt. Ik herinner me mijn eerste sigaret in ieder geval nog wel. Ironisch genoeg herinneren we ons dat omdat die eerste sigaret vies was. We moesten hoesten en werden misselijk. Genot was er niet bij. En daarmee springt de val echt dicht. Kinderen worden de dupe van de illusie dat rokers genieten en dit gaat tegen hun natuurlijke reactie in. Die reactie is: *Hoe kan iemand verslaafd raken aan die vieze dingen?* Ze realiseren zich amper dat zij, zo zeker als twee plus twee vier is, ook verslaafd raken als ze de illusie gaan geloven.

Je zou kunnen zeggen dat roken een aangeleerd genoegen is. Maar waarom zouden we moeite doen het te leren? Zelfs als je al een aantal jaren rookt, als je van merk verandert of een krijgertje bemachtigt, moet je toch steeds opnieuw de smaak leren waarderen. En als je op een extra light bent overgestapt, rook je misschien wel meer om je gebruikelijke dosis nicotine binnen te krijgen. Het is toch zo dat niemand behoefte heeft aan roken voordat hij of zij in de val trapt? Alleen rokers kunnen zich niet ontspannen, concentreren, van een maaltijd genieten of telefoneren zonder een sigaret. Als je uitgaat, kijk dan eens naar de niet-rokers. Gedragen die zich zoals ze doen omdát ze niet roken?

Je herinnert je vast wel die dag waarop je je eerste sigaret probeerde. Je wilde het proberen, maar het werd veel meer. Kun je je herinneren wanneer je er bewust voor *koos* te gaan roken, wanneer je *elke dag* ging roken en paniekerig/gespannen/zenuwachtig werd als je geen sigaretten bij je had? Geen enkele roker kan zich dat herinneren. Ligt de reden niet voor de hand? We kiezen er net zomin voor te gaan roken als dat we een keuze hebben met betrekking tot onze moedertaal. Roken maakt gewoon deel uit van de cultuur waarin we zijn opgegroeid. Uiteindelijk worstelen de meesten van ons ermee en negentig procent raakt eens verslaafd.

Het is waar dat we er niet voor kiezen te roken en zeker niet te blijven roken. Als we een keus hadden, waarom vinden we het dan zo moeilijk ermee te stoppen? Waarom zou je dit boek lezen? Op de vele momenten waarop ik wilde stoppen, kon ik dat niet. We roken dus kennelijk niet omdat we dat willen, maar omdat we geen andere keus hebben. Zou het niet zijn dat we in een valkuil zitten waaruit we niet kunnen ontsnappen? Er zijn weliswaar geen tralies en er is geen gevangenbewaarder – behalve wijzelf – die onze ontsnapping verhindert. Komt deze verslaving niet hierop neer dat je wilde dat je ervan af was maar dat je de kracht niet hebt daarvoor te kiezen? Toen ik die kracht eenmaal had ontdekt, wilde ik mijn keus onmiddellijk en voorgoed gebruiken en dat wil jij ook.

Omdat we denken dat we uit gewoonte roken is het logisch als we veronderstellen dat de gewoonte dieper geworteld is naarmate we langer en zwaarder roken. Maar kijk nog eens naar de overtuigende feiten: het zijn de zware rokers die stoppen, niet de jongere gelegenheidsrokers. De maatschappij heeft de jeugd helaas niet kunnen tegenhouden om aan roken verslaafd te raken. Dit geldt met name voor meisjes. Je zou kunnen zeggen dat jonge gelegenheidsrokers niet hoeven of willen stoppen. Daar kan ik het alleen maar mee eens zijn. Maar als ze roken omdat ze in de val zitten en niet omdat ze dat willen, wie is er dan onherroepelijker verslaafd? Is dat de roker die rookt omdat hij dat wil of de roker die denkt dat hij in de val zit? Als je je er niet van bewust bent dat je in de val zit, heb je er geen behoefte aan te ontsnappen en als je niet wilt stoppen, is je kans om te stoppen met roken nihil. Toegeven dat je in de val zit garandeert niet dat je kunt ontsnappen, maar geeft je wel een kans.

Vraag jezelf of een andere roker waarom hij rookt en je krijgt een volgend antwoord:

'Ik geniet van de smaak, vooral van de smaak van de sigaret na het eten.'

Eten jullie die sigaret echt op of kauwen jullie erop? Wat heeft smaak er nu mee te maken? En als smaak er wel mee te maken heeft, hoe kan de ene sigaret uit hetzelfde pakje dan anders smaken dan de andere? Ik weet dat je nu met de mond vol tanden staat. Je plakt geen sticker op de sigaretten met 'ontbijt', 'bij de koffie' of 'na het eten'. Rokers zeggen dat een sigaret verveling verdrijft, stress verlicht en concentratie en ontspanning bevordert. Maar wacht even, verveling en concentratie zijn precies het tegenovergestelde, net als stress en ontspanning. Welnu, deze rokers zijn niet gek en jij ook niet. Als ik je een wonderpil zou proberen te verkopen die het tegenovergestelde effect heeft van een identieke pil die je een uur eerder hebt ingenomen, dan vind je me een kwakzalver of een idioot. Maar de maatschappij in het algemeen en rokers in het bijzonder lijken maar al te graag te accepteren dat roken deze tegenstrijdige 'voordelen' heeft.

Maar waarom accepteren we deze tegenstrijdigheden? Waarom maken we geen korte metten met de kwakzalver of de idioot die ons een toverpil wil verkopen en zijn we zo naïef om de tegenstrijdige voordelen van roken te accepteren, te geloven en erover te praten? En waarom doen we dat terwijl we ons er volledig van bewust zijn dat ons vriendje of steuntje ontzettend duur is en vreselijke bijwerkingen heeft?

En de tegenstrijdigheden gaan zelfs nog verder. Ouders in de westerse maatschappij proberen hun kinderen van het roken af te houden en ouders die zelf roken doen daar nog meer moeite voor dan ouders die nooit hebben gerookt. Maar diezelfde ouders praten voortdurend – ook waar de kinderen bij zijn – over het plezier en/of de steun die roken hun geeft.

Waarom die schijnheiligheid? Het is niet echt schijnheilig. Alle rokers weten dat ze roken omdat ze in die valkuil zitten, niet omdat ze dat willen.

Een van de redenen waarom ik wil dat je onder het lezen blijft roken is omdat je de waarheid over roken niet ontdekt als je eenmaal bent gestopt. Op dit moment denk je dat roken een fantastisch genot is en als je dat zult blijven geloven ook als je stopt. Als je eenmaal weet dat het je geen genot verschaft, dan weet je dat je het de rest van je leven niet meer mist. Als je diep vanbinnen gelooft dat sigaretten heerlijk smaken en dat roken een genot is, test het dan nu eens zelf. Steek een sigaret op. Concentreer je, inhaleer zes keer diep en vraag je af waarvan je nu echt geniet. Hierbij is het belangrijk dat je je concentreert op elk aspect van de sigaret in je hand terwijl je die naar je mond brengt en de rook inademt. Deze oefening is veel moeilijker dan we ons voorstellen. Dat komt omdat we de meeste sigaretten onbewust roken. Zelfs de illusie van genot zou verdwijnen als je je er elke keer van bewust bent dat je vieze, kankerverwekkende rook in je longen ademt, dat dit de sigaret zou kunnen zijn die kanker bij je veroorzaakt en dat je gedurende je hele leven 80 000 euro aan sigaretten uitgeeft.

Dit verklaart natuurlijk de schijnheiligheid, de dubbele normen en waarom anders eerlijke mensen tegen zichzelf en tegen anderen moeten liegen over roken. We zijn niet opzettelijk oneerlijk, we hebben gewoon geen keus. Je houdt je staande in je drukke leven met de schijnbare hulp van de sigaret en probeert je motieven tot roken goed te praten met drogredenen.

De redenen die we noemen gebruiken we steeds opnieuw en zijn door andere vrouwelijke rokers uitgeprobeerd en getest. Vrouwen zijn over het algemeen al op heel jeugdige leeftijd zo succesvol met netwerken, ideeën uitwisselen en advies geven dat het succes van de uitvluchten uitzonderlijk is. Als een vrouw ouder wordt, gebruikt ze de uitvluchten die in een bepaalde fase van toepassing zijn om te blijven roken en haar rokende vriendinnen gebruiken dezelfde uitvlucht.

Als een relatie mislukt, zijn sigaretten een troost. Wanneer stress en spanning in een vaste relatie de kop opsteken, kunnen sigaretten je blijkbaar kalmeren of je even uit de emotionele achtbaan bevrijden. En als het lichaam van de vrouw met het verstrijken van de jaren de natuurlijke veranderingen doormaakt die het hormonale evenwicht verstoren, dan zeggen vrouwelijke rokers dat sigaretten absoluut noodzakelijk zijn om het evenwicht te herstellen. Maar bij elke draai van het wiel van het leven zijn en blijven dit uitvluchten. Uitvluchten die de waarheid verbergen. Wie wil er tenslotte tegen haar vriendinnen zeggen dat ze zich ellendig voelt en dat ze tot de volgende conclusie is gekomen:

ik ben een sufferd! stop ermee!

Maar hiermee verschijnt een nog angstaanjagender spookbeeld: de angst om 'op te houden' en de angst voor een leven zonder sigaretten. Daarom sluiten we een compromis: '*Ik stop, maar niet vandaag. Nu is niet het goede moment om een stoppoging te doen.*' Ondertussen heeft het geen zin jezelf te pesten door eraan te denken hoe stom je bent als je een sigaret opsteekt en daarom sluiten we onze gedachten af voor de waarheid. We roken graag op momenten van stress en ontspanning, op feestelijke momenten en op momenten van verveling en concentratie. Zijn er nog andere momenten? Alleen als we eten of als we slapen kunnen we niet roken. Het lijkt nooit bij ons op te komen dat er nooit een goede tijd is om 'op te houden'. Dit is een van de slimmigheidjes, niet alleen van de nicotinevalkuil maar van elke drugverslaving: de slimmigheidjes die je je hele leven gevangen houden.

Ik heb nog niet bewezen dat rokers geen plezier of steun van roken krijgen. Maar als je je vooroordelen overboord gooit, zul je het met me eens zijn dat de 'feiten' die de maatschappij ons heeft doen geloven over roken niet kloppen. Deze 'feiten' betekenen verwarring, tegenstrijdigheid en cliché. Zelfs een oppervlakkig onderzoek toont dit aan. Wat is dan de waarheid? Laten we eens kijken naar

nicotineverslaving

9

Nicotineverslaving

De tabaksplant is van hetzelfde geslacht als de dodelijke nachtschade. Het bevat een krachtig vergif dat als insecticide wordt gebruikt. In laboratoria dragen wetenschappers die ermee werken beschermende kleding vergelijkbaar met de pakken die men draagt bij het werken met nucleair afval. Om een grote fles van dit soort insecticide (15 ml, de afmeting van een flesje oogdruppels) te kunnen verkopen moet je een vergunning hebben. Je kunt geen gram nicotine op straat kopen zoals een gram heroïne.

Op dit moment sterft jaarlijks een half miljoen mensen aan de gevolgen van nicotineverslaving en dit aantal stijgt elk jaar. De Wereldgezondheidsorganisatie schat dat het aantal doden tegen 2030 meer dan tien miljoen zal zijn.

Het gemiddelde pakje sigaretten bevat 0,5 microgram nicotine per sigaret. Voor een gram heb je duizend microgram nodig. Als je de hoeveelheid nicotine die in een sigaret zit direct per injectie in een bloedvat zou spuiten, zou je doodgaan. Geloof me en probeer het in geen geval uit.

Nicotine is verreweg de krachtigste en meest verslavende drug die we kennen. Vroeger was negentig procent van de mannen in het Westen eraan verslaafd. Met elke trek aan een sigaret gaat via de longen een kleine hoeveelheid nicotine naar de hersenen die sneller werkt dan een dosis heroïne die rechtstreeks in een bloedvat wordt gespoten. Met twintig trekken aan één sigaret krijg je dus twintig shots nicotine binnen.

Zodra een roker zijn sigaret uitmaakt, begint de nicotine in snel tempo het lichaam te verlaten en gaat de roker ontwenningsverschijnselen ervaren. Rokers denken dat deze verschijnselen het verschrikkelijke trauma veroorzaken dat ze doormaken als ze proberen met roken 'op te houden'. De eigenlijke verschijnselen bij ontwenning van nicotine zijn echter zo minimaal dat we ze niet eens opmerken. Het is een leeg, rusteloos gevoel, zoals honger. We denken dat we iets met onze handen moeten doen en dat interpreteren we als: 'Ik wil of ik moet een sigaret hebben.'

Het nicotinegehalte in het bloed daalt binnen dertig minuten naar de helft en naar een kwart binnen een uur na het uitmaken van een sigaret. Dit verklaart waarom de meeste rokers gemiddeld twintig sigaretten per dag roken. Onmiddellijk na het aansteken van de volgende sigaret wordt verse nicotine aangevoerd en verdwijnt het lege, rusteloze gevoel. De roker ervaart dit als tevreden- of ontspannenheid. Het is alsof je een paar te kleine schoenen uittrekt. Jongeren beschrijven het als een 'shot' of een 'kick'. Waarom dit verschil in beschrijving? Omdat de ervaring helemaal niet prettig is als we beginnen te roken.

Ik noem dit lege, rusteloze gevoel het 'kleine monster'. Waarom het kleine monster? Omdat, hoewel het een echte lichamelijke verergering is, we het tegelijkertijd ook nauwelijks merken. 99,99 procent van de rokers realiseert zich niet dat het kleine monster bestaat. Jarenlang noemde ik mezelf nicotineverslaafde. Ik beschreef mezelf ook als een golfverslaafde. In beide gevallen geloofde ik niet dat ik verslaafd was aan een drug. Ik dacht dat nicotine alleen maar een bruine, vieze stof was die mijn vingers en tanden verkleurde. Ik heb in ieder geval nooit vermoed dat door roken de onverzadigbare eetlust van het kleine monster wordt gestild.

Maak je geen zorgen als je het in deze fase moeilijk vindt om dit concept te accepteren. Je denkt misschien: Als het zo eenvoudig was, dan zou Allen Carr beslist niet de eerste zijn die het heeft bedacht. Maar een knappe goocheltruc wordt pas duidelijk als de truc wordt uitgelegd. Vóór Galilei zagen we de zon in het oosten opkomen en in het westen ondergaan en dit versterkte alleen maar wat de 'experts' en alle andere mensen op de planeet geloofden: de zon draait om de aarde. Het is duidelijk; waarom zou je dat feit in twijfel trekken? Nu weten we dat het een illusie was die in het leven werd geroepen door een misvatting. Maar die foute illusie was zo krachtig dat de mensheid een miljoen jaar nodig had om het fabeltje te ontzenuwen. Zelfs vandaag de dag zien we het verschijnsel nog steeds als de zon die in het oosten opkomt en in het westen ondergaat en niet als de aarde die om haar eigen as draait totdat de zon in beeld komt en er weer uit verdwijnt.

Maar we kunnen de nicotinevalkuil om een aantal redenen zo moeilijk begrijpen. De eerste reden is dat het kleine monster alleen maar een gevoel is en hoewel je de effecten van een gevoel kunt zien, is het gevoel zelf vluchtig. Onzichtbare fenomenen, zoals elektriciteit, kunnen we moeilijk begrijpen. De tweede reden is dat het gevoel zelf haast onmerkbaar is. De derde is dat het gevoel niet van honger en onzekerheid te onderscheiden is, wat de situatie nog verwarrender maakt. De vierde reden en de belangrijkste oorzaak van de misleiding is dat het achterstevoren werkt. Alleen als we niet roken begint het kleine monster ons aan te moedigen om een sigaret op te steken. En er ligt natuurlijk een tijd tussen de laatste sigaret en de behoefte aan een nieuwe. Maar als we een sigaret opsteken, krijgen we onmiddellijk een gevoel van opluchting. We voelen ons meer ontspannen en minder gespannen dan daarnet. We weten niet hoe een sigaret dit wondertje verricht, net zomin als we weten waarom het licht aangaat als we op de knop drukken. Dat hoeven we ook niet te weten. We merken alleen dat het werkt. Geen wonder dat rokers een sigaret als een pleziertje en een steuntje beschouwen.

Overigens is dit omgekeerde aspect de sleutel van alle drugverslaving. Iemand die nooit aan heroïne verslaafd is geweest zal met afgrijzen toekijken als een verslaafde de drug bij zichzelf inspuit. Voor de toeschouwer is het overduidelijk dat hij dat niet doet om prachtige hallucinaties te krijgen maar om de ellende van de ontwenning te verlichten. Een ander mysterieus aspect van verslaving is dat we al verslaafd zijn na de eerste dosis, maar dat het hele proces in de regel zo onmerkbaar en geleidelijk verloopt dat het jaren duurt voordat we ons realiseren dat we echt verslaafd zijn. De waarheid wordt pas duidelijk als we proberen te stoppen en ontdekken dat we dat niet kunnen. Zelfs dan dringt het nog niet echt tot ons door. In plaats daarvan verzinnen we uitvluchten. 'Ik koos het verkeerde moment' is favoriet. In het begin denken we dagen- of zelfs wekenlang niet aan roken. We lachen om de gedachte dat we in paniek raken als we geen sigaretten bij ons hebben.

Verslaving is net als ouder worden: het gaat zo geleidelijk en de volgende dag voelen we ons niet anders dan de vorige. Het gezicht dat we in de spiegel zien is hetzelfde gezicht dat we gisteren zagen. Maar kijk eens naar een foto van jezelf van tien jaar geleden en de verandering is duidelijk. Zo is het ook met roken. We zijn vergeten dat we ook konden genieten van feestjes, dat we ons ook konden concentreren en dat we ook met stress konden omgaan voordat we verslaafd raakten. Zelfs als we onze loomheid duidelijk voelen, denken we dat het komt omdat we ouder worden en niet door ons 'vriendje'.

Had je maar een foto waarop je kon zien hoe goed je je voelde voordat je in de val trapte! Ik zou die graag in je geest projecteren om je te laten zien hoe je je al drie weken na je laatste sigaret voelt. En ik bedoel niet alleen lichamelijk of met betrekking tot energie. Ik bedoel hoe zelfverzekerd en compleet je je dan voelt. Je zult denken: *Zal ik me echt zo goed voelen?* Het enige mysterie in je leven zal zijn waarom je dat niet eerder duidelijk was. Je kijkt niet met afgunst naar rokers, maar met medelijden, zoals je naar een heroïneverslaafde kijkt. Helaas kan ik de tijd voor jou niet drie weken vooruitzetten – maar dat kun je zelf wel. Je hoeft alleen maar je geest open te stellen, de instructies op te volgen en je fantasie te gebruiken.

Misschien ben je al eens drie weken lang gestopt en heb je toen precies het tegenovergestelde gevoeld van de euforie die ik zojuist heb beschreven. Dat zal best. Ik heb het zelf een paar keer meegemaakt. Maar toen hadden we allebei de Carr-methode niet gebruikt.

Er is nog een ingenieus aspect van de nicotinevalkuil dat ik moet bespreken voordat ik verder kan gaan met het belangrijkste onderwerp van dit boek: vrouwen en roken. Dit is het immuniteitsaspect. Heb je je al eens afgevraagd hoe wilde dieren het verschil weten tussen voedsel en vergif? Voor ons is dat gemakkelijk. Verstandige ouders zorgen ervoor dat hun kinderen niet aan vergif kunnen komen totdat ze oud genoeg zijn en weten wat het is. Maar hoe doen wilde dieren dat? Moeder Natuur heeft alle schepselen op onze planeet uitgerust met verschillende ingenieuze mechanismen om te overleven. Jouw kat zul je nooit vergif voeren. Maar de kat weet dat niet. Die zal eerst aan het voedsel ruiken als hij er niet zeker van is. Vervolgens neemt hij een klein hapje en verorbert het eten met smaak of eet aarzelend verder. Soms raakt hij het niet aan en loopt met de staart in de lucht weg alsof je hem vergif hebt voorgezet. En dat had je ook!

Twee ingenieuze mechanismen die alle schepselen, inclusief de mens, bezitten zijn reuk en smaak. Als iets vies ruikt, dan is het vergif. Als je het niet zeker weet, proef je een stukje. Als het vies smaakt, dan is het vergif. Het systeem is zo ingenieus dat bedorven voedsel afschuwelijk ruikt en smaakt. Daarom smaken onze eerste sigaretten en ons eerste glas sterke drank afschuwelijk. Ons lichaam zegt: '*Je stopt vergif in me, houd ermee op!*' De gelukkigen onder ons nemen om de een of andere reden de waarschuwing ter harte en roken of drinken niet meer. Maar ook als we ermee doorgaan laat Moeder Natuur ons niet in de steek. Ze zou kunnen zeggen: '*Nu, ik heb je gewaarschuwd. Als je zo dom bent en die waarschuwing naast je neerlegt, oké.*' Maar dat doet ze niet. Ze geeft ons een tweede kans. We gaan hoesten, we worden duizelig en misselijk en als we de waarschuwing in de wind slaan, moeten we braken.

Veel mensen denken daarentegen dat hoesten, misselijkheid en overgeven op zichzelf een ziekte zijn. Maar dat is niet zo. Het zijn slechts symptomen van een ziekte en die zijn vaak genezend. Hoesten en overgeven zijn twee andere ingenieuze overlevingsmechanismen waarmee we zijn uitgerust om het vergif uit onze longen en maag te verwijderen.

Maar onze bescherming houdt hiermee niet op. Als we doorgaan met regelmatig roken en drinken zou dat kunnen zijn omdat we geen keus hebben, niet omdat we zo stom zijn dat we dat zelf willen. En dat is inderdaad juist. Nu wordt een andere overlevingstechniek ingeschakeld, op zichzelf een wonder. Laten we eens kijken naar:

ons immuunsysteem

10

Ons immuunsysteem

Net als de meesten van ons dacht ik nooit echt na over mijn immuunsysteem en ook niet over het natuurlijke functioneren van mijn lichaam, laat staan over puberteit en ouder worden waar thuis nooit over werd gesproken. Ik groeide op met de gedachte dat zo nu en dan een griepje heel normaal was. Maar niemand verwacht voordat hij oud is een ernstige of terminale ziekte te krijgen. Als ik ziek was, ging ik naar de huisarts die medicijnen, een pil of zalfje voorschreef, waarmee ik beter werd. Mijn immuunsysteem kreeg helemaal geen waardering.

Pas heel laat drong het tot me door, dat wilde dieren geen arts nodig hebben mits we hun habitat niet vergiftigen. Zelfs de mensheid heeft honderdduizenden jaren overleefd zonder hulp van artsen en hun middeltjes. Elke arts zal het je vertellen: de verreweg sterkste en doeltreffendste geneeskracht is ons immuunsysteem, nog een ingenieus overlevingsmechanisme waarmee we zijn uitgerust.

Ons immuunsysteem bestrijdt niet alleen ziekte, maar is zo ver ontwikkeld dat het een gedeeltelijke immuniteit opbouwt voor het vergif waarmee we ons lichaam bestoken. Raspoetin overleefde een dosis arsenicum die twintig keer groter was dan de dosis waaraan een gemiddelde mens zou sterven, omdat zichzelf er immuun voor had gemaakt door regelmatig kleine doses te slikken.

Als we regelmatig roken en alcohol drinken, bouwen we immuniteit op voor de vieze smaak en de giftige effecten. Voor het geval je nu denkt: *Fantastisch! Mijn immuunsysteem zorgt ervoor dat ik geen longkanker, longemfyseem, aderverkalking of een andere dodelijke ziekte krijg*, bedenk dan ook dat je niet alleen – gedeeltelijk – immuun wordt voor de giftige effecten van de drug, maar ook immuun wordt voor de drug zelf. Ik zal het uitleggen.

Net als rokers hebben ook niet-rokers goede en slechte dagen. Om het niet nog ingewikkelder te maken gaan we er even van uit dat we ons goed voelden toen we die eerste sigaret opstaken, al begonnen we wel te hoesten en werden we duizelig. Maar laten we de giftige effecten negeren en aannemen dat we ons nog steeds goed voelen. Zodra we echter die eerste sigaret uitmaken, begint de nicotine ons lichaam te verlaten en gaan we ontwenningsverschijnselen ervaren. Het lege, onzekere gevoel is echter zo minimaal dat we ons er zelfs niet van bewust zijn. Toch voelen we ons niet meer zo goed. Als we een nieuwe sigaret opsteken, wordt verse nicotine aangevoerd. Het lege, onzekere gevoel verdwijnt en we voelen ons precies hetzelfde als vóór die eerste sigaret.

Nou, dit is wel verwarrend. Maar als het waar is wat ik beweer, dan betekent het dat rokers alleen blijven roken om het gevoel terug te krijgen dat ze hadden voordat ze hun eerste sigaret opstaken. Met andere woorden, het enige pleziertje of steuntje dat we ooit krijgen van het roken van een sigaret is

het gevoel van een niet-roker

Het gevoel van plezier of steun is echt, maar dat we dat aan de sigaret te danken hebben, is een illusie. Integendeel, de sigaret was er in eerste instantie voor verantwoordelijk dat we ons niet meer zo goed voelden. De bewering dat sigaretten je ontspannen is gelijk aan de bewering dat het uittrekken van te kleine schoenen je ontspant. En die tweede sigaret lost het probleem natuurlijk niet op. Die brengt juist alleen maar meer nicotine in je lichaam en dat veroorzaakt de ontwenningsscheuten waar je de rest van je leven last van zult hebben. Dit is het verschil tussen echt genot en drugverslaving. Ik houd van kreeft. Maar ik hoef jaren geen kreeft te eten en heb daar helemaal geen last van. Ik voel me niet onzeker en ik raak ook niet in paniek als ik geen kreeft heb. Ik heb nooit het stadium bereikt waarin ik me pas zeker voelde als ik twintig kreeften om mijn hals had hangen! Met roken krijg je een kettingreactie. Elke sigaret creëert de behoefte aan de volgende.

Nu terug naar de immuniteit. Terwijl ons lichaam immuniteit

voor nicotine opbouwt, ontdekken we dat we ons niet echt goed meer voelen als we weer een sigaret opsteken. We hebben een permanente nicotinekater, een toestand van onbehaaglijkheid die we normaal gaan vinden. Wat nog treuriger is, is dat we ons een gedrag hebben aangeleerd waarvan we denken dat het ons ervan afhelpt. Zoals bij alle andere vormen van verslaving zijn we geneigd vaker een sigaret op te steken, waardoor het proces alleen maar doorgaat. Tegelijkertijd stapelen de giftige en financiële effecten zich ook op. Zoals bij alle vormen van drugverslaving: hoe erger ze wordt, des te groter je behoefte aan je steuntje en je makkertje is. Toen ik het stadium van kettingroker had bereikt, was ik volledig immuun voor de effecten van de drug en kreeg zelfs geen illusie meer van een steuntje of pleziertje. Lichamelijk was ik zo afgetakeld dat ik wist dat ik snel dood zou gaan als ik niet zou stoppen. Maar geestelijk was ik zo afhankelijk van mijn steuntje dat ik liever doodging dan stopte.

Dit is het juiste moment om een van de belangrijkste aspecten van elke verslaving te bespreken. Als we jong en fit zijn, maken we ons niet druk om de gezondheidsrisico's en als we het kunnen betalen, hoeven we niet per se te stoppen. Terwijl we steeds sterker immuun worden voor het kleine monster hebben we de neiging steeds meer te nemen en daarmee wordt het probleem steeds erger. Je krijgt een rokershoest. Je wordt steeds lomer en raakt sneller buiten adem. Dit verhoogt de stress in je leven waardoor je meer gaat roken. Je gezondheid wordt slechter en je financiële problemen worden groter. Uiteindelijk dringt het tot je door dat je helemaal geen plezier beleeft aan roken. De beste oplossing in dit stadium is minderen, maar je bent al op wat ik het 'kritieke punt' noem aangekomen. Het is een fase die alle drugverslaafden uiteindelijk bereiken en het is belangrijk dat je de betekenis ervan begrijpt. Het is vergelijkbaar met de fase die een bij bereikt wanneer zij zich heeft verzadigd aan de honing van een bepaalde bloem. Zij wil wegvliegen maar ontdekt dan dat zij vastzit en beseft al snel dat de bloem haar opeet en niet andersom.

Op het moment dat een stuk van je hersenen wil dat je steeds meer gaat roken, wil een ander stuk dat je steeds minder gaat roken. Je zit nu in de onaangename positie dat je niet genoeg mag roken maar dat je toch nog te veel rookt. Vanaf dit punt heb je zelfs niet meer de illusie dat je het prettig vindt.

Als het kleine monster een gelukkige, gezonde tiener in zo'n toestand kan brengen, kun je terecht zeggen dat het enorme afmetingen gaat aannemen. Ik noem hem het kleine monster omdat lichamelijke ontwenning niet het belangrijkste probleem is. Zoals ik al heb uitgelegd, zijn de verschijnselen zo minimaal dat we het bestaan ervan zelfs niet eens in de gaten hebben. We ervaren ze alleen als: Ik wil een sigaret.

Soms kun je de lichamelijke ontwenningsverschijnselen zien. Kijk eens naar rokers die langer dan gewoonlijk geen sigaret kunnen roken. Ze worden rusteloos en zenuwachtig. Ze spelen met hun aansteker of met hun pakje sigaretten. Ten slotte gaat hun hand naar hun mond en beginnen ze de spieren van hun kaken te spannen. Rokers beschrijven dit gevoel als de behoefte iets met hun handen te doen. Niet-rokers hebben dit probleem niet.

Aan het begin van een groepssessie zeg ik altijd tegen rokers dat ze duidelijk alles wat ik zeg met een korreltje zout nemen. Hoewel rokers tijdens de sessie mogen roken, gebeurt vaak dat het even duurt voor iemand een sigaret opsteekt omdat niemand dat als eerste wil doen. Ze worden rusteloos en gaan met hun hand naar de mond. Ik stop even en wijs hun erop dat ze nu allemaal duidelijk rusteloos zijn. Ik leg uit dat ik dat niet zeg omdat ik een sadist ben en dat ik hen ook niet in verlegenheid wil brengen, maar dat ik hier twee goede redenen voor heb.

Ten eerste, hun de waarheid te laten zien: het is niet zo dat rokers ontspannen zijn als ze roken, maar dat ze uitgesproken gespannen zijn als ze niet roken.

De tweede reden is dat ik duidelijk kan zien dat ze niet alleen rusteloos worden maar ook de concentratie verliezen. Dit is nog een reden waarom ik rokers adviseer te blijven roken totdat ze het boek uit hebben. Ik wil niet dat je rusteloos en gespannen bent. Ik wil dat je je ontspant en dat je de waarheden die ik uitleg in je opneemt.

Geef ik hiermee toe dat je je beter kunt concentreren als je rookt? Nee, integendeel. Zoals ik later zal uitleggen, is dit een bewijs ervoor dat roken de concentratie verstoort.

Gelukkig ben je nooit zwaar verslaafd aan de drug zelf. Het kleine monster maakt slechts deel uit van de totale illusie, de katalysator die het echte probleem veroorzaakt:

het 'grote monster'

11

Het 'grote monster'

Het 'grote monster' is de hersenspoeling. We denken dat we echt genieten van roken of dat roken ons steun geeft; dat we een enorme wilskracht nodig hebben en een vreselijk trauma zullen moeten doorleven als we stoppen; dat feestjes nooit meer zo gezellig zijn en dat we niet meer zo goed met stress kunnen omgaan als we het onmogelijke bereiken en stoppen met roken. Het grote monster is ook het geloof in alle andere misvattingen van de vragenlijst. Die lijst met twintig punten is overigens in geen geval volledig.

Ik kom nu bij verreweg het moeilijkste deel van het boek. Men heeft mij ervan beschuldigd dat ik arrogant en bevooroordeeld ben. Ik maak me daar niet erg druk om want ik heb er geldige redenen voor. Uit frustratie houd ik vol dat ik gelijk heb en alle zogenoemde 'experts' ongelijk. De afgelopen jaren heb ik veel experts gezien die werkten volgens de heersende opvattingen over roken. Hun kortzichtigheid en hun tegenzin een radicale maar duidelijk doeltreffende aanpak te volgen schokten me. Nu, bijna 18 jaar later, beginnen steeds meer experts zich te realiseren dat de psychologische toestand van de individuele verslaafde belangrijk is en niet het probleem zelf. Mijn kennis van drugverslaving heb ik vergaard gedurende de 18 jaar waarin ik effectief ben omgegaan met de vragen en angsten van de verslaafden.

Als een roker niet slaagt met de Carr-methode, dan heeft hij niet alle instructies opgevolgd. De reden is meestal dat hij advies heeft gevraagd aan een arts of een andere zogenaamde 'expert'.

Als ik mijn argumenten door valse bescheidenheid afzwak, bestaat er een kans dat je ze niet gelooft en dat je daarom niet *alle* instructies opvolgt. Het zou heel vleiend zijn als ik dacht dat het kwam omdat ik zo intelligent was dat ik de code van de rookgevangenis heb gekraakt. Maar ik weet dat het een combinatie van gebeurtenissen, toevalligheden en conclusies was die mij hielpen en die al snel ter beschikking van elke roker kan komen. Het is net als het nieuwste snufje dat elk huishouden moet hebben.

Ik heb nooit de illusie gehad dat sommige sigaretten goed smaken.

Toen ik begon te roken was het 'mengsel' nog niet zo verfijnd en bevatte geen zoetstoffen zoals amandelolie, vanille of glycol die je keel strelen en je 'helpen bij het roken'. Ik herinner me hoe vies die eerste sigaretten smaakten, maar toch werd ik kettingroker. Op geen enkele manier kan een kettingroker de illusie hebben dat roken een genot is. Ik ben er altijd trots op geweest dat ik geen kuddedier ben en mijn eigen weg ben gegaan. Ik zag mijn vader elke ochtend hoesten en proesten en was ervan overtuigd dat hij helemaal niet van roken genoot. En ik wist dat ik een sterke wil had. Alle andere gebieden van mijn leven had ik onder controle. Ik liet niet toe dat iemand me domineerde. Maar ik werd volledig gedomineerd door sigaretten, hoewel ik ze verafschuwde en wist dat ze me spoedig zouden vermoorden. Als ik probeerde 'op te houden', kon ik me niet meer concentreren, kon ik niet meer van het leven genieten of omgaan met stress. Ik voelde me helemaal ellendig maar ik was kennelijk niet bij machte de verleiding te weerstaan.

Toen vroeg mijn zoon me een stuk uit een van die gezondheidsboeken te lezen. Ik hoefde hem niet uit te leggen dat ik al wist dat roken me vermoordde. Ongeïnteresseerd las ik het stuk. Het stond vol jargon als capillaire buizen, adrenaline, noradrenaline, biochemische respons, remmende cellen en dergelijke. Maar om de een of andere reden die ik niet kan verklaren, las ik door en ik las het stuk steeds opnieuw. De ervaring leek op het staren naar een schijnbaar simpel beeld of patroon en na een tijdje verschijnt een ander beeld voor je ogen. Knipper met je ogen en de illusie verdwijnt.

Geleidelijk aan begon ik het taalgebruik te begrijpen. Het stuk meldde dat rokers een leeg, onzeker gevoel krijgen als de nicotine het lichaam verlaat, een gevoel dat pas weggaat als ze weer een sigaret opsteken.

Ik knipperde niet één keer, maar verscheidene keren met mijn ogen. In plaats van weer te verdwijnen in de massa van het vorige beeld, bleef het nieuwe beeld bij me en was anders dan het originele beeld. Laat het me uitleggen. Ik heb niet ontdekt dat rokers een leeg, onzeker gevoel krijgen als de nicotine het lichaam verlaat en dat pas weggaat als ze weer een sigaret opsteken. Blijkbaar wisten de medische beroepsgroep en de tabaksindustrie het al jaren en werd het slechts beschouwd als een van de redenen waarom rokers het moeilijk vonden om te stoppen.

Mijn grote ontdekking was dat ik me realiseerde dat de enige reden dat rokers blijven roken het bevredigen van de 'hunkering' is – niet omdat ze genieten van roken, of omdat het hen ontspant, of maaltijden leuker maakt, of stress verlicht, of omdat ze zich beter kunnen concentreren. Niemand zou opzettelijk zijn handen in kokend water leggen alleen maar omdat hij dan opgelucht is als hij ze eruit kan halen. Maar dit doen rokers in feite wel. Als ze dit eenmaal begrijpen, stoppen ze onmiddellijk en voorgoed en zijn daar blij mee.

Toen ik begon, dacht ik dat ik elke roker kon genezen met de woorden: *Kijk, de enige reden dat je rookt is dat je je onzeker voelt als de nicotine je lichaam verlaat en dat je je weer zeker voelt als je een nieuwe sigaret rookt. In feite is het net alsof je te kleine schoenen draagt alleen maar om de opluchting te voelen als je ze uittrekt!* Hoe naïef van me! Net als Galilei die zegt: '*Nee, de zon trekt niet echt langs de hemel. De aarde draait en dat schept de misvatting*' en vervolgens verwacht dat iedereen dat gelooft. Hij kreeg waarschijnlijk het volgende antwoord: '*Als de aarde zou draaien, dan zou ik dat voelen. Het draait in je hoofd!*' Het antwoord dat ik doorgaans kreeg, was: '*Als je me zegt dat jij nooit van een sigaret hebt genoten, dan geloof ik je. Waarom geloof jij mij dan niet als ik zeg dat ik wel van sigaretten geniet?*'

Het werd al snel duidelijk dat ik eerst de hersenspoeling en de misvattingen moest verwijderen voordat ik rokers ervan kon overtuigen dat mijn stelling waar was en dat ik hun duidelijk moest maken dat wat zij geloofden niet waar was.

De Carr-methode bestaat uit twee delen: het ene deel is het verdrijven van de hersenspoeling en het andere deel is het uitleggen van de nicotinevalkuil. Beide delen vereisen communicatie. Het is ook duidelijk dat er fundamentele verschillen tussen de seksen bestaan, zowel lichamelijk als emotioneel.

Dit boek leverde een combinatie van twee factoren op: de ene factor is het goede nieuws, de andere het slechte. Het slechte nieuws staat in de incidentele brieven die ik krijg van vrouwen wier leven duidelijk wordt geruïneerd door het roken, die kennelijk wanhopig willen stoppen en het ook hebben geprobeerd, maar bij wie het niet lijkt te lukken. Het goede nieuws staat in de vele brieven die ik krijg van mensen als Debbie. Ze inspireren en stimuleren me niet alleen om door te gaan met mijn strijd tegen nicotineverslaving, maar ik heb ook vaak gedacht dat ze een geweldige inspiratie zouden kunnen zijn voor degenen die het tot nu toe niet is gelukt te stoppen.

Ik heb al gezegd dat in Debbies brief niet wordt uitgelegd hoe de Carr-methode werkt. Maar wat de brief wel duidelijk maakt, is haar gemoedsstemming en de opwinding en vreugde die jij ook snel zult ervaren.

Dat is precies wat we willen bereiken. Bedenk dat het geen gemoedsstemming is waarbij je denkt: Ik mag nooit meer een sigaret roken. Het is eerder de houding van iemand die nooit verslaafd is geweest aan heroïne tegenover een heroïneverslaafde. Als je een roker een sigaret ziet opsteken, dan wil ik dat je onmiddellijk denkt: *Die arme sukkel is te beklagen! Goddank ben ik ervan af!* en niet: *Jammer, ik mag dat niet meer.*

Om die gemoedstoestand voorgoed te bereiken moet je eerst de hersenspoeling verdrijven en zien wat roken echt is: niets meer en niets minder dan een verslaving aan 'verwoesting'. We hebben al een klein gedeelte van de hersenspoeling onschadelijk gemaakt en vraagtekens bij de rest gezet. Maar we moeten die helemaal wegnemen. Tussen twee haakjes:

welke parfum gebruik jij het liefst?

12

Welk parfum gebruik jij het liefst?

Ik heb altijd grote bewondering gehad voor vrouwen die zich goed verzorgen. Sommige vrouwen winkelen urenlang en geven een klein fortuin uit aan de juiste kleren en accessoires, steken hun haren op, maken zich zorgvuldig op en kiezen een parfum die niet goedkoop en ook niet overheersend is. Het resultaat is niets minder dan een kunstwerk. Maar alle moeite is tevergeefs als je adem naar een asbak ruikt. Een klassiek voorbeeld is de actrice Joanna Lumley, een ongelofelijk mooie vrouw die alles mee heeft, inclusief het twijfelachtige vermogen zich onmiddellijk in 'fag-ash Lil' te veranderen als ze een sigaret opsteekt.

Ik vertel je natuurlijk niets nieuws. Je hebt misschien al voor de spiegel gestaan en geoefend hoe je 'verleidelijk' kunt roken. Er is zelfs een website over sexy roken! Maar als de lens van een camera of camcorder op je wordt gericht, ga je dan poseren, je lippen tuiten of proberen sexy te roken? Nooit van je leven! Dan vraag je zenuwachtig: 'Waar kan ik mijn sigaret uitmaken?'

Ik krijg veel brieven over dit onderwerp: 'Ik doe al die moeite. Ik kan me net zo goed met mest insmeren. Waarom ben ik zo stom?' Maak je niet dik; alle vrouwelijke rokers verachten zichzelf, hoewel maar weinigen dit toegeven en ze begrijpen allemaal niet waarom ze dat doen. De reden lijkt gewoon domheid te zijn, maar in werkelijkheid is het angst. Het is nog een bewijs van de ongelofelijke macht van nicotineverslaving.

Een ander veelbesproken onderwerp in de brieven die ik krijg van vrouwen is de invloed die roken heeft op hun teint en bloedsomloop. Mijn vader en mijn oudste zus zijn allebei gestorven aan kanker ten gevolge van roken. Jij hebt ongetwijfeld ook wel eens mensen dood zien gaan ten gevolge van nicotine. En zelfs nadat je door een hel bent gegaan kon je, net als ik, niet stoppen. Met longkanker, dacht ik, kon je geluk hebben en ervan genezen of je kon pech hebben. Je denkt misschien dat ik nu de methode van de artsen hanteer en je zo bang maak dat je stopt. Dat doe ik niet: ik kon namelijk niet stoppen met die tactiek en als jij dat wel kunt, dan ben je er al van af.

Maar als je zeker zou weten dat de volgende sigaret longkanker veroorzaakt, zou je die dan roken? Als ik had kunnen zien wat er echt in mijn lichaam gebeurde, dan weet ik zeker dat ik was gestopt. Ik bedoel niet mijn longen die zwart zijn van de nicotine. De nicotineaanslag op mijn tanden en handen hinderen me niet, hoewel dit een aspect is waar de meeste vrouwen zich wel druk over maken. Maar daarom houden ze er nog niet mee op! Veel vrouwen vinden ingenieuze manieren uit om de rooklucht te maskeren. En ze wrijven bijvoorbeeld met een plakje citroen over hun vingers om de nicotinevlekken te verwijderen.

Nee, ik bedoel het langzame dichtslibben van je bloedvaten. Het effect is vergelijkbaar met dat van kunstmest. Kunstmest is een vergif maar planten die een kleine afgemeten dosis krijgen lijken goed te gedijen. In werkelijkheid spreekt de plant al zijn reserves aan om een beschermende laag tegen de dagelijkse dosis vergif te laten groeien. Na meerdere doses begint de plant langzamerhand tekenen van verval te vertonen met verkleurde bladeren, zwarte plekken en verdorde takken. De veranderingen die het vergif veroorzaakt zijn maar al te zichtbaar. Met roken worden de zuurstof en voedingsstoffen die naar alle organen, spieren en botten in het lichaam worden gevoerd, geleidelijk aan vervangen door koolmonoxide en andere vergiften. Daarom zag ik er altijd grijs uit. Omdat wij denkende wezens zijn, willen we deze verandering niet toeschrijven aan roken maar praten we onze verschijning goed door er natuurlijke verkleuring of een hectische levensstijl de schuld van te geven.

Daarnaast zien we er verschrompeld uit, we krijgen levervlekken, het wordt ons zwart voor de ogen als we snel opstaan, of we krijgen spataderen. Deze ontwikkelingen schrijven we zonder meer toe aan het ouder worden. Ik ben echter van mening dat het proces ook het functioneren van het belangrijke immuunsysteem belemmert en dat is heel slecht voor de gezondheid. Dit immuunsysteem is net als een bank: het heeft maar beperkte reserves. Als je die blijft misbruiken, zul je helaas ontdekken dat je hier niet rood kunt staan.

We hebben geen arts nodig om ons te vertellen dat roken kortademigheid, astma, bronchitis, longemfyseem en andere ziektes van de ademhalingswegen veroorzaakt. Dat weten we allemaal. Maar ons immuunsysteem wordt vaak vergeten. Het levert een voortdurende strijd tegen ziektes, inclusief kanker. Als het kapot is, kan het zijn werk niet goed doen en moet het prioriteiten stellen. Het is net als wij te veel hooi op onze vork nemen – we kunnen alles niet goed aan. Kijk eens naar zware rokers. Je ziet dat ze allemaal een grijze teint hebben, een verschrompelde huid en een futloze, doffe blik in de ogen. Dit is de werkelijkheid van een leven lang roken – als je GELUK hebt, krijg je geen ernstige ziekte.

Je hebt verhalen gehoord over rokers die door hun arts worden gewaarschuwd dat hun weefsel gaat afsterven en dat hun tenen geamputeerd moeten worden als ze niet stoppen. Hun tenen worden geamputeerd en ze worden vervolgens gewaarschuwd dat hun voet of een deel van hun been nu aan de beurt is als ze niet stoppen met roken. Rokers die met deze situatie worden geconfronteerd weten dat hun arts niet zomaar wat zegt maar toch stoppen ze niet! Kun je je voorstellen dat je in die positie verkeert en toch niet kunt stoppen?

Nee, ik wil niet over dit onderwerp doorzeuren. Ik heb je beloofd dat ik geen horrorverhalen ga vertellen en dat ik alleen maar goed nieuws voor je heb. Maar het helpt wel als ik een heel belangrijk punt verduidelijk. Denk je dat een roker liever een been laat amputeren dan dat hij stopt, omdat hij zoveel plezier van of steun aan roken heeft?

Denk nog eens aan Debbies brief. Waarom is ze zo opgewonden en enthousiast? Ze is immers alleen maar ex-roker geworden. Heb je ooit een niet-roker zo enthousiast horen praten over hoe lekker zijn of haar lichaam ruikt en hoe geweldig hij zich voelt? Vergis je niet. Debbies enthousiasme is echt. Haar grote opwinding komt omdat ze is ontsnapt aan de echte ellende van een roker!

Je kent beslist rokers die zonder de hulp van de Carr-methode zijn gestopt en sommigen vonden het misschien relatief gemakkelijk. Zijn die net zo enthousiast als Debbie en Allen Carr? Dat is heel onwaarschijnlijk en dat komt, omdat ze nog steeds gehersenspoeld zijn. Je hebt misschien gemerkt dat rokers die willen stoppen en wie het is gelukt, altijd spreken over 'ophouden'. Dat doe ik ook als ik het heb over de 'wilskrachtmethode'. Die rokers geloven werkelijk dat ze een echt offer hebben gebracht. Kennelijk zijn ze liever ex-roker dan niet-roker, maar de meeste van hen worden zeurende ex-rokers. Ze zeggen: 'Ik hield van een sigaret na het eten, maar ik durf er nu geen meer te roken.' Met de Carr-methode spreek ik nooit over 'ophouden', maar over stoppen of, nog beter, over ontsnappen!

Helaas versterken verhalen over rokers die liever sterven dan 'ophouden' twee van de meest hardnekkige meningen over roken: dat sigaretten een groot plezier en/of een grote steun verlenen en dat nicotineverslaving de slachtoffers rotsvast in haar macht heeft. Als een roker zelfs niet kan stoppen bij een dreigende amputatie, hoe kan Allen Carr dan geloven dat geen enkele roker ernstige ontwenningsverschijnselen hoeft te hebben en dat elke roker gemakkelijk kan stoppen? Ik wil nu een ander onderwerp behandelen dat vrouwen meer lijkt bezig te houden dan mannen:

hongergevoelens

13

Hongergevoelens

Waarom houden vrouwen zich doorgaans meer bezig met hongergevoelens dan mannen? Hier is ook de hersenspoeling de belangrijkste oorzaak. Tientallen jaren lang werden vrouwen bestookt met beelden van het 'ideale' lichaam en het 'gewenste uiterlijk' en nu vallen mannen ook ten prooi aan vergelijkbare marketingtechnieken. Het lichaamsbeeld is een sociale norm geworden. Maar meer vrouwen dan mannen streven naar dat 'ideale' gewicht of dat 'gewenste' uiterlijk. Veel vrouwen beschouwen deze doelstellingen als een maatstaf van eigenwaarde en in veel gevallen wordt de manier waarop ze met anderen omgaan bepaald door de mate waarin ze deze doelstellingen bereiken.

In de westerse maatschappij kunnen we 'kant-en-klaar-maaltijden' kopen. Supermarkten, machtige voedingsmiddelenbedrijven en omvangrijke reclamecampagnes lijken samen te werken en te bepalen wat we eten. De meeste gerechten zien er goed uit, vullen onze maag en smaken goed – en zitten vol additieven, suiker en zout.

Het productieproces waardoor het voedsel er zo uitziet en snel kan worden bereid berooft het van de natuurlijke energie en voedingsstoffen die we nodig hebben. Het voedsel levert ons lichaam geen energie en vitaminen. Het berooft ons van energie. Ons lichaam moet inderdaad harder werken om de bedroevend lage hoeveelheid voedingsstoffen te vinden. Door de uitzonderlijk schamele opbrengst hebben we een blijvend hongergevoel. We reageren op de voortdurende 'ik heb honger'-signalen door meer te eten en we worden dik.

Dit is de val die dit voedsel voor ons opzet. Vrouwen proberen er doorgaans aan te ontsnappen omdat zij in de regel meer aandacht besteden aan hun uiterlijk dan mannen. Helaas hebben de methodes die ze gebruiken vaak een averechts effect. Sommige vrouwen zijn een groot deel van hun leven op dieet om hun figuur te behouden. Ze proberen het ene dieet na het andere. Met de meeste diëten krijgt het lichaam niet de voedingsstoffen die het nodig heeft om gezond te blijven. Drie kleine voedzame maaltijden vervangen door drie glazen van een of andere 'dieetshake' die naar modder smaakt is niet verstandig.

We beschouwen honger als een vreselijk kwaad. Dat is hij niet. In feite is hij gewoon een ingenieus mechanisme van Moeder Natuur waarmee we kunnen overleven of we dat nu leuk vinden of niet. We hebben al besproken hoe wilde dieren voedsel en vergif uit elkaar houden. Maar waarom eten wilde dieren eigenlijk? Het antwoord ligt voor de hand: omdat ze doodgaan als ze dat niet doen. Inderdaad, maar weten zij dat? Of eten ze omdat ze honger hebben?

Laten we eens naar onze motieven kijken. We eten dus omdat we het niet zouden overleven als we dat niet zouden doen. Maar heb je al eens tegen jezelf gezegd: 'Het is belangrijk dat ik nu iets eet, anders ga ik dood van de honger'? Ongetwijfeld heb je vaak gezegd: 'Ik snak naar iets te eten!' of 'Ik ben uitgehongerd. Ik moet nu iets eten!' Je bedoelt niet echt dat je doodgaat of verhongert. In feite maak je er alleen maar een drama van. In het ergste geval voel je je flauw of duizelig, omdat je niet hebt gegeten. Wat je echt bedoelt, is: 'Ik heb honger en ik wil iets eten.' Huilt een baby als hij honger heeft omdat hij weet dat hij doodgaat als hij niet eet? Kennelijk niet; hij huilt omdat hij honger heeft.

Honger is een fantastisch fenomeen. Als je weinig of geen junkfood, maar regelmatig gezonde maaltijden eet, krijg je geen honger tot de volgende maaltijd. Dan kun je je hele leven je honger drie keer per dag stillen. Is dat niet prachtig? Een groot plezier zonder keerzijde. Misschien denk je dat het enige voedsel dat goed voor je is naar karton smaakt. In werkelijkheid smaakt het voedsel dat goed voor je is heel lekker. Moeilijk te geloven, maar ik beloof je dat het waar is. (Als je nog niet overtuigd bent, lees dan *En nu: afvallen.*)

Zelfs als we honger hebben en om de een of andere reden niet kunnen eten, waarom is dat hongergevoel dan zo erg? Je hebt geen lichamelijke pijn, maar je maag rammelt. In werkelijkheid is het alleen maar een leeg, onzeker gevoel dat we kennen als: 'Ik wil eten.' Als dat gevoel niet wordt bevredigd, wordt het al snel: 'Ik moet eten'. Als voedsel schaars of niet te krijgen is, komen er angst en paniek bij en wordt het gevoel: 'Als ik niet snel iets te eten krijg, ga ik dood.'

Bedenk dat elk natuurlijk instinct dat we van Moeder Natuur hebben gekregen is bedoeld om te overleven. Daardoor is de angst voor de dood – zelfs als er geen lichamelijke pijn is – echt en krachtig. Deze angst is zo groot dat roofdieren verwonding en dood riskeren wanneer ze een volwassen en gezonde prooi aanvallen als ze geen jonge of gewonde prooi kunnen vinden. Wij mensen maken ons zelfs schuldig aan kannibalisme als we geen ander voedsel hebben. Misschien denk je, net als ik, dat je je niet tot dat niveau kunt verlagen. Maar misschien ben je, ook net als ik, nooit langer dan 24 uur zonder voedsel geweest.

Ik heb gezegd dat de hunkering naar nicotine hetzelfde is als honger naar voedsel. In werkelijkheid heeft deze hunkering een krachtiger effect. Net als een alcoholist eerder drank dan voedsel zal kopen, zo zal ook een roker die niet beide kan betalen eerder tabak dan voedsel kopen. Dit komt omdat we onze hongergevoelens gemiddeld maar drie keer per dag hoeven te bevredigen, terwijl we veel vaker naar nicotine verlangen. De gemiddelde twintig-sigaretten-per-dagroker heeft deze hunkering ongeveer 7120 keer per jaar. Het is dus begrijpelijk dat ons gedrag erop is gericht het ongemak dat we het vaakst ervaren kwijt te raken. De hunkering naar nicotine komt vóór alle andere.

Sommige rokers geloven dat ze roken omdat ze genieten van de smaak of het ritueel. Een speciale sigaret voor veel rokers is de eerste sigaret van de dag. Ironisch genoeg is dat de sigaret waarvan we gaan hoesten en proesten. Dat is helemaal niet prettig. Waarom roken we die dan? Omdat we acht uur lang geen nicotine hebben gehad. We hebben in die tijd natuurlijk ook niet gegeten, maar we bevredigen doorgaans eerst de hunkering naar nicotine. Hoewel het lege, onzekere gevoel dat door honger wordt veroorzaakt niet te onderscheiden is van de ontwenningsverschijnselen van nicotine zal het bevredigen van het ene gevoel het andere niet onbevredigd laten.

Stel je de verwarring voor die deze situatie in de geest van een roker veroorzaakt. Niet-rokers hebben dit probleem niet. Zij worden ook wakker met een leeg, onzeker gevoel, maar bij hen heerst geen verwarring over de oorzaak ervan. Ze weten dat ze acht uur lang niet hebben gegeten en willen ontbijten. Het ontbijt is de favoriete maaltijd voor de meeste niet-rokers, want hoe langer je zonder eten hebt gedaan, hoe meer je van een maaltijd geniet. Als ze hun honger hebben gestild en hun lichaam de benodigde energie en voedingsstoffen hebben gegeven, hebben ze geen leeg, onzeker gevoel meer en zijn ze klaar om aan de dag te beginnen.

Maar rokers worden wakker met nog een leeg, onzeker gevoel. Twintig-sigaretten-per-dagrokers verlichten hun ontwenningsscheuten gewoonlijk elk uur. Voor hen is elk uur zonder nicotine gelijk aan drie dagen zonder voedsel voor niet-rokers. Geen wonder dat de roker het eerst een sigaret opsteekt, hoe vies die ook is. Echte rokers voelen zich minder gespannen dan voordat ze deze sigaret opstaken, maar ze hebben niets gedaan aan het lege, onzekere hongergevoel. Ten gevolge van het immuniteitseffect hebben ze de hunkering naar nicotine eigenlijk maar gedeeltelijk verlicht en als ze die sigaret uitmaken, begint de nicotineketen opnieuw. Vandaar het antwoord van de beroemde actrice op de vraag: 'Zou je je niet beter voelen als je zou ontbijten?' – '*Maar dat doe ik! Mijn ontbijt bestaat uit vijf sigaretten en drie koppen koffie!*'

Als het lege gevoel voor voedsel en dat voor nicotine hetzelfde is, hoe kan de roker dan ooit weten welk percentage betrekking heeft op het een en welk op het andere? En aangezien de hunkering naar nicotine niet echt bevredigd kan worden door het roken van ene sigaret, betekent dit dat een roker voortdurend honger heeft. Daarom is dus de sigaret na het eten zo belangrijk voor rokers. Niet-rokers zijn volledig ontspannen als ze hebben gegeten. Het is niet zo dat een sigaret het genot van een maaltijd verhoogt, want rokers kunnen vaak niet van de maaltijd genieten totdat ze het kleine monster kunnen voeden.

Ironisch genoeg wordt de situatie nog verwarrender als rokers proberen te stoppen met een 'wilskrachtmethode'. Tijdens ons rokende leven hebben we regelmatig een sigaret opgestoken, terwijl ons lichaam schreeuwde om voedsel en niet om vergif. Met andere woorden, we hadden de *gewoonte* voedsel door een sigaret te vervangen. Maar als we eenmaal besluiten te stoppen, blijft ons lichaam nog een tijdje dat lege, onzekere gevoel ervaren, ondanks het feit dat de nicotine binnen een paar dagen uit ons lichaam is verdwenen. We kennen dat gevoel alleen als: 'Ik wil een sigaret!' Dit is vreselijk verwarrend: we hebben alle krachtige en goede redenen opgeschreven waarom we geen sigaret meer willen en toch willen we er een. Omdat we het gevoel niet meer gedeeltelijk met roken kunnen verlichten, gaan we de procedure omdraaien en eten chocolade, zuigen op snoepjes of kauwen kauwgom. Deze vervangende middelen voeden het kleine monster helemaal niet. Ze bedekken je tanden met een laagje suiker en bederven je eetlust. Je komt kilo's aan en je voelt je ellendig en gefrustreerd. De reden? Je voelt – zonder te begrijpen waarom – dat alleen een sigaret dat lege gevoel kan wegnemen. Maar je neemt er geen. Je voelt je vervolgens nog zieliger en ellendiger. Je behoefte aan een sigaret neemt toe net als je frustratie, omdat je die behoefte niet mag bevredigen.

Het is een oorzaak-en-gevolgsituatie die maar op één manier kan worden opgelost. Je wilskrachtreserves zijn ten slotte uitgeput en je vindt een excuus om een sigaret op te steken zonder je gezicht te verliezen. Als je de nicotinevalkuil eenmaal begrijpt, is het geen mysterie meer waarom anders wilskrachtige mensen niet kunnen 'ophouden' en waarom het een roker met de Carr-methode wel lukt.

In feite lukt het maar een klein percentage van hen. Zelfs degenen die de paar dagen zonder nicotine overleven waardoor het kleine monster sterft, weten nooit zeker wanneer ze bevrijd zijn. Omdat het lege, onzekere gevoel hetzelfde is als het normale hongergevoel en het normale gevoel van stress, zullen ex-rokers die met een 'wilskrachtmethode' zijn 'opgehouden' dat gevoel interpreteren als: 'Ik wil een sigaret!' Dat doen ze nog weken, maanden of zelfs jaren na hun laatste sigaret en de dood van het kleine monster.

Als je hebt begrepen wat ik heb gezegd, vraag je je misschien af hoe lang het duurt voordat het kleine monster dood is en hoe je *weet* wanneer dat zo is. Helaas kan ik die twee vragen niet beantwoorden. Ze zijn misschien belangrijk voor je, maar eigenlijk zijn ze allebei helemaal niet relevant. Een analogie zal het duidelijk maken. Stel je voor dat je verwikkeld bent in een gevecht op leven en dood onder water. Het lukt je om het zuurstofmasker van je tegenstander los te maken. Vanaf dat moment is hij ten dode opgeschreven. Maakt het wat uit hoe lang het duurt voordat hij doodgaat of dat je weet wanneer hij doodgaat? Het kleine monster is ook ten dode opgeschreven vanaf het moment dat je hem geen nicotine meer geeft. Misschien maak je je er zorgen over dat je lichaam dat lege, onzekere gevoel blijft ervaren als het geen nicotine meer krijgt. Dat hoeft niet. Vergeet niet dat rokers dat gevoel ook tijdens hun rokende leven hebben en dat het zo onbeduidend is dat ze het zelfs niet merken. Omdat je het niet begrijpt, raak je verward en gefrustreerd. Als je je eenmaal realiseert dat het gevoel wordt veroorzaakt door de vorige sigaret en dat je weer een sigaret moet opsteken om het kwijt te raken, kan die periode er een van grote vreugde in plaats van ellende worden. Maar meer hierover in hoofdstuk 18.

Tegenwoordig wordt roken over het algemeen als volkomen asociaal beschouwd. Zelfs de rokers lijken het hiermee eens te zijn, omdat de meesten niet roken in de slaapkamer en sommigen ontbijten zelfs. Veel anderen steken pas een sigaret op als ze van huis gaan. Ik vind het altijd vreselijk als ik 's ochtend aan het joggen ben en meisjes zie lopen met een sigaret tussen hun vingers. De hersenspoeling zegt dat ze gelukkig en sprankelend moeten zijn. In werkelijkheid zien ze er saai, ellendig en depressief uit.

De overeenkomst met honger maakt nicotineverslaving zo krachtig. In beide gevallen wordt het niet erger totdat je je ervan bewust wordt dat je voedsel of een sigaret nodig hebt. En als je lekker eten en je favoriete merk sigaretten hebt, kun je je honger stillen en de hunkering wegnemen. In beide gevallen lijkt het genot geen keerzijde te hebben.

Als we ons hele leven onze honger drie keer per dag straffeloos kunnen stillen, wie kan dan twintig keer per dag straffeloos van een sigaret genieten? Nader onderzoek toont aan dat de overeenkomst een subtiele illusie is. In werkelijkheid zijn die twee absoluut tegenovergesteld:

1. Voedsel levert gezondheid, energie, geluk en verlengt ons leven. Tabak ruïneert onze gezondheid, veroorzaakt ellende en lusteloosheid en verkort ons leven.
2. Voedsel smaakt goed; je honger stillen is echt een prettige ervaring, terwijl het inademen van kankerverwekkende en vieze rook in je longen een uitgesproken onprettige ervaring is.
3. Eten veroorzaakt geen hongergevoel; integendeel, eten stilt je honger echt. Het feit dat eten het hongergevoel niet voorgoed stilt, betekent dat we ons hele leven kunnen genieten van eten. In plaats van het kleine monster te bevredigen, wordt het door onze eerste sigaret in het leven geroepen. Als je geen sigaret meer zou roken, zou het kleine monster sterven zonder dat je je ook maar van zijn aanwezigheid bewust bent. In plaats van het monster te bevredigen, krijgt het door elke volgende sigaret alleen maar meer eetlust. De enige manier om het te elimineren is het niet meer te voeden! Bedenk: alles waarvan je echt geniet als je rookt is de poging terug te keren naar de ontspannen toestand waarin niet-rokers hun hele leven verkeren. Immuniteit verhindert dat je die ontspannen toestand bereikt, zelfs maar voor de paar minuten waarin je die ontwenningsscheuten gedeeltelijk verlicht.

Een goede maaltijd in een leuk restaurant is een aangenaam ritueel. Het belangrijkste doel is het bevredigen van een natuurlijke honger op een bepaald moment van de dag en het zou niet leuk zijn als je dat hongergevoel niet zou kunnen bevredigen. Er zijn overeenkomsten met roken. De gouden aanstekers en de aantrekkelijke verpakking zijn, net zoals vroeger de zilveren snuifdoosjes, de accessoires die een vieze, walgelijke 'gewoonte' aantrekkelijk moeten maken. Het hele rookritueel dient één enkel doel: het kleine monster bevredigen. Daarom moeten we die sigaret opsteken, daarom moeten we die in onze mond steken en daarom moeten we de viezigheid in onze longen ademen:

alleen maar om nicotine binnen te krijgen!

Sommige rokers kunnen het moeilijk accepteren dat het enige genot dat een roker krijgt van het opsteken van een sigaret de gedeeltelijke en misleidende verlichting van ontwenningsscheuten is. Voor het geval dat dit niet helemaal duidelijk is: je voelt je inderdaad minder gespannen, meer ontspannen, minder verveeld en je kunt je beter concentreren dan voordat je die sigaret opstak. Dat is geen illusie maar werkelijkheid. De illusie is dat elke sigaret de situatie eerder verlicht dan veroorzaakt. Met het fenomeen snuiven kun je het roken van sigaretten in het juiste licht zien.

Je weet vermoedelijk wel dat snuiftabak gewoon tabak in poedervorm is en dat het de meest voorkomende vorm van nicotineverslaving was vóór de massaproductie van sigaretten. Het is tegenwoordig moeilijk te geloven dat dit vroeger als een heel gezellig tijdverdrijf werd beschouwd. Waarom snuiven cocaïneverslaafden cocaïne? Denk je dat ze ervan genieten omdat het aangenaam is vreemde stoffen door hun neus op te snuiven of denk je dat ze dat doen om de effecten van de drug te voelen? Net als rokers, die de ware redenen van het roken niet begrijpen en uitvluchten verzinnen die heel redelijk klinken (totdat je ze nader bekijkt), zo verzinnen gebruikers van snuiftabak vergelijkbare uitvluchten. De ware reden waarom een roker blijft roken is een einde te maken aan het lege, onzekere gevoel dat de vorige sigaret heeft veroorzaakt.

Tussen twee haakjes, als je van plan bent over te stappen op shag, sigaartjes of zelfs de pijp, vergeet het maar! Hoewel het nicotinegehalte niet op sigarendoosjes wordt vermeld wil dat niet zeggen dat sigaren geen nicotine bevatten. Gemakshalve heb ik het vaak alleen over sigaretten. Voor het geval het nog niet duidelijk is: de term sigaretten omvat elk item dat nicotine bevat, inclusief snuiftabak, kauwtabak, sigaren en sigaartjes, nicotinekauwgom, pleisters en sprays. Haal het uit je longen en stop het in je hoofd: je raakt niet verslaafd aan nicotine omdat je rookt – je rookt omdat je verslaafd bent aan nicotine!

Het is belangrijk dat je je realiseert dat het kleine monster, net als honger, in werkelijkheid een fysiologisch verschijnsel is. Het is duidelijk geen afzonderlijk organisme als een lintworm, maar het effect is precies hetzelfde. Het helpt als je het beschouwt als een monster dat van nicotine leeft. Als het groeit, veroorzaakt het meer ongemak en het onbehaaglijke gevoel dat je voortdurend hebt. Je hebt het met de eerste sigaret in het leven geroepen en het sindsdien steeds gevoed. Als we de hersenspoeling eenmaal hebben weggenomen, laat je het verhongeren. Laat het duidelijk zijn, het is niet als het uithongeren van een lintworm want dat betekent dat je jezelf ook een tijdje uithongert. Je laat alleen het kleine nicotinemonster verhongeren, niet jezelf. Hierbij heb je ook nog het grote voordeel dat je jezelf niet langer hoeft te vergiftigen.

Voordat we verdergaan, moeten we eerst een paar belangrijke punten over nicotineverslaving bespreken. Hoewel nicotine de krachtigste verslavende drug is die de mensheid kent, heeft verslaving eraan alleen betrekking op de mate waarin zij de slachtoffers verstrikt. De heerlijke waarheid is:

geen roker is ooit zwaar verslaafd aan nicotine

De term 'nicotineverslaving' is in feite een verkeerde benaming. Het is waar dat de haast onmerkbare lichamelijke ontwenning fungeert als een katalysator die ons wijsmaakt dat we echt plezier of steun van roken krijgen. Maar het is de illusie waardoor we verslaafd raken, niet de nicotine zelf. Neem de hersenspoeling weg en je heft automatisch de verslaving op.

De cyclus is eindeloos. Maar dat is hij alleen als je het kleine monster blijft voeden. Je hebt ongetwijfeld gehoord dat je leven met elke sigaret vijf minuten korter wordt en dat het tien jaar duurt voordat de troep uit je lichaam is verdwenen. Deze berichten zijn waar, maar alleen als je blijft roken of een terminale ziekte hebt opgelopen. Als je stopt, kun je 99 procent van die verloren minuten terugverdienen. De troep gaat weliswaar nooit helemaal weg (er zijn zelfs sporen bij niet-rokers die in contact komen met rokers), maar het meeste is binnen een paar weken uit je lichaam verdwenen.

Als we onze traditionele opvattingen aan een nauwkeuriger onderzoek onderwerpen, zijn de vastgestelde feiten tegenstrijdig en paradoxaal. Als we hetzelfde nauwkeurige onderzoek loslaten op 'mijn standpunt' – dat ons vriendelijke, gezellige tijdverdrijf niets meer is dan het inademen van dodelijke rook in onze longen in een vruchteloze poging het lege, onzekere gevoel weg te nemen dat de eerste sigaret heeft veroorzaakt – dan ontdekken we dat de mysteries en tegenstrijdigheden verdwijnen.

Als je je eigen rookgedrag analyseert en andere rokers observeert, wordt het al snel duidelijk dat rokers niet echt van sigaretten genieten, maar dat ze zonder sigaretten ook niet kunnen genieten van een prettige gebeurtenis. Dit lijkt hetzelfde, maar is het niet. Houd duidelijk in gedachte dat je alleen maar stopt met roken:

je hoeft niet te stoppen met leven

Ik zou graag willen dat je stopte, maar niet alleen omdat roken een vieze, walgelijke verslaving is die je gezondheid ruïneert, die je een vermogen kost en die je van je vrijheid berooft, of omdat je familie het erg vindt. Ik wil dat je stopt om een puur egoïstische reden:

je gaat zoveel meer van het leven genieten

Het is waar dat, terwijl je denkt dat je niet van het leven kunt genieten of kunt omgaan met stress zonder sigaret en dat het bijna onmogelijk is 'op te houden', je eerder bereid bent te sterven dan te stoppen. Bijna vier miljoen rokers staan elk jaar voor die keus. Ze hebben geen keus. Ze gaan nog liever dood dan dat ze 'ophouden', omdat ze niet weten hoe ze kunnen ontsnappen. De heerlijke waarheid is dat de lichamelijke ontwenningsverschijnselen van nicotine haast onmerkbaar zijn en dat die niet erger worden als je je laatste sigaret uitmaakt. De illusies veroorzaken de marteling. Gelukkig kunnen we de hersenspoeling wegnemen voordat je je laatste sigaret dooft. Als je dat doet en mits je alle instructies hebt opgevolgd, ben je al een gelukkige niet-roker. Laten we dus opschieten en dat gaan doen. Tussen twee haakjes, zou je moeite doen te stoppen als je een van die

tevreden gelegenheidsrokers

was?

14

Tevreden gelegenheidsrokers

Zware rokers kunnen bijna niet geloven dat iemand een tevreden gelegenheidsroker kan zijn. Als je zelf een gelegenheidsroker bent, ben je niet tevreden. Als je een tevreden gelegenheidsroker was, dan zou je dit boek niet lezen. Alle rokers liegen tegen zichzelf en tegen anderen. Omdat ze doorgaans eerlijk en oprecht zijn, respecteren we die mensen en geloven we dus hun leugens. Er is maar een oppervlakkig onderzoek voor nodig om het fabeltje dat om hen heen hangt, te ontzenuwen.

Waarom zouden zware rokers gelegenheidsrokers benijden? Toen ik fanatiek drie keer per week golf speelde, benijdde ik de arme sukkel die maar één keer per week kon spelen niet, maar wel de professionele golfers die hun hele leven golf konden spelen. En als zware rokers gelegenheidsrokers zozeer benijden, waarom worden ze dan niet een van hen?

Een gelegenheidsroker zal doorgaans iets zeggen als: 'Ik kan het gemakkelijk laten. Soms rook ik een hele week/maand/halfjaar/jaar niet.' Jij denkt: Boffer. Ik wilde dat ik dat kon. Maar als ze echt genieten van de smaak van een sigaret na het eten of tijdens een telefoongesprek, waarom in vredesnaam zouden ze dan een hele week niet roken? Als ze het roken van sigaretten echt gemakkelijk kunnen laten, zouden ze wel gek zijn een sigaret te nemen. Iedereen weet immers dat roken heel verslavend is, duur en de belangrijkste doodsoorzaak in de westerse wereld. Alleen een totale stommeling zou met zoiets knoeien, tenzij hij natuurlijk echt verslaafd is. Ik verzeker je dat ik gemakkelijk buiten heroïne kan. Ik kan je overtuigen van de waarheid van deze bewering als ik de drug nooit neem. Ik zou je intelligentie onderschatten als ik zou zeggen: 'Ik kan het gemakkelijk laten. Soms neem ik een hele week geen shot!'

Maar heb je erover nagedacht waarom een roker zoiets zegt als: 'Ik kan het gemakkelijk laten. Soms rook ik een hele week niet'? Als ik tegen je zeg: 'Ik hoef een hele week geen wortelen te eten en dat hindert me helemaal niet', zou je dan niet denken: Nou, en? Dat kan ik ook. Waarom zeg je dat? Waarom schep je daarover op? Iedereen die heroïne neemt, hoe onregelmatig ook, is geen 'gebruiker' maar een verslaafde. Dit geldt ook voor rokers. Denk eraan, we praten over 'verwoesting'. Niemand zou die drug nemen als hij er echt af kon blijven.

Als gelegenheidsrokers zeggen: 'Ik kan het gemakkelijk laten. Soms rook ik een hele week niet', proberen ze jou en zichzelf ervan te overtuigen dat ze geen rookprobleem hebben. In werkelijkheid bedoelen ze het tegenovergestelde. Als ze geen probleem hadden, hoefden ze dit niet mee te delen. Het wordt steevast op een opschepperige toon gebracht. Dat komt omdat ze daarvoor een echte reden hebben: ze hebben zichzelf de discipline opgelegd een hele week niet te roken.

Als je ooit een succesvolle poging tot vermindering hebt gedaan, herinner je je misschien het superieure gevoel van die eerste paar dagen. Je hebt het paradijs bereikt waarover de zware roker droomt: je rookt zo weinig dat je je niet langer zorgen hoeft te maken over de kosten of over een van die vreselijke met roken samenhangende ziektes. Tegelijkertijd hoef je niet helemaal 'op te houden'. Je denkt dat je het beste van alles hebt.

Een typisch voorbeeld is Mary, een jonge huisvrouw die mijn hulp zocht. Ze probeerde te stoppen door te minderen. Ze rookte veertig sigaretten per dag. Op een middag verfrommelde ze vol weerzin haar pakje sigaretten en gooide het in de vuilnisbak. Een uur later zocht ze tussen de aardappelschillen naar een sigaret. De volgende dag had ze dezelfde afkeer van roken. Ze was een intelligente vrouw en ze zou dezelfde fout niet nog eens maken. Daarom smeerde ze mosterd over de sigaretten voordat ze ze in de vuilnisbak gooide. Een uur later zocht ze tussen de aardappelschillen en veegde de mosterd van de sigaretten. De meeste rokers hebben een vergelijkbare ervaring in hun leven gehad, maar sommigen houden nog steeds vol dat ze alleen roken om de fantastische smaak.

Mary kwam tot de conclusie dat het haar onmogelijk lukte met 'cold turkey', de totale onthouding. Ze besloot dat ze moest minderen. Ze dacht: Ik rook veertig sigaretten per dag. Als ik nu eens elke dag een sigaret minder rook, dat kost niet zoveel wilskracht. Waarschijnlijk merk ik het niet eens en als ik dit maar volhoud, rook ik straks niet meer.

We hebben allemaal ongetwijfeld een paar keer tijdens ons rokende leven variaties op dit thema geprobeerd. Het klinkt volkomen logisch. Na ongeveer zes weken brak voor Mary de dag aan waarop ze nog maar één sigaret rookte. Het probleem was dat het haar niet lukte het bij die laatste sigaret te laten. Drie maanden gingen voorbij waarin ze maar één sigaret per dag rookte en toen zocht ze mijn hulp. Zo beschreef ze haar leven:

'Ik zorgde ervoor dat mijn man naar zijn werk vertrok en de kinderen naar school gingen. Ik ging zitten en pakte die sigaret uit het pakje, stopte hem vervolgens terug en bedacht dat ik eerst zou afwassen.' Na de afwas herhaalde het proces zich met strijken. De hele dag bungelde de sigaret als een wortel voor haar neus, maar toch hield ze zichzelf niet voor de gek. Ze wist dat ze die sigaret pas zou roken vlak voordat de kinderen uit school kwamen. En dat deed ze.

Ze had er de hele dag naar verlangd. Je kunt je voorstellen dat ze het plezier dat die sigaret haar zou opleveren ontzettend had overdreven. En je kunt je voorstellen wat ze had moeten doorstaan om dat misleidende pleziertje te krijgen. Je kunt aanvoeren dat het plezier echt was. Niet waar, de sigaret smaakte net zo smerig als altijd. Haar sigaret maakte alleen maar een einde aan de ellende van de hunkering. Als die sigaret echt het einde van de ellende had betekend, dan zou ik zeggen dat het plezier echt was. Door die sigaret ondervond ze alleen maar hetzelfde en toen zocht ze mijn hulp.

Stel dat je Mary had ontmoet in die drie maanden waarin ze één sigaret per dag rookte. Stel je eens de wilskracht voor en de inspanningen die ze heeft moeten leveren om van die vieze tabak bevrijd te worden. Denk je dat ze die inspanningen leverde omdat ze wilde roken of omdat ze zich wanhopig graag wilde bevrijden? Als je haar had gevraagd hoe ze zich gedurende die tijd had weten te redden (en bedenk dat ze nu weet dat het haar lukt), wat zou haar antwoord dan zijn geweest? Bijvoorbeeld: 'O, ik weet dat het tijdverspilling is. Die sigaretten zijn zo verrukkelijk. Ik weet niet waarvoor ik dit trauma eigenlijk doormaak.' Of denk je dat ze gezegd zou hebben: 'Het gaat fantastisch! Ik heb nu nog maar één sigaret per dag nodig.' Je natuurlijke reactie zou afgunst zijn. In feite moet je medelijden met haar hebben. Een gelegenheidsroker benijden staat gelijk aan het benijden van iemand die de rest van zijn leven op dieet is met het bijkomende nadeel dat het dieet niet uit voedsel maar uit vergif bestaat.

Laten we nu eens kijken naar Mary's echte situatie. In haar logische gedachtegang was ze maar één sigaret verwijderd van het nietrokerschap. Maar 23 uur van de dag werd ze geestelijk gedomineerd door de gedachte aan de volgende sigaret en lichamelijk leed ze ook. Het enige genot van roken is het stoppen van de steeds erger wordende hunkering van het lichaam naar nicotine. Net als bij het hongergevoel geldt dat hoe langer je het uithoudt, hoe fantastischer het lijkt als je het kunt bevredigen. Mary nam haar misleidende afhankelijkheid van nicotine niet weg, maar zette zich alleen maar in haar hoofd dat een sigaret het enige kostbare ding op aarde was.

Als je ooit hebt geprobeerd op de een of andere manier te minderen, dan weet je dat deze aanpak maar een korte periode werkt. Sommige mensen vertellen me dat het hun echt gelukt is helemaal 'op te houden' met behulp van geleidelijk minderen. Vreemd genoeg zijn velen aan het roken als ze me uitleggen hoe ze het hebben gedaan en anderen kauwen op nicotinekauwgom. Als een roker echt heeft kunnen 'ophouden' met roken door het aantal sigaretten geleidelijk aan te verminderen, dan neem ik mijn petje voor hem af. Die moet een fenomenale wilskracht hebben. Tegelijkertijd kan ik alleen maar medelijden met hem hebben omdat hij zichzelf zo'n marteling heeft opgelegd.

Waarom denken we dat we kunnen minderen, voorgoed of als springplank naar voorgoed 'ophouden'? Omdat we dat met de ervaring die we hebben wel moeten geloven. We kennen verscheidene tevreden gelegenheidsrokers. Als zij het kunnen, waarom zouden wij het dan niet kunnen? Jij was immers een van die tevreden gelegenheidsrokers in de jaren waarin je leerde te inhaleren zonder misselijk te worden en voordat je de fase bereikte waarin je veel ging roken. Toch? Laten we eens even op die jaren terugkijken.

Hoeveel van de duizenden sigaretten die je hebt gerookt kun je je werkelijk herinneren? Hoe vaak heb je toen diep geïnhaleerd en gedacht: Dit is een fantastische ervaring. Kun je je herinneren dat je hebt gedacht: Ik ben zo blij dat ik ben gaan roken. Ik ben zo gelukkig dat ik rook. Of ben je er gewoon ingerold zoals elke andere roker, heb je je gedachten afgesloten voor de werkelijkheid met een vage belofte dat je eens zou 'ophouden' als de tijd daarvoor rijp was?

Laten we het begin van de inleiding van Emma Freud nog eens bekijken:

'Het enige in mijn leven waarvan ik ooit echt spijt heb gehad was het moment waarop ik als veertienjarige mijn eerste sigaret rookte. Twaalf jaar later rookte ik twintig sigaretten per dag en ik genoot ervan. Ik hield er echt van, maar ik maakte me zorgen over mijn gezondheid.'

De balans was duidelijk aanwezig. Als roken inderdaad het enige in haar leven was waarvan ze spijt had, zou je denken dat de slechte kant van roken veel zwaarder woog dan de goede. Ze zegt heel duidelijk wat de slechte kant is, maar probeert niet uit te leggen waarom ze er echt van hield. Verbazingwekkend genoeg hebben alle rokers dit probleem, hoe oud ze ook zijn en hoeveel ze ook roken. Alles wat een paar jongeren kon bedenken was: 'Ik word er duizelig van!' Als je hun vraagt of ze echt 80 000 euro willen uitgeven en vreselijke ziekten willen riskeren alleen maar om duizelig te worden terwijl je precies hetzelfde effect kunt bereiken door je ogen dicht te doen en snel rond te draaien, zullen ze zich een beetje stom voelen.

Denk eraan dat Emma die inleiding een paar maanden nadat ze was gestopt schreef en ze geloofde nog steeds dat ze echt van roken had gehouden. Dit verklaart waarom ze weer verslaafd raakte. Ze had kennelijk dat bepaalde stukje van de hersenspoeling niet laten verdwijnen!

Het ligt in de aard van ons mensen dat we geneigd zijn de nare momenten in ons leven te vergeten en de goede te onthouden. Vandaar de uitdrukking 'de goede oude tijd': toen je je in een koets met vier paarden naar een sjiek restaurant kon laten brengen, waar je een maaltijd had die echt naar voedsel smaakte, waarna je de beste show in de stad ging zien en dat alles voor een habbekrats. We hebben het dan niet over het feit dat velen toen geen werk hadden, laat staan geld en dat de meeste mensen in de winter buiten naar het toilet moesten en geen warm stromend water hadden.

Als we echter terugkijken op ons rokende leven, kunnen we ons alleen de nare momenten herinneren. Daarom kunnen de meesten van ons zich nog de ervaring van die eerste experimentele sigaretten voorstellen; niet omdat ze zo fantastisch, maar omdat ze smerig waren. We hebben allemaal herinneringen aan het zoeken naar een tankstation dat de hele nacht open was, omdat we in paniek raken zonder sigaretten. De meesten van ons denken dat de sigaret na het eten heel speciaal is, maar kun je je van de duizenden maaltijden die je hebt gehad herinneren dat je hebt gerookt? Maar je herinnert je wel de maaltijden die verpest werden, omdat je niet mocht roken. Het meisje op het feest zal de paniek nooit vergeten toen ze een van haar laatste twee sigaretten moest afstaan; en Mary zal de vernedering nooit vergeten toen ze de mosterd van de sigaretten veegde. Ze haatte zichzelf omdat ze een slaaf van de nicotine was.

Als je denkt dat je zoveel rookt omdat het je gewoonte is, dan is het logisch te veronderstellen dat de mogelijkheid bestaat het proces om te keren. Met andere woorden, als je de discipline kunt opbrengen om geleidelijk aan minder te gaan roken, dan wordt dit algauw een gewoonte en wil je zelfs niet méér gaan roken. Ga ermee door en het wordt al snel gewoon helemaal geen sigaret meer te willen. Het is zo eenvoudig en voor de hand liggend. Maar waarom werkt het dan niet? Waarom snakken zoveel rokers die het echt gelukt is 'op te houden' met een 'wilskrachtmethode' nog steeds af en toe naar een sigaret, zelfs jaren nadat ze hun laatste hebben gerookt? En waarom raken zoveel rokers opnieuw verslaafd?

omdat roken geen gewoonte, maar een nicotineverslaving is

We weten, dat minderen niet werkt. Als dat wel zo was, dan zouden we allemaal gelegenheids- of ex-roker zijn. Wanneer je eenmaal de ware aard van de valkuil begrijpt, zul je duidelijk zien dat door pogingen te minderen of het aantal sigaretten dat je rookt in de hand te houden, het idee in je brein ontstaat dat je niet van het leven kunt genieten of met stress kunt omgaan zonder een sigaret.

Stel je het kleine monster voor als een haast onmerkbare 'jeuk'. Wat doe je als je 'jeuk' hebt? Precies: krabben. Misschien ben je het eens met mijn vrouw Joyce dat krabben het alleen maar erger maakt. Jullie hebben wellicht allebei gelijk. Zelfs als ik een muggenbeet tot bloedens toe krab en ik er dan een maand last van heb, krab ik liever dan dat ik de noodzakelijke discipline opbreng de plek met rust te laten. Het equivalent met betrekking tot roken is een sigaret opsteken. Zodra je dat doet, krijg je verlichting, maar je bent je er niet van bewust dat deze verlichting maar tijdelijk is.

Sta me toe dat ik even afdwaal. Vroeger adverteerden tabaksfabrikanten hun merk gewoonlijk als 'bevredigend' of als 'voldoening schenkend'. We hoeven geen genie te zijn om te concluderen dat het niet mogelijk is om een bepaalde situatie te bevredigen als daaraan geen ontevredenheid is voorafgegaan. Ik geef een paar voorbeelden. We bevredigen seksueel verlangen, honger of dorst. Maar je bevredigt seksueel verlangen niet met eten of dorst met een sigaret. De enige irritatie die een sigaret lijkt te bevredigen is de 'nicotinejeuk', hoewel de verlichting, zoals ik heb uitgelegd, slechts tijdelijk is, omdat nicotine verantwoordelijk is voor de jeuk. Niet-rokers hebben geen last van deze specifieke irritatie.

Als we beginnen met roken, zitten er doorgaans lange periodes tussen het krabben en het moment dat de 'jeuk' terugkomt. Maar het duurt niet lang voordat we onze eigen sigaretten kopen, regelmatig gaan roken in plaats van alleen op feestjes en dat paniekerige gevoel krijgen als we geen sigaretten bij ons hebben. Deze veranderingen treden niet op omdat we de gewoonte aannemen; het is de aard van het beestje. Als we immuun worden voor de verlichting, hebben we voortdurend 'jeuk' en de natuurlijke neiging om voortdurend te krabben. Met andere woorden: kettingroken.

Waarom worden we dan niet allemaal kettingroker? Omdat daar sterke longen voor nodig zijn, geloof me. Veel rokers kunnen het fysiek niet aan meer dan vijf tot tien sigaretten per dag te roken. Vele anderen zijn gelegenheidsrokers omdat ze het niet kunnen betalen. De grote meerderheid van de minderheid die niet verslaafd raakte, is geen niet-roker omdat ze intelligenter zijn. Ze waren gewoon niet opgewassen tegen de giftige effecten of wilden het leerproces niet doorlopen of hadden geluk dat hun vrienden om welke reden dan ook niet in de val waren gelopen.

Er zijn diverse redenen waarom veel vrouwen tegenwoordig gelegenheidsrokers zijn en die hebben allemaal betrekking op schuldgevoelens, zelfverachting en een enorme zelfdiscipline. Een gebruikelijke reden waarom ze het roken beperken is dat ze hun kinderen en kleinkinderen het goede voorbeeld willen geven. Christines geval is typisch maar ook heel zielig.

'Ik voelde me al schuldig omdat ik mijn dochter Sarah een slecht voorbeeld gaf. Toen ze thuiskwam van school en me de les begon te lezen over de nadelen van roken en hoe bang ze was dat ik dood zou gaan, deed ik een vastberaden poging "op te houden". In het begin was het geweldig en ik was zo trots op mezelf. Ik dacht echt dat het me was gelukt en stom genoeg, toen ik Sarah op een avond naar bed had gebracht, vond ik dat ik een kleine beloning had verdiend. Eén sigaret zou toch geen kwaad kunnen? Overbodig te zeggen dat het weer een gewoonte werd en die ene sigaret werden er meer. Eerlijk gezegd was ik elke avond aan het kettingroken. Het escaleerde op die avond toen Sarah niet wilde gaan slapen. Kwaad liep ik haar slaapkamer uit. Ik wist dat zij er niets aan kon doen, maar ik moest een sigaret hebben. Ik had net eentje opgestoken en was begonnen met de afwas toen een stemmetje achter me zei: "Je rookt toch niet, mammie?" Ik hield de sigaret onder de kraan, draaide me om en zei: "Natuurlijk niet, lieverd." De tranen liepen over haar wangen. Ik begon ook te huilen. Ik had tegen mijn dochter gelogen. Ik voelde me zo ellendig maar, geloof het of niet, ik stak opnieuw een sigaret op waar ze bij was. Ik haat mezelf. Ik ben niet gestopt, ik rook vrijwel de hele dag door. Alsjeblief, alsjeblieft, kunt u me helpen?'

Dat kon ik gelukkig. Maar nogmaals, als je met Christine had gesproken toen ze elke avond maar één sigaret rookte, zou ze hebben gezegd dat ze echt een gelukkige gelegenheidsroker was. En dat was ze ook. Maar door de aard van het beestje:

kon dat niet zo blijven!

Veel rokers beheersen zich en roken op sommige plekken niet: in de auto, thuis of op de slaapkamer. Veel jonge rokers roken niet in het bijzijn van hun ouders. Maar roken gaat niet om een enkele sigaret. Roken is een levenslange kringloop van nicotine die het lichaam verlaat en dat lege, onzekere gevoel veroorzaakt. Kijk eens naar de 'ik kan het laten'-rokers. Zie hoe rusteloos ze worden als ze een tijdje geen sigaret hebben gerookt en hoe snel ze een excuus vinden voor een heimelijk trekje. Beschouw het opsteken van een sigaret niet als verlichting van die 'jeuk', maar alleen als vervanging van de nicotine. Kijk hoe snel de sigaret opbrandt en voel hoe de 'jeuk' terugkeert op het moment dat je de sigaret uitmaakt. Zie de weegschaal zoals die werkelijk is: aan de ene kant een permanente 'jeuk' die je onophoudelijk wilt krabben. Aan de andere kant wilde je dat je helemaal niet hoefde te krabben.

Minderen of gelegenheidsroken – wat op hetzelfde neerkomt – lukt niet, omdat het enige genot dat een roker ooit van roken krijgt het krabben van de 'jeuk' is. Hoe meer je krabt, des te meer immuun je wordt voor de verlichting waardoor je gaat kettingroken. Maar hoe meer je rookt, de groter de aanslag op je gezondheid, portemonnee, zenuwen, concentratie en moed. Wat een vreselijke valkuil is drugverslaving: een deel van je hersenen wil dat je meer rookt en als je dat doet, wil het andere deel dat je minder rookt.

Het lijkt nooit bij ons op te komen dat we altijd in de verkeerde positie zitten. Voordat je besloot te minderen, stak je een sigaret op wanneer je daar behoefte aan had. Je was kennelijk niet gelukkig met deze situatie; waarom zou je anders willen minderen? Maar om te minderen kun je niet langer een sigaret opsteken wanneer je dat wilt. Daarom ontzeg je je gewoon bepaalde sigaretten. Begrijp je wat ik bedoel? Hoe meer je rookt, hoe minder je wilt roken. Hoe minder je rookt, hoe meer je wilt roken. Rokers kunnen het nooit winnen. Ik weet dat je je hiervan bewust bent, maar ik wil dat je begrijpt waarom en dat je het onvermijdelijke accepteert. Skiërs kunnen afdalen en hoeven daarbij bijna geen energie te gebruiken. Maar ze ontdekken al snel hoe ongelofelijk moeilijk het is bergop te skiën. Drugverslaving is alsof je je hele leven probeert bergop te skiën.

Als je mindert, beheers je jezelf en verlicht je de 'jeuk' niet meteen. Hoe langer je te kleine schoenen draagt, hoe groter de opluchting is als je ze eindelijk uittrekt, dus hoe langer je de 'jeuk' verdraagt, des te groter is de illusie van genot als je eindelijk mag krabben. Door deze versterking van de illusie van genot is je wens te stoppen niet meer zo groot. Misschien zeg je wel dat je je gezondheid en vermogen minder schade berokkent als je minder rookt en vraag je je af waarom dat dan zo erg is. Alleen maar hierom:

omdat je wens om te stoppen ook niet meer zo groot is, doe je geen poging om te stoppen

Daarom zijn gelegenheidsrokers meer verslaafd dan zware rokers. Van de 'Ik volgde alle instructies op, maar de Carr-methode werkte niet bij mij'-brieven die ik ontvang, raak ik het meest gefrustreerd van de brieven waarin zoiets staat als: 'Maar gelukkig rook ik nu maar vijf sigaretten per dag. Voordat ik naar uw praktijk kwam, rookte ik er veertig!'

Andere 'experts' zijn misschien opgetogen over dit nieuws. Waarom frustreert het mij dan zo? Omdat het betekent dat deze rokers de aard van de valkuil niet hebben begrepen. Als rokers zich een week lang nicotine ontzeggen, krijgen ze kennelijk een geweldig gevoel van opluchting als ze eindelijk mogen krabben. Ze zouden een vergelijkbaar gevoel van opluchting hebben als ze eindelijk hun behoefte kunnen doen na een langdurige verstopping. Maar niemand zou bewust een verstopping willen hebben alleen maar om het gevoel van opluchting te krijgen.

Door deze pogingen te minderen of onze mislukte pogingen te stoppen gaan we geloven dat we plezier beleven aan roken, of daar steun van krijgen. Omdat we ons beroofd en ellendig voelen als we niet mogen roken en omdat die ellende verdwijnt op het moment dat we roken, lijkt het logisch wanneer we denken dat sigaretten ons inderdaad voldoening geven. Maar als we kunnen roken wanneer we dat maar willen, lijkt er geen genoegen te zijn en vinden we het vanzelfsprekend wat roken ons geeft. Het is een vreemd tijdverdrijf omdat we het pleziertje niet begrijpen als we mogen roken en omdat we wilden dat we het niet hoefden. Alleen als we niet mogen roken, lijkt roken prettig te zijn.

Ik verontschuldig me er niet voor dat ik het onderwerp uitvoerig behandel. De levenslange hersenspoeling is krachtig omdat die bestaat uit illusies die we alleen maar hebben omdat ze miljoenen keren worden herhaald. Als je de ellende van een stoppoging met een 'wilskrachtmethode' hebt meegemaakt, kun je je moeilijk voorstellen dat je voorgoed, gemakkelijk en prettig kunt stoppen met roken. Maar krijg je een gevoel van opluchting als je geen verstopping hebt gehad? Mis je dat gevoel van opluchting als je geen verstopping hebt gehad? Natuurlijk niet. Als er geen klein monster of nicotinejeuk bestond en als je jezelf niet hoefde te beheersen om een week niet te krabben, is het dan zo moeilijk te geloven dat je dan ook geen behoefte hebt die jeuk te verlichten? En zelfs als je de jeuk verlicht, dan zou je toch geen gevoel van opluchting krijgen.

Je kunt dit zelf controleren. Heb je ooit het stadium bereikt waarin je lang genoeg bent 'opgehouden' en je er zo zeker van bent dat het je gelukt is, dat je een paar trekjes wilt doen om het te bewijzen? Dan weet je dat het niet alleen vies smaakt maar dat het ook helemaal niets voor je doet. Maar je bent ervan overtuigd dat je niet opnieuw verslaafd raakt. Een week later voel je je dus zo zeker van jezelf dat je een sigaret kunt roken zonder opnieuw verslaafd te raken. Je bent weer in precies dezelfde valkuil gevallen. Letterlijk miljoenen rokers die waren ontsnapt liepen op die manier weer in dezelfde val.

Vergeet niet dat we een gemoedsstemming willen bereiken waarbij je net zo weinig behoefte hebt aan een sigaret als om jezelf heroïne in te spuiten. Daarom lukt minderen niet; het verhoogt de illusie van steun en/of plezier. Het houdt niet alleen het kleine monster in leven, maar verhoogt ook de kracht van het grote monster. Daarom roken we alle zogenaamde speciale sigaretten na een periode van onthouding, zoals de sigaret na het eten, de eerste sigaret van de dag en de sigaret na seks.

Het enige waarvan je geniet als je een sigaret rookt, is het beëindigen van de hunkering. Ik weet zeker dat ik niet meer hoef te benadrukken dat nicotine daaraan geen einde maakt.

Als je één sigaret beschouwt als een pleziertje of steuntje, dan beschouw je een miljoen sigaretten ook zo. Ik weet dat sommige 'experts' je zullen adviseren dat je alleen maar de verleiding van één enkele sigaret hoeft te weerstaan: de volgende. En het grote kwaad van deze bewering is, dat die waar is! Wat ze je niet vertellen is dat je de rest van je leven weerstand moet bieden als je die ene sigaret als een soort pleziertje of steuntje blijft beschouwen! Wie zou dat willen?

Minderen kan niet werken omdat het in de aard van het beestje ligt dat je de 'jeuk' steeds vaker in plaats van minder vaak wilt krabben. Een poging te minderen is als een dieet: je moet er wilskracht en discipline voor hebben. Maakt een dieet voedsel minder waardevol? Natuurlijk niet! Je hele leven wordt geobsedeerd door voedsel. Na elke maaltijd voel je je schuldig omdat je je niet aan je dieet hebt gehouden of je hebt nog honger omdat je dat wel deed. Minder gaan roken betekent dat de 'jeuk' dubbel zo erg wordt en dat je niet mag krabben als je dat wilt. Zo'n situatie vereist permanente wilskracht en discipline. Het lukt je misschien even. Denk er echter aan dat het proces de wens tot roken verhoogt en de wens tot stoppen verkleint. Zelfs als je de wilskracht hebt die situatie de rest van je leven te verdragen, wil je die ellende dan echt doorstaan?

De discipline en wilskracht raken steevast uitgeput en de roker is dan veel zenuwachtiger. Hij veracht zichzelf en is ervan overtuigd dat hij niet genoeg wilskracht heeft en dat hij zonder nicotine niet van het leven kan genieten of functioneren. Het duurt misschien weer vijf jaar voordat hij de moed heeft verzameld om het opnieuw te proberen. Daarom raak ik zo gefrustreerd als ik hoor: 'Maar gelukkig rook ik nu maar vijf sigaretten per dag.'

Misschien denk je nog steeds dat er echt tevreden gelegenheidsrokers zijn die hun hele leven niet meer dan vijf sigaretten per dag roken. Ik vraag je om twee dingen in gedachte te houden. Het eerste heeft betrekking op de voorbeelden die ik aanhaal. Dat zijn het: voorbeelden. Hoewel geen twee gevallen precies hetzelfde zijn, zijn de basisprincipes dat wel. Ik heb meer dan 25 000 rokers geholpen. Er zijn nu meer dan veertig praktijken voor de Carr-methode over de hele wereld en regelmatige besprekingen met onze therapeuten bevestigen mijn bevindingen. Denk er ook aan dat de gelegenheidsrokers niet langer hoeven te doen alsof ze de situatie onder controle hebben of dat ze blij zijn dat ze gelegenheidsroker zijn.

Het tweede punt betreft de roker zelf. Het is niet goed om te veronderstellen dat gelegenheidsrokers tevreden zijn omdat ze dat zelf zeggen of omdat we gehersenspoeld werden dat er tevreden gelegenheidsrokers bestaan. Ik kan het niet vaak genoeg herhalen dat veel rokers je zullen vertellen hoezeer ze van roken genieten, maar probeer eens een rokende ouder te vinden die zijn kinderen stimuleert dat ook te gaan doen. Dit geldt ook voor gelukkige gelegenheidsrokende ouders. Praat met hen. Praat met hen onder vier ogen en velen zullen toegeven dat ze liever niet rookten. Je realiseert je al snel dat de anderen zich verschuilen achter angst. Bijvoorbeeld Deirdre, een typisch geval.

Ze belde naar de praktijk en vroeg om een persoonlijke afspraak. Het werd onmiddellijk duidelijk dat ze wist wat ze wilde en dat ze dat doorgaans ook kreeg. Ik legde haar uit dat ik tien uur per dag zeven dagen per week groepstherapie gaf en dat ik gewoon geen tijd had voor individuele sessies, tenzij en totdat het wat rustiger werd. Haar antwoord was dat geld geen rol speelde. Ik was een beetje gepikeerd. Ik weet niet wat jij ervan vindt en ik accepteer dat iedereen zijn prijs heeft, maar van mensen die denken dat ik alles doe voor geld gaan bij mij de haren overeind staan. Ik zei tegen haar dat geld geen rol speelde en dat het, zoals ik al had uitgelegd, alleen maar een kwestie van tijd was, die zij nu verspilde. Toen ze het snapte, barstte ze in tranen uit.

De tranen waren echt. Ze werden veroorzaakt door hetzelfde kwaad dat miljoenen sterke, gelukkige, gezonde mensen, mannen en vrouwen inclusief mijzelf, tot tranen van vertwijfeling heeft bewogen: verslaving aan nicotine.

Misschien vind je dit niet raar. Maar Deirdre rookt al twaalf jaar niet meer dan twee sigaretten per dag. Haar toestand was het paradijs voor elke zware roker! Hoe kon ze met twee sigaretten per dag in die wanhopige toestand terechtkomen?

Had ze longkanker of een andere dodelijke ziekte? Integendeel, ze deed fanatiek aan fitness en was kerngezond. Maar ze was bang voor longkanker; haar ouders waren allebei aan longkanker overleden, voordat zij in de val liep. Net als ik was ze heel bang voor roken, voordat ze verslaafd raakte. Zij was uiteindelijk ook bezweken voor de enorme sociale druk, probeerde een experimentele sigaret en vond het walgelijk. Deirdre bood weerstand terwijl ik al snel rookte als een ketter. Maar ze had dezelfde stoornis als elke andere roker. Net als bij een hongergevoel geldt dat hoe langer je hunkert naar een sigaret, des te kostbaarder het is als je die hunkering eindelijk kunt bevredigen. En, natuurlijk, hoe minder je rookt, hoe minder je je gezondheid en je portemonnee belast en dan hoef je niet per se te stoppen.

Omdat haar ouders allebei aan longkanker zijn gestorven, trok Deirdre de conclusie dat het erfelijk was. Mijn broer heeft ook die ziekelijke angst voor kanker omdat onze zus en vader aan kanker zijn gestorven toen ze midden vijftig waren. Het is ongelofelijk dat de mensheid honderdduizenden jaren zonder kanker heeft overleefd. In 1900 stierf maar één op de vijftig Amerikanen aan kanker. Vandaag is dat een op de vier. Waarom geven we onze ouders de schuld of het ongelofelijke knappe wezen dat ons heeft gemaakt? Als je zo stom zou zijn elke dag zout water over je auto te gooien, zou je de fabrikant dan de schuld van de roest geven? We vergiftigen onze longen, ons voedsel, onze rivieren en de lucht die we inademen en geven vervolgens miljarden guldens uit om een remedie te zoeken. Maar de remedie is zo eenvoudig en voor de hand liggend. Vernietig de omstandigheden die deze ziektes veroorzaken. Ik kan roken en alle drugverslavingen uitroeien met een miljardste deel van dat bedrag.

Deirdres ouders stierven om precies dezelfde reden als mijn zus en mijn vader: ze waren zware rokers. Deirdre was doodsbang meer te gaan roken en longkanker te krijgen zoals haar ouders. Maar ze rookte maar twee sigaretten per dag. Dat zou ze toch gemakkelijk kunnen nalaten? Ja, dat is wat de hersenspoeling ons doet geloven. Daarom kunnen we niet begrijpen waarom onze kinderen het proberen en waarom ze niet begrijpen dat ze verslaafd kunnen raken. Maar wij begrijpen dat ook niet. We kunnen zelfs niet voorkomen dat onze kinderen en kleinkinderen in de val lopen!

Deirdres angst voor kanker gaf haar de nodige wilskracht en discipline om maar twee sigaretten per dag te roken. Als je voortdurend 'jeuk' hebt, maar je slechts twee keer per dag mag krabben, dan vergt dat een enorme wilskracht en discipline. Maar denk eraan: de 'jeuk' van de roker is een gevoel van leegte, onzekerheid en gebrek aan moed en zelfvertrouwen. Hoe langer je het hebt, hoe meer het je weerstand verzwakt en hoe waardevoller je vriendje en steuntje is als je een sigaret opsteekt. Als je ooit weer in de verleiding komt een gelegenheidsroker te benijden, bedenk dan dat die een groot deel van zijn leven dat lege, onzekere gevoel heeft. Denk je echt dat Deirdre een van die gelukkige gelegenheidsrokers was? Zo ja, waarom zocht ze dan mijn hulp? In die twaalf jaar verlichtte ze de 'jeuk' maar twintig minuten per dag en had er meer dan 23 uur per dag last van. Hoe lang heb jij het kunnen volhouden bij je poging te minderen of een gelegenheidsroker te worden (wat op hetzelfde neerkomt)?

Hoe denk je dat Deirdre bij haar niet-rokende vrienden en collega's overkwam? Deirdre schaamde zich zo over zichzelf dat ze nooit rookte waar die bij waren. Omdat ze bang was dat ze dachten: Ik begrijp haar niet. Ze heeft duidelijk een heel sterke wil en ze is heel intelligent. Als ze maar af en toe rookt, kan ze niet erg verslaafd zijn. Waar maakt ze zich dan druk over? Ze denkt zeker aan de reuk van haar adem, haren en kleren?

Ik twijfel er geen moment aan dat haar rokende vrienden en collega's jaloers op haar waren. Natuurlijk vertelde ze hun niet over de nachtmerrie die ze doormaakte. Ze wilde hun niet vertellen hoe stom en zwak ze zich voelde, net als elke andere drugverslaafde. Kun je je voorstellen hoeveel wilskracht en discipline ervoor nodig zijn de schijn twaalf jaar lang op te houden? Is het zo moeilijk te begrijpen dat zo'n wilskrachtige, onafhankelijke en intelligente vrouw mij om hulp smeekte, terwijl ze het liefst de hoorn op het toestel wilde gooien? Ik ben zo blij dat ze dat niet deed. Het is nog een bewijs hoe het kwade 'onkruid' zijn slachtoffers vernietigt, niet alleen lichamelijk, maar ook geestelijk.

Deirdre is misschien wel de meest wilskrachtige vrouw die ik ooit heb ontmoet. In het volgende hoofdstuk zullen we het fabeltje ontzenuwen dat rokers wie het niet is gelukt te stoppen geen wilskracht hebben. We zullen met name het fabeltje weerleggen dat meer vrouwen dan mannen roken en dat meer meisjes dan jongens verslaafd raken en dat dit komt omdat vrouwen over het algemeen zwakker en minder intelligent zijn, vaker emotioneel en niet logisch denken en minder wilskrachtig zijn dan mannen.

Maar eerst moeten we nog een fabeltje over gelegenheidsrokers uit de wereld helpen. Laten we nu eens kijken naar het type gelegenheidsroker dat andere rokers misschien het meest benijden: het 'ik vind "ophouden" geen probleem-ik kan "ophouden" als ik dat wil!'-type.

Natuurlijk benijden we die rokers. Maar als ik je de lamp van Aladdin zou willen verkopen, zou je me dan geloven als ik zei dat hij inderdaad magische eigenschappen heeft? Je hoeft geen detective te zijn om te concluderen dat rokers die kunnen 'ophouden' als zij dat willen gewoon niet bestaan. Om te beginnen is het een innerlijke tegenspraak; als ze echt zijn 'opgehouden', dan zouden ze niet steeds opnieuw beginnen. En waarom zouden ze willen 'ophouden'? Niemand dwingt ons immers 'op te houden' en niemand dwingt ons te roken. Is het dan niet duidelijk? Geen roker zou 'ophouden', tenzij hij er geen plezier aan beleefde. En als ze 'ophouden' – ik herhaal het nog maar eens – waarom beginnen ze dan in vredesnaam weer? Het antwoord is eveneens duidelijk: ze vinden het ook niet prettig niet-roker te zijn.

Wij denken dat deze rokers het beste van twee dingen krijgen. Benijd ze alsjeblieft niet. Net als elke andere roker – zware roker of gelegenheidsroker – krijgen ze het ergste van alles: in de perioden waarin ze roken, willen ze eigenlijk niet roken. Waarom zouden ze anders 'ophouden'? En in de perioden waarin ze niet roken voelen ze zich beroofd en ellendig. Waarom zouden ze anders weer beginnen?

Vergeet niet dat alle rokers, hoe verschillend ook, verslaafd zijn aan dezelfde drug. Het is niet zo dat voedsel voor de een vergif is voor de ander. Deze specifieke drug is vergif voor alle levende wezens. Voor allemaal is het zuivere

verwoesting

Ik weet zeker dat dit tot je is doorgedrongen. Maar misschien maak je je nog steeds zorgen over de gedachte dat jij je ook gaat voelen als de 'ophouders' en de beginners: ellendig of je nu rookt of niet.

Het is een algemene opvatting: eens roker, altijd roker. Met andere woorden, hoeveel jaar je al niet rookt, een ex-roker voelt zich nooit als iemand die nooit in de val is gelopen. Natuurlijk geldt dit voor de grote massa ex-rokers, want met een 'wilskrachtmethode' ben je ervan overtuigd dat je een echt pleziertje of steuntje hebt opgegeven.

Met de Carr-methode voel je je echter beter dan een niet-roker. Veel gelukkige niet-rokers denken dat ze iets missen. Ze worden immers blootgesteld aan de enorme hersenspoeling en waarom zouden we die eerste experimentele sigaret proberen als we niet meenden dat die een genoegen of een steuntje is? Hun houding is: wat je niet hebt, mis je ook niet. Met de Carr-methode zie je stoppen met roken voor het eerst zoals het werkelijk is:

ontwaken uit een vreselijke nachtmerrie!

Laten we nu een van de hardnekkigste en schadelijkste fabeltjes van allemaal ontzenuwen:

voor stoppen is wilskracht nodig

15

Voor stoppen is wilskracht nodig

Dit specifieke fabeltje is zo hardnekkig dat de mensen die alle reclame, zowel voor radio als op televisie, moeten controleren, geen reclame over stoppen met roken goedkeuren als die geen verwijzing bevat dat het hulpmiddel alleen werkt in combinatie met de wilskracht van de roker. Dit is het gesprek dat ik had met een medewerker van de Advertising Standards Authority (ASA), de Britse Commissie Reclamecode, over een commercial die ik had ingestuurd.

ASA: 'Ik kan uw commercial in de huidige vorm helaas niet goedkeuren. U moet een verklaring opnemen dat uw methode alleen werkt in combinatie met de wilskracht van de roker.'

Ik: 'Een van de hoekstenen van de Carr-methode is dat er geen wilskracht voor nodig is.'

ASA: 'Kijk, meneer, er is verder geen probleem. U hoeft alleen maar even toe te voegen dat er ook wilskracht voor nodig is.'

Ik: 'Maar ik heb begrepen dat de enige doelstelling van de ASA is het publiek tegen valse of misleidende verklaringen te beschermen.'

ASA: 'Precies.' [nogal arrogant]

Ik: 'Hoe kunt u het dan verdedigen dat u me adviseert een leugen te vertellen?'

ASA: [Arrogantie begint om te slaan in verwarring] 'Het is geen leugen. Het is niet mogelijk om zonder wilskracht te stoppen met roken!'

Ik: 'Bent u een expert in het onderwerp?'

ASA: 'Nee.'

Ik: 'Bent u zich ervan bewust dat velen mij beschouwen als de leidende expert ter wereld in het onderwerp?'

ASA: 'Ik ken uw reputatie, maar iedereen weet dat er wilskracht voor nodig is om te stoppen met roken.'

Ik: 'Stel, dat je niet in lijn 9 wilt stappen, zou je daar dan wilskracht voor nodig hebben?'

ASA: 'Natuurlijk niet.'

Ik: 'U moet hebben gehoord van rokers die de zin in roken plotseling hebben verloren en het gemakkelijk vonden te stoppen. Zo werkt de Carr-methode. Nu, als een roker geen behoefte of verlangen tot roken heeft, waarom heeft hij dan wilskracht nodig?'

ASA: [laatste spoortje arrogantie verdwenen, nu alleen nog maar verwarring en woede] 'Kijk, ik probeer alleen maar te helpen, maar regels zijn regels.'

Ik: 'Maar als rokers met wilskracht kunnen stoppen, hebben ze de trucs waarmee wordt geadverteerd niet nodig. In Groot-Brittannië sterven elke week meer dan 2000 rokers aan een met roken samenhangende ziekte. Elke roker schreeuwt om een gemakkelijke methode die geen wilskracht vereist. U bent het ermee eens dat het de taak van de ASA is het publiek te beschermen. Op geen enkele manier kan een regel die verhindert dat rokers geïnformeerd worden over een methode waarmee ze kunnen stoppen, het publiek beschermen. Integendeel, de ASA helpt hem doden! De regel is duidelijk een stompzinnig regel en moet worden veranderd.'

ASA: 'Daarmee kan ik het alleen maar eens zijn, echter alleen de arts die de regel heeft opgesteld, mag die veranderen.'

Een andere regel belette me contact te leggen met deze zogenaamde expert en ik kwam zelfs zijn naam niet te weten.

Het is niet verwonderlijk dat rokers wie het niet lukt te stoppen, het gevoel hebben dat ze zwak zijn. We worden vanaf onze geboorte blootgesteld aan de enorme hersenspoeling dat 'ophouden' heel moeilijk is, maar dat het je lukt met voldoende wilskracht. Ik heb er zelf altijd een hekel aan gehad dat ik rookte en het is me nooit gelukt op wilskracht te stoppen. Ik ben dus zwak. Dat dacht ik zelf ook. Maar waarom had dat alleen maar betrekking op roken?

Waarom had ik genoeg wilskracht op andere punten in mijn leven? Omdat 'ophouden' met roken niets te maken heeft met wilskracht. Het is een wilsconflict.

Laten we eens kijken naar een paar vaststaande feiten. Denk eens aan je schooltijd toen sommige groepjes meisjes experimenteerden en andere dat niet deden. Welke meisjes namen de leiding: de verlegen, teruggetrokken boekenwurmen of de fysiek sterke en dominante meisjes? Stel je geest open en de feiten ontzenuwen de fabeltjes. Wie gaf het voorbeeld en liet zoveel jongeren in de val lopen? Waren het de Elle Macphersons, Joanna Lumleys, Kate Moss's? Vond je die allemaal zwak?

Elk jaar roepen de 'media' de tweede woensdag in maart uit tot 'Nationale Niet-Roken Dag'. Op deze dag wordt elke roker verondersteld 'op te houden'. Maar elke roker zal je vertellen dat dit de enige dag van het jaar is waarop hij zijn uiterste best doet zich hiertegen te verzetten. Om de kwestie te bekrachtigen roken de meesten opvallend en twee keer zoveel als normaal. Ze willen niet neerbuigend worden behandeld door mensen die, hoe goed ze het ook bedoelen, de problemen van de roker helemaal niet begrijpen.

Ik schrijf dit na de terroristische aanslagen van 11 september in de Verenigde Staten. De autoriteiten hebben twintig vermoedelijke vondsten van antrax in het land gemeld. Twee daarvan werden later bevestigd en bleken fataal te zijn. Twintig niet-bevestigde vondsten worden vervolgens in Groot-Brittannië gemeld. Een landelijke krant schrijft dat de Britten niet minder van vijftig miljoen doses tegengif tegen antrax in voorraad hebben. Het advies van de expert van de Britse regering is: 'Wees voorzichtig, maar raak niet in paniek.' Denken ze dat we volslagen debiel zijn? Hebben we dat soort 'deskundig' advies echt nodig? Het verband tussen roken en longkanker werd al een halve eeuw geleden aangetoond. Denken ze werkelijk dat het helpt als ze rokers één dag per jaar vertellen dat roken schadelijk is voor de gezondheid terwijl dat al jarenlang op elk pakje sigaretten staat?

Waarom dringt het niet tot deze zogenaamde 'experts' door dat rokers niet roken omdat roken schadelijk is voor hun gezondheid en dat we alleen de redenen moeten wegnemen waardoor ze blijven roken. Omdat deze 'experts' de aard van de nicotinevalkuil niet begrijpen, laat staan de oplossing weten. Alle rokers weten dat roken niet bepaald bevorderlijk is voor de gezondheid. Laten we echter die angst voor kanker gebruiken en eens voor altijd vaststellen dat de onmacht van de roker ermee te stoppen niets te maken heeft met wilskracht, maar met een wilsconflict.

Er kan helemaal geen twijfel over bestaan dat niemand ons kan dwingen om een sigaret te roken of niet. We worden beïnvloed door de druk van anderen, van advertenties en andere hersenspoelingen. We trappen in de val en blijven daarin zitten. Het is ook duidelijk dat stoppen heel eenvoudig is als we geen zin meer hebben om een sigaret op te steken wanneer we proberen 'op te houden'. Maar we zijn gehersenspoeld om te geloven dat roken een genoegen en/of een steuntje is. Aan de ene kant van de weegschaal liggen de 'snoepjes': de nadelige effecten van roken op onze gezondheid en ons geld. Maar wacht even, moeten dat niet de 'boefjes' zijn? Nee! Dit is de verwarring die de nicotinevalkuil in onze geest veroorzaakt. Door de overtuiging dat roken ons een soort pleziertje of steuntje geeft, blijven we roken. Dit zijn dus de echte 'boefjes', vooral als de overtuiging is gebaseerd op een illusie. De verwoesting van je gezondheid en kapitaal zijn de krachten waardoor je wilt 'ophouden'. In deze context zijn dat dus de 'snoepjes'.

Maar de weegschaal is niet in balans en het gewicht van de 'snoepjes' en de 'boefjes' verandert steeds. Zolang we niet van plan zijn te stoppen, sluiten we onze geest af voor de gezondheids- en financiële aspecten en zijn die niet belangrijk. In die perioden waarin we geen behoefte hebben aan een sigaret, zijn de 'snoepjes' het zwaarst en houden de 'boefjes' veilig hoog en droog. Vroeg of laat begint het kleine monster echter te 'jeuken'. We willen een sigaret opsteken. Het gewicht van de 'boefjes' neemt toe en als de balans doorslaat, zakken de 'boefjes' naar beneden en komen de 'snoepjes' naar boven. Als we een sigaret opsteken, is het verlangen bevredigd en gaan de 'snoepjes' weer naar beneden.

Als we echter besluiten 'op te houden', stellen we onze geest open voor de nadelige invloed op onze gezondheid en onze portemonnee. Met andere woorden, het bewustzijnsniveau wordt hoger waardoor het gewicht van de 'snoepjes' aanzienlijk toeneemt. Als het kleine monster dan naar de hersenen seint: 'Ik wil een sigaret', dan is het antwoord: 'Dat zou je wel willen, maar ik heb nu genoeg van die domheid en ik vrees dat je er geen krijgt.'

Nu laat het grote monster zich gelden. Een lichte 'jeuk' is niet zo'n probleem als je kunt krabben. Maar een jeuk waarbij dat onmogelijk is? Daarvan word je gek! Het is erg genoeg als je er niet bij kunt, omdat er een soort belemmering is of een gipsverband of als je, net als ik, lichamelijk een beetje stijf bent. Hoe vinden die muggen toch steeds die ene vierkante centimeter op mijn rug waar ik niet bij kom, in welke bochten ik me ook wring? Het enige wat me overblijft, is met mijn rug langs een muur te wrijven of een volslagen vreemde te vragen op het gewraakte plekje te krabben. Nog erger is het als je gemakkelijk bij de jeuk kunt komen, maar als je van jezelf niet mag krabben!

Nu, als je jeuk hebt en niet mag krabben, heb je een enorme wilskracht nodig om dat niet te doen. Maar dat betekent niet dat een wilskrachtige persoon zich er in een vergelijkbaar geval langer tegen verzet dan iemand met weinig wilskracht. We kunnen niet ontkennen dat beide personen, ongeacht hun respectieve wilskracht, een wilsconflict hebben. Stel je voor dat de jeuk van de zwakke persoon na vijf minuten voorgoed verdwijnt en dat de sterke persoon zes maanden jeuk heeft. Er is een enorme wilskracht voor nodig om bij aanhoudende jeuk een halfjaar niet te krabben. Als de weerstand of de wilskracht, of hoe je het ook wilt noemen, na zes maanden is uitgeput en als het de 'jeuk' van de roker is, dan zou de maatschappij tot de conclusie komen dat deze met weinig wilskracht de wilskrachtige was en omgekeerd. Dat is een verkeerde conclusie.

Een vergelijkbare krachtproef of stoornis van de roker is van toepassing op vele gebieden van het leven. Voordat het verband tussen roken en longkanker werd vastgesteld, accepteerden de meeste rokers de rokershoest, astma, bronchitis en algehele lusteloosheid en beschouwden die als een kleine prijs die ze moesten betalen voor hun pleziertje en steuntje. Maar het risico van kanker gaf de 'snoepjes' heel wat meer gewicht. Veel rokers besloten dat het dat niet langer waard was en stopten. Andere redeneerden dat het verband nog niet was aangetoond en als het al waar was, dan kon je toch niet in een glazen bol gaan zitten waar je beschermd bent tegen alle risico's? Je kunt morgen onder een bus lopen! Waren de mensen die stopten verstandig en wilskrachtig of waren ze alleen maar in paniek en laf? Soldaten die in de Eerste Wereldoorlog de loopgraven verlieten omdat ze de hele zaak stompzinnig vonden, werden gefusilleerd omdat men vond dat ze lafaards waren. Er is moed voor nodig om het risico van longkanker te aanvaarden en de druk ermee te stoppen waaraan rokers tegenwoordig worden blootgesteld te weerstaan. Zijn rokers die blíjven roken ondanks die risico's en ondanks de druk dan echt wilskrachtig?

Het bewijs suggereert dat ze dat in de meeste gevallen zijn. Als je het wilskrachtniveau van de individuele roker niet op basis van het feit of ze wel of niet konden stoppen maar op andere aspecten van hun leven beoordeelt, dan zie je dat de rokers die niet konden stoppen doorgaans dominante, wilskrachtige mensen zijn. De sigaretten waarvan we het meest genieten of beter gezegd de sigaretten die ons het beste smaken, zijn de sigaretten die we roken als we ons kunnen ontspannen, na het eten bijvoorbeeld of als we onder vrienden zijn, situaties waarin het al heel gezellig is. Maar de sigaretten die het ons moeilijk maken om 'op te houden', zijn de sigaretten die we nodig hebben of niet kunnen ontberen om te overleven; bijvoorbeeld als we ons moeten concentreren of onder stress staan. Dominante, wilskrachtige mensen nemen meer verantwoordelijkheid, en stress is een essentieel onderdeel van hun leven. Sigaretten horen bij hun levensstijl.

Nu wil ik een ander fabeltje verklaren. Het is waar dat je favoriete merk beter smaakt dan andere merken. Dat komt omdat je longen gedeeltelijk immuun zijn geworden voor de specifieke vergiften die in jouw merk zitten. Maar is het je opgevallen dat rokers wier merk om de een of andere reden niet beschikbaar is, eerder een stuk touw dan niets roken. Miljoenen rokers zijn opzettelijk van merk veranderd of overgeschakeld op shag, sigaren of de pijp in de hoop dat ze ermee kunnen 'ophouden', minderen of geld sparen. Het duurt niet lang of hun nieuwe merk wordt favoriet en hun vorige gaat walgelijk smaken, een bewijs temeer dat smaak of genot niets met roken te maken heeft – het is alleen de nicotine die we nodig hebben.

Knap adverteren met aantrekkelijke voorbeelden heeft sommige rokers ervan overtuigd dat het ritueel van roken, of roken vanwege het roken, aangenaam, en dat nicotine en vergif een vervelende bijkomstigheid zijn.

Kon er maar iemand een schone sigaret uitvinden, verzuchten rokers soms. Dat heeft iemand al gedaan en de uitvinding bestaat al jaren: de kruidensigaret. Als je die hebt geprobeerd, weet je dat je nooit, hoe lang je het ook volhoudt, ook maar de illusie van plezier krijgt. Het roken van kruidensigaretten is als het inademen van giftige rook in je longen. De reden dat ze je nooit de illusie van genot geven is dat ze geen nicotine bevatten. Het roken van tabak bestaat ook zuiver uit het inademen van giftige rook in je longen, maar als het niet om de nicotine ging, zou je helemaal geen illusie van een pleziertje of steuntje hebben.

Waarom lijkt dezelfde sigaret uit hetzelfde pakje dan fantastisch te smaken na het eten, maar vies als het de eerste sigaret na het oudejaarsfeest is? Omdat niet het roken van de sigaret zelf belangrijk is, maar de tijd waarop je de 'jeuk' krabt. Na het eten heb je twee hunkeringen bevredigd: honger en dorst. Je voelt je dus ontspannen. De sigaret na het diner smaakt beter dan de sigaret na het ontbijt of de lunch omdat het werk van vandaag erop zit en je je kunt ontspannen. Dit geldt in het bijzonder als je dineert in een restaurant, want als je huisvrouw bent, is het werk tegen die tijd doorgaans nog niet af. Integendeel, je bent niet alleen de kok, maar ook de serveerster en de afwasser. Een diner in een restaurant is bijzonder en ontspannend en als je in gezelschap van vrienden of van een goede vriend bent, verveel je je niet. Als het diner ter gelegenheid van een speciale gebeurtenis, zoals een huwelijk, verjaardag of Kerstmis, wordt gegeven, ben je zelfs nog gelukkiger en nog meer ontspannen. Ongetwijfeld zijn er andere hunkeringen in je leven, maar tijdens die uren vergeet je die en je gevoel van volkomen geluk kan echt worden versterkt *omdat* je andere problemen hebt. Met andere woorden, op die ogenblikken ben je helemaal in de zevende hemel.

Maar doe je op die ogenblikken niet stiekem je speciale paar schoenen uit? Ze zijn de kroon op je kleding, maar waarom hebben ze die schoenen in elke maat behalve in die van jou? Het is gewoon shit, maar je kunt onmogelijk helemaal gelukkig kunt zijn als je te kleine schoenen aan hebt. Het is precies hetzelfde als je verslaafd bent aan nicotine. Het is niet zo dat rokers genieten van een sigaret na het eten of dat die dan beter smaakt dan op een ander moment. Het punt is dat rokers zich helemaal niet ontspannen voelen als ze de 'jeuk' niet mogen krabben. Integendeel, als ze niet mogen roken, voelen ze zich echt beroofd en ellendig. Op zo'n moment is het verschil tussen roken en niet roken geen lichte roes, maar het verschil tussen het paradijs en het vagevuur. Daarom lijkt een sigaret na het eten of bij een drankje beter te smaken. In feite is de hele kwestie van wilskracht een truc.

Je kunt aanvoeren dat de rokers die stopten toen het verband met longkanker werd aangetoond dit deden omdat ze verstandig en wilskrachtig waren. Je kunt ook aanvoeren dat ze bang en zwak waren. Het maakt geen verschil. In beide gevallen neemt het gewicht van de 'snoepjes' toe. Voor veel rokers was het risico groot genoeg om de balans voorgoed te laten doorslaan. Voor mij en vele anderen was het niet groot genoeg. Het probleem is dat het gewicht van de 'snoepjes' afneemt op het moment dat je probeert 'op te houden'. Je riskeert niet langer vreselijke ziektes. De hoest, astma en bronchitis verdwijnen al snel. Je gooit je geld niet langer over de balk en je veracht jezelf niet meer omdat je een slaaf van de nicotine bent. Met andere woorden: alle machtige krachten die je lieten 'ophouden' verdwijnen snel. De feiten veranderen in werkelijkheid niet, maar jouw voorstelling daarvan verandert wel en die is in het wilsconflict belangrijk.

Terwijl het gewicht van de 'snoepjes' afneemt, neemt het gewicht van de 'boefjes' aan de andere kant van de weegschaal toe. Toen je rookte, kostte dat veel geld. Nu heb je weer geld in je zak en kun je af en toe een pakje sigaretten kopen. Maar het allerbelangrijkste is dat je, als je 'ophoudt', denkt dat dat een echte opoffering is. Je mocht een paar dagen de 'jeuk' niet krabben en daardoor voelde je je beroofd en ellendig. We weten allemaal dat het gewicht van de 'snoepjes', of de redenen om niet-roker te worden, veel hoger is dan het gewicht van de 'boefjes'. Het probleem is dat er maar één zwak, stom, dronken of onbewaakt ogenblik in ons leven nodig is wanneer de 'boefjes' zwaarder wegen dan de 'snoepjes' en we steken weer een sigaret op. Maar één sigaret en omdat het een drugverslaving is, zijn we weer in dezelfde valkuil beland waarin we al eens eerder zijn gevallen.

Beschouw rokers dus niet als zwak en het feit dat ze niet kunnen stoppen als een gebrek aan wilskracht. Beschouw het zoals het is: een wilsconflict waarin de kracht van de strijders voortdurend verandert. Kijk nu eens naar de waarheid: roken geeft geen enkel pleziertje of steuntje, maar vernielt onze zenuwen, ons zelfvertrouwen, onze moed, concentratie en ontspanning echt; roken verlicht niet verveling en stress, maar veroorzaakt die juist. Met andere woorden, aangenomen dat er geen conflict of verwarring is en je de hersenspoeling kunt wegnemen en je roken ziet zoals het echt is (VERWOESTING), dan zul je geen sigaret meer hoeven opsteken. Als je geen behoefte tot roken meer hebt, heb je helemaal geen wilskracht nodig. Het is niet relevant of je zwak bent of niet. Wilskracht is een truc.

Als wilskracht een truc is, waarom heb ik dat onderwerp dan zo uitvoerig besproken? Omdat elke drugverslaving de slachtoffers inprent dat ze een soort innerlijk gebrek hebben in hun lichamelijke en/of geestelijke aard en afhankelijk zijn van de magie van de drug om van het leven te genieten en met stress te kunnen omgaan. Het is heel duidelijk dat roken ons geen lichamelijke voordelen biedt en ons ook geen pleziertje of steuntje geeft. Het gevoel van lichamelijke en geestelijke zwakheid dat rokers ervaren, wordt veroorzaakt door de drug en is rokers zelf niet eigen.

Sommige rokers zien duidelijk dat nicotineverslaving alleen maar een illusie van plezier en/of steun verleent. Daarvan zijn ze overtuigd en ze zijn gelukkig dat ze nooit meer zullen roken, maar voelen toch dat ze iets missen in hun leven. Dit is een typische passage uit een brief van Fiona:

> '*Ik begrijp en ben het eens met alles wat u zegt in* Stoppen met roken. *Ik realiseer me nu dat ik meer ging roken toen mijn huwelijk mislukte. Ik wil graag duidelijk maken dat ik dolgelukkig ben dat ik niet-roker ben en weet dat ik nooit meer zal roken. Maar ik heb een probleem dat ik niet kan oplossen. Ik werk op een kantoor waar niet gerookt mag worden. Ik zou nooit op straat roken en in de trein mag het ook niet. Ik kan me niet herinneren dat die eerste sigaret als ik thuiskwam bijzonder belangrijk was vóór de scheiding,*

maar daarna werd die de steun van mijn leven. Ik weet dat u zegt dat ik over roken moet denken als: "Is het niet geweldig! Ik ben ervan af!", en zo voel ik dat ook echt, behalve wanneer ik in dat lege huis kom. Dan denk ik: "Kon ik nu maar een sigaret roken". Ik weet dat het dan niet bij die ene sigaret blijft en daarom doe ik het niet. Ik rook nu al zes maanden niet meer. Kunt u me alstublieft helpen?'

Ik had met Fiona te doen. Inderdaad had ik bewondering voor haar omdat ze de verleiding weerstond. Ik weet zeker dat veel rokers door vergelijkbare omstandigheden weer in de val zijn gelopen. Ik vroeg haar of ze het ook een probleem zou vinden als het huis niet leeg zou zijn. Ze was heel duidelijk: dan zou het geen probleem zijn. Het is in werkelijkheid onderdeel van een heel gewoon syndroom: 'Het is mijn beloninkje.' Dit is heel belangrijk voor mensen met veel stress of een saai leven. Het is gemakkelijk als je tot de ontdekking komt dat roken je concentratie en zenuwen vernielt, want dan hoef je er niets voor in de plaats te nemen. Maar als je gelooft dat roken een beloning is, dan krijg je die beloning niet meer, zelfs als het een illusie is.

Ik zeg tegen ex-rokers: 'Ik weet een oplossing. Je krijgt precies hetzelfde effect als je te kleine schoenen aantrekt. Telkens wanneer je een beloninkje nodig hebt, doe je die gewoon een paar minuten uit.' Voor hen is dat geen oplossing; ze denken dat ik een grapje maak.

Maar het helpt hen wel als ze de juiste beweegredenen begrijpen. Fiona's echte probleem was thuiskomen in een huis zonder partner. Hopelijk heeft ze dat probleem kunnen oplossen. Goddank was ze zo verstandig en begreep ze dat het geen zin had haar verdriet te compenseren en weer in de val te lopen, waardoor ze nog meer problemen kreeg. Hetzelfde geldt voor rokers in andere situaties waarin ze denken dat een sigaret een beloninkje is. Als je jezelf niet kunt overtuigen dat te kleine schoenen het probleem oplossen, waarom ben je er dan wel van overtuigd dat doodsoorzaak nummer 1 van de westerse maatschappij dat wel kan oplossen? Als je manier van leven saai en vol stress is, is verandering daarvan de enige echte oplossing. Je zult ongetwijfeld net als ik ontdekken dat stoppen met roken verveling en stress echt wegneemt. Fiona was zich ervan bewust dat een sigaret het probleem niet zou oplossen. Ik kon haar ervan overtuigen dat het geen zin had zichzelf te kwellen met de gedachte aan sigaretten als ze de betekenis daarvan begreep en toch niet meer ging roken.

Als je stopt met roken, hoef je daar niets voor in de plaats te hebben. Je kon vroeger al van het leven genieten en omgaan met stress, voordat je werd misleid en ging geloven dat je een bedrieglijk steuntje nodig had. Je voelt je misschien zwak en onzeker op dit moment, zelfs als je gelegenheidsroker bent. Deirdre barste in tranen uit terwijl zij maar twee sigaretten per dag rookte. Deze gevoelens van zwakheid en onzekerheid worden versterkt door het feit dat vrouwelijke rokers worden blootgesteld aan een afschuwelijke vorm van hersenspoeling die mannen niet hebben. Door deze hersenspoeling geloven we allemaal dat vrouwen niet alleen lichamelijk zwakker zijn dan mannen, maar doorgaans minder intelligent en minder logisch en dat ze emotioneler zijn en geen verantwoordelijkheid kunnen nemen.

Het is belangrijk dat je je realiseert dat gevoelens van zwakheid en onzekerheid echt zijn als je stopt met roken. Het is zelfs nog belangrijker dat je beseft dat deze gevoelens worden veroorzaakt door het roken en dat moed en zelfvertrouwen, waarvan je had vergeten dat je die had, meteen weer terugkomen als je alle instructies opvolgt. Ik weet dat je dit moeilijk kunt geloven als je de marteling van een 'wilskrachtpoging' om 'op te houden' al eens hebt meegemaakt. Ik verzeker je dat het waar is. Nu is het hoog tijd dat we vaststellen:

welk geslacht het sterkere geslacht is

16

Welk geslacht is het sterkere geslacht?

Zelfs vandaag de dag is men nog van mening dat mannen over het algemeen lichamelijk en geestelijk sterker zijn dan vrouwen. Dit 'feit' geloven we al generaties lang. In de westerse maatschappij roken nu meer vrouwen dan mannen. Deze trend zie je ook bij het aantal jongeren dat in de rookval loopt. Waarom?

De zogenaamde 'experts' verklaren nogal onnadenkend dat de intelligentere rokers tot inzicht zijn gekomen en proberen te stoppen. Het lukt degenen die voldoende wilskracht hebben, zo luidt hun argument, wat een slinkse manier is om te zeggen dat mannen over het algemeen intelligenter en wilskrachtiger zijn dan vrouwen. Het is geen toeval dat de meeste 'experts' die zulke uitspraken doen, mannen zijn.

Laten we nu eens naar de feiten kijken. We hebben al vastgesteld dat de dominante en wilskrachtige vertegenwoordigers van beide seksen het voorbeeld geven aan de rest van ons die in de val zitten. Het is het een of het ander. In de slechte oude tijd, toen meer dan negentig procent van de volwassen mannen rookte, beschouwde men mannen die niet rookten als mietjes. Er is mogelijk een logische basis voor deze overtuiging: je moet sterke longen hebben om de smerige rook te inhaleren en een aanzienlijke wilskracht voor het leerproces. De ware reden waarom tien procent aan de valkuil wist te ontsnappen was niet omdat die mensen intelligenter waren, maar omdat ze lichamelijk niet opgewassen waren tegen het vergif of omdat ze het niet konden betalen.

De 'experts' filosoferen er urenlang over waarom jongeren in de val lopen. Net als elk ander aspect van nicotineverslaving zouden ze zoveel meer te weten komen als ze het tegenovergestelde zouden onderzoeken: waarom andere jongeren er niet in lopen. De logische conclusie is dus dat, als rokers lichamelijk en geestelijk sterker zijn dan niet-rokers, de moderne vrouw sterker is dan de moderne man. In werkelijkheid is ze dat altijd geweest! Ik heb de 'jeuk' van de roker uitgelegd: het kleine monster of de wens een sigaret op te steken. Ik heb ook de duidelijke rusteloosheid of het ongemak genoemd dat rokers ervaren als ze de 'jeuk' willen krabben, maar om de een of andere reden niet kunnen roken. Ik noem dit de 'kramp' van de roker: een hand voor de mond houden, over de kaken wrijven, een sigaret afkloppen of een aansteker aansteken zijn voorbeelden. Als een vriendin tegen je zegt dat ze 'moet eten', weet je dat ze echt honger heeft. Je kent het verschil tussen iemand die honger heeft en iemand die alleen maar zin heeft in iets lekkers en dat accepteer je. Vele niet-rokers kunnen moeilijk begrijpen waarom een roker zelfs maar een sigaret wil, laat staan er een nodig heeft. Maar een niet-roker die met een zware roker omgaat, ziet dat wel duidelijk. De niet-roker begrijpt niet waarom, maar hij weet zeker dat de roker afhankelijk en verslaafd is.

Mijn moeder rookte niet. We konden allebei niet begrijpen wat we spottend het 'ochtendkoor' noemden: mijn vader die met waterige ogen zijn longen uit zijn lijf hoestte. We wisten heel zeker dat hij niet echt plezier aan roken beleefde. Vader stierf aan longkanker en het moet haar veel pijn hebben gedaan toen ik ging roken. Ze kon het mij niet aan mijn verstand brengen. Ze was zich echter intuïtief bewust van de invloed die Joyce op me had. Ze zei tegen haar: 'Waarom dreig je niet dat je bij hem weggaat als hij niet met roken ophoudt?' Joyce antwoordde: 'Omdat hij niet kán ophouden en me dan inderdaad zal laten gaan.' Joyce, ook niet-roker, kon de domheid net zomin begrijpen als mijn moeder. Ze wist met hoeveel inzet ik had geprobeerd te stoppen en begreep dat ik niet rookte omdat ik dat wilde, maar omdat ik geloofde dat ik zonder roken niet van het leven kon genieten en het ook niet aankon! Ik schaam me om het toe te geven, maar hoeveel ik ook van haar houd, als ze dat ultimatum had gesteld, dan had ik toch niet kunnen stoppen. Zo groot is de angst die roken bij zijn slachtoffers veroorzaakt.

Het verschil tussen een sigaret 'willen' en 'nodig hebben' is heel belangrijk voor rokers. Ze geven grif toe dat ze voedsel nodig hebben of, als ze geen alcoholist zijn, een drankje. Maar ze zullen nooit toegeven dat ze een sigaret nodig hebben. Ten gevolge van het sociale stigma roken veel attente rokers niet in de auto of in het huis van een vriend die niet rookt. Als die niet-rokende vriend zegt: 'Als je een sigaret wilt, vinden wij dat niet erg. Steek er gerust een op', benadrukt hij steevast dat hij geen sigaret nodig heeft maar er af en toe van geniet. Hij zal vervolgens een tijd lang niet roken om zijn vriend en zichzelf te bewijzen dat hij de situatie onder controle heeft. Het lijkt niet tot hem door te dringen dat hij precies het tegenovergestelde bewijst. Wanneer hij het niet langer kan volhouden, loopt hij naar buiten. Als men opnieuw tegen hem zegt dat niemand er last van heeft als hij rookt en dat hij gerust binnen kan blijven, zal hij dat steevast weigeren omdat hij niet asociaal wil zijn. Het komt bij deze roker niet op dat zijn niet-rokende vrienden liever zijn gezelschap met rook en al hebben en dat het pas echt asociaal is als hij wegloopt.

De gezellige sigaretten, zoals de sigaret na het eten, lijken het prettigste te zijn, maar we kunnen zonder die illusie leven. Als we echter onder stress staan, dan hebben we pas echt behoefte aan een sigaret. Intelligente, dominante mensen hebben gewoonlijk verantwoordelijk werk om diverse redenen: aanzien, een hoger salaris, uitdaging, enzovoorts. We verbinden verantwoordelijkheid echter met stress en daarom zijn intelligente, dominante mensen vaak zware rokers. Je zou dus verwachten dat intelligente, wilskrachtige rokers minder roken dan anderen. Maar net als met andere aspecten van roken lijken de feiten de logica tegen te spreken, tenzij je de aard van de valkuil helemaal begrijpt.

Ongetwijfeld hebben vrouwen over het algemeen aanzienlijk meer taken in hun leven dan mannen. Nog niet zo lang geleden gingen in Groot-Brittannië de bezittingen van een vrouw bij het huwelijk over op haar man. Eens werd zelfs de vrouw als zijn bezit beschouwd. Vroeger was het gebruikelijk dat vrouwen alleen huishoudelijk werk verrichtten of, als ze geen eigen gezin hadden, vergelijkbare taken voor zieken, gehandicapten of voor de adel uitvoerden. Zelfs adellijke dames liet men alleen maar liefdadigheidswerk of maatschappelijk werk doen.

Het doet me pijn als een vrouw tijdens een groepssessie op de vraag: 'Wat is uw beroep?' op verontschuldigende toon en met gebogen hoofd antwoordt: 'Ik ben maar huisvrouw.'

Laten we eens kijken naar de werkelijke taken van een huisvrouw. Ik wil degene als voorbeeld nemen die ik het beste ken: mijn vrouw Joyce. Ik word volledig in beslag genomen door mijn pogingen rokers te laten stoppen met roken. Daarom verricht Joyce 99 procent van alle andere taken in ons leven. Dat wil zeggen alle traditionele bezigheden van een huisvrouw, zoals wassen en strijken, boodschappen doen, schoonmaken en poetsen, koken en afwassen. Ze koopt niet alleen alle kleren voor me, maar legt die ook klaar, want als ze dat niet zou doen, zou ik uren voor de kast staan en niet weten wat ik moest aantrekken. Vroeger zorgde ze ook voor de kinderen, troostte hen 's nachts als hun maag van streek was en klaagde nooit. De taken die ik hier opnoem, zijn misschien maar een tiende deel van wat ik in de afgelopen jaren werkelijk heb gezien.

Negeer mijn tekortkomingen en concentreer je op Joyce. Naast huisvrouw is ze mijn partner in mijn *Easyway* praktijk. Ze is telefoniste en receptioniste. Ze betaalt de rekeningen en doet de boekhouding. Als we een loodgieter of elektricien nodig hebben regelt zij dat ook. Wanneer we op reis gaan, regelt zij de vluchten, de hotels, het geld, de huurauto, enzovoort. Ten slotte, maar daarom niet minder belangrijk, is ze mijn adviseuse en mijn steun en geeft me zelfvertrouwen.

Door haar kan ik me concentreren op dat ene doel. Eerlijk gezegd kan ik maar één ding tegelijk doen. Soms vraagt ze me om een stekker te repareren of de olie in de auto te controleren. Ik schaam me erover dat ik dan wel eens zei dat ze maar een cursus automonteur moet gaan volgen. Ik vergat nog te vertellen dat ze naast het werk in huis ook in de tuin werkt. We hebben geen tuinman en ook geen huishoudelijke hulp.

Joyce kan en doet als de meeste vrouwen duizend en één dingen en ze doet die allemaal heel efficiënt. Weliswaar zijn veel dagelijkse huishoudelijke karweitjes saai. Net als iemand die geen verantwoordelijkheid kan dragen dat stressvol vindt, zo vindt een intelligente persoon saaie karweitjes vervelend en Joyce is heel intelligent, maar ongelofelijk genoeg is ze steeds opgewekt en klaagt ze nooit.

Ik krijg vaak complimenten over mijn successen en Joyce zit dan alleen maar instemmend te knikken. Ze is zich helemaal niet bewust van haar eigen bijdrage. Ik weet niet meer wie heeft gezegd: 'Achter elke grote man staat een grote vrouw.' Wie het ook was, hij had het een beetje mis. Hij had moeten zeggen: 'Achter elke doorsnee man staat een grote vrouw.' Joyce beschouwt zich niet als mijn slaaf. Ze doet onzelfzuchtig wat ze doet omdat ze van me houdt en net als ik in de zaak gelooft. Ik zie haar niet als een typische vrouw maar als het allergrootste schepsel dat ooit heeft geleefd. Maar ik ben bevooroordeeld. Ik geloof echter wel dat de meeste andere mannen en vrouwen dezelfde tekortkomingen en kwaliteiten hebben als wij.

De emancipatie van de vrouw heeft veel bijgedragen aan het stemrecht voor vrouwen en het recht op eigendom, en salarissen en kansen op werk werden gedeeltelijk gelijkgetrokken. Ironisch genoeg heeft een aantal van deze verworvenheden de stress in het leven van een vrouw alleen maar verhoogd. Om in beroepen die vroeger uitsluitend door mannen werden uitgeoefend, gelijk behandeld te worden moet een vrouw tien keer zo goed zijn als haar mannelijke collega. De meeste carrièrevrouwen hebben niet alleen de stress van hun carrière, maar ook de traditionele stress van zwangerschap, bevalling en opvoeding en die van het voeden, kleden en verzorgen van de kinderen, inclusief het volwassen kind.

Een waarschuwing, dames. Jullie denken misschien, na alles wat ik heb gezegd, dat het moeilijker voor jullie is te stoppen met roken of zelfs dat het verstandiger is om te blijven roken. Nee. Ik zeg alleen maar dat vrouwen meer stress in hun leven hebben dan mannen, of dat nu zo is of niet. In dat geval belanden zij eerder in de valkuil en blijven erin. Prent het je duidelijk in: roken verlicht stress niet, maar is er de oorzaak van. Inderdaad, voor de meeste rokers is nicotineverslaving niet alleen de belangrijkste oorzaak van stress, maar daardoor vertonen ook zoveel andere aspecten van hun leven dit patroon.

Ik bedoel niet alleen het effect dat de toenemende vergiftiging en de kosten ervan hebben op je lichamelijke en geestelijke gezondheid, energie en zelfrespect, hoewel al die factoren de stress in ons leven verhogen. Ik bedoel ook het angstige, lege, onzekere gevoel dat nicotine veroorzaakt. Het effect op rokers is dat onbelangrijke, alledaagse tegenslagen, die niet-rokers gewoon naast zich neerleggen, in grote trauma's veranderen. Ik zei al dat de stress die ik had, omdat ik een hekel aan mijn werk had de enige reden was waarom ik kettingroker werd. De ware reden was mijn nicotineverslaving waardoor ik eerst en vooral stress had. Dat is de aard van het beestje.

Stel dat sigaretten echt stress verlichten. Je zou verwachten dat rokers dan relatief kalm en ontspannen zouden zijn in vergelijking met niet-rokers. Is dat zo? Zijn het niet de rokers die gespannen en rusteloos zijn, vooral als ze niet mogen roken? Heb je niet al eens tegen de kinderen geschreeuwd dat ze moeten gaan slapen zodat jij 'veilig' naar buiten kunt sluipen om een sigaret te roken? Zijn het niet de rokers die altijd iets met hun handen moeten doen of die iets moeten hebben om hun zenuwen te kalmeren? Als sigaretten dit deden, waarom blijven rokers dan toch zo zenuwachtig?

Je leven wordt minder gestresst als je stopt met roken. Moeder Natuur heeft je er al voor uitgerust om goed met gewone stress te kunnen omgaan, maar niet om met de kwaden van het roken te verkeren; ze heeft je geschikte waarschuwingssignalen gegeven om niet te roken.

Er kleven veel te veel droevige aspecten aan roken. Welk aspect het droevigste is, is moeilijk te zeggen, maar hoog op die lijst staat:

roken tijdens de zwangerschap

17

Roken tijdens de zwangerschap

Dit is een van de grote taboes van de maatschappij. Ik kan geen andere situatie bedenken waarin rokers zich zo rot voelen. Interessant genoeg zijn rokers die zwanger zijn het van ganser harte eens met de mensen die hen verwijten dat ze roken en met de schande waarmee ze worden overladen. De vele brieven die ik krijg van rokende moeders staan vol zelfbeschuldiging en afkeer. De vrouwen veroordelen zichzelf omdat ze een slecht voorbeeld geven aan hun kinderen en omdat die het risico lopen dat ze straks geen moeder meer hebben. De vrouwen die beloofden dat ze zouden 'ophouden' als ze zwanger raakten, vonden zichzelf nog verachtelijker. Deze passage uit een brief van Jeanny is een extreem voorbeeld.

> *'Het is ironisch dat we in de eerste vier jaar van ons huwelijk alles eraan deden om te voorkomen dat ik zwanger werd. We zijn allebei gezond (ondanks het feit dat ik rook) en we hadden nooit gedacht dat er een probleem zou zijn toen we aan een kind toe waren. Ik zal u niet vervelen met de afschuwelijke tests die we hebben ondergaan, maar na acht jaar proberen waren we er allebei van overtuigd dat het nooit zou lukken en overwogen we adoptie.*
> *Toen gebeurde het wonder. Ik was zo blij. Het duurde zo lang tot mijn man thuiskwam van zijn werk; ik wilde hem het goede nieuws vertellen. Ik rookte één pakje per dag, verdeelde mijn sigaretten altijd over de hele dag en zorgde altijd dat ik nog vijf over had voor de volgende dag. Ik stak een sigaret op en ontdekte dat ik er nog maar twee had. Het was vijf uur en ik realiseerde me dat ik aan één stuk door had gerookt sinds ik thuis was. In die omstandigheden verwonderde me dat niet*

erg. Maar de grote schok was dat het me eraan herinnerde dat ik Eric en mezelf had beloofd dat ik zou ophouden als ik het geluk had zwanger te worden. Eigenlijk was een van de redenen dat ik zo graag zwanger wilde worden, dat ik kon ophouden met roken! Verre van dat, plotseling sloeg mijn vreugde om in pure paniek.
Ik zei dus niets tegen Eric. Hoewel hij nooit heeft gerookt, heeft hij altijd rekening met mij gehouden en nooit gezeurd dat ik moest ophouden, terwijl ik weet dat hij roken haat. Ik ben nu in de vijfde maand. Je begint het te zien en ik heb het hem nog steeds niet verteld. In het begin had ik het excuus dat het te vroeg was en dat ik hem geen valse hoop wilde geven. Ik weet nu dat ik het hem niet heb verteld omdat ik de gedachte aan stoppen niet kon verdragen.
Hoe kan ik van hem verlangen dat hij het begrijpt, vooral na alles wat we hebben meegemaakt? Ik voel me zo depressief en ellendig. Ik kon me niet erger voelen als ik hem ontrouw zou zijn geweest – en zo voel ik het ook, dat ik hem ontrouw ben geweest. Ik ben niet dom op andere gebieden, maar nu worstel ik me te beperken tot twee pakjes per dag. Ik weet dat het beter voor me zou zijn het hem te vertellen dan erop te wachten dat hij het zelf ontdekt. En ik weet dat u gelooft dat elke roker gemakkelijk kan ophouden en dat adviseert u ook, maar ik kan de gedachte het zelfs maar te proberen nog steeds niet verdragen.
Men zegt: "Wie zonder zonde is, werpe de eerste steen." Ik raakte bijna mijn beste vriendin kwijt omdat ik haar verweet dat ze vijf sigaretten per dag rookte toen ze zwanger was. Sjonge, wat zal zij een lol hebben als ze het hoort! Het is niet zo dat ik niet geloof dat roken schadelijk is voor de gezondheid van een ongeboren baby. Dat geloof ik wel. Ik weet wat het met mij doet en ik heb nachtmerries dat ik een misvormd monstertje krijg. En toch kan ik niet stoppen. Ik ben echt een hopeloos geval en ik denk dat u me niet kunt helpen.'

Ik adviseerde Jeanny niet om een stoppoging te doen. In plaats daarvan stelde ik voor dat ze met haar man naar mijn praktijk kwam. Ik zou hun de vreselijke macht uitleggen die nicotineverslaving over haar slachtoffers heeft. Ze zou zich dan niet meer zo schuldig en verachtelijk voelen en haar man zou haar situatie beter begrijpen.

Jeanny was zich heel goed bewust van het effect van nicotine. Ze dacht: 'De macht die dit kwaad over me heeft, is zo groot dat ik er nooit aan kan ontsnappen en stoppen is niet gemakkelijk.' De 'macht' ligt in het angstige gevoel dat je niet van het leven kunt genieten of dat je het leven niet aankunt zonder een sigaret. Dat angstige gevoel is echt. Als je eenmaal begrijpt dat een sigaret dat angstige gevoel niet wegneemt maar er de oorzaak van is, dan heeft die macht je niet meer in haar greep, maar wordt in werkelijkheid een heel sterke kracht die het snakken naar een sigaret wegneemt. Jeanny begreep dit belangrijke punt tijdens onze sessie.

Sommige mensen vinden het moeilijk dit te begrijpen terwijl ze nog steeds in de ellende van de verslaving verkeren. Maar je begrijpt het als je bevrijd bent. Jeanny en Eric zijn intelligente mensen. Aan het einde van de sessie sloeg hij zijn armen om haar heen en zei: 'Ik begrijp het nu. Probeer gewoon niet te stoppen totdat je het wilt.' Bedenk dat hij toen nog steeds niet wist dat ze zwanger was. Ze antwoordde: 'Ik heb mijn laatste sigaret al gerookt' en vertelde hem over de baby. Ik heb tegenspoed, ongeluk en veel droevige momenten meegemaakt in de achttien jaar waarin ik vecht tegen drugverslaving. Maar de gebeurtenis waar ik getuige van mocht zijn, maakte de vele moeilijke momenten meer dan goed. Een grote doos tissues was de andere getuige van de vreugde.

Jeanny was een extreem geval, maar alleen tot op zekere hoogte; in werkelijkheid is het allemaal heel gewoon. Ik maak me er heel kwaad over dat onze maatschappij het voor meisjes zo gemakkelijk maakt om verslaafd te raken; ze worden bijna in de valkuil geduwd. We wachten tot ze zwanger worden. In de misschien wel opwindendste periode van hun leven waarin ze hun 'vriendje' het meest nodig hebben, oefenen we vervolgens een enorme druk op hen uit om 'op te houden'. Zwangerschap betekent een waslijst van tests, keuzes, beslissingen, vreugde, opwinding en angst. Als ze de stoppen-met-roken-test niet halen, doen we minachtend en noemen hen 'zwak'.

Deze houding is begrijpelijk van de medische beroepsgroep, hoewel de moeder of het ongeboren kind er niet veel aan heeft. Maar niet-rokers, ex-rokers, familie en vreemden vinden dat ze gelijk hebben en hun kritiek moeten spuien. Zelfs de rokende vriendinnen van de aanstaande moeder doen mee aan de heksenjacht met opmerkingen als: 'Ik kan gewoon niet begrijpen dat je rookt nu je zwanger bent. Ik zou voorgoed stoppen.' Die houding verandert echter als het henzelf betreft. Dan pas kunnen ze de andere kant ervan zien. Deze onmacht zich in de ander te verplaatsen is typisch voor de mens. Als je een zware griep hebt en je ellendig voelt, hoe vaak zegt dan iemand niet tegen je: 'Waar maak je je toch druk over? Je hebt alleen maar griep!' In de regel leven alleen mensen met hen mee die ook net griep hebben gehad en nog weten hoe ellendig je je dan voelt. De 'ikke, ikke en de rest kan stikken'-houding zal er helaas altijd zijn.

Sommige vrouwen hebben geluk; als de natuur hun eetgewoonten verandert, hebben ze geen zin meer in roken. Dit is nog een voorbeeld van het wonderbaarlijke functioneren van het menselijke lichaam. Anderen nemen een weloverwogen besluit te stoppen, maar kunnen dat niet. Zelfs als de baby gezond is, voelen ze zich hun hele leven schuldig, terwijl ze er echt niets aan konden doen. We kunnen ons hun ellende maar moeilijk voorstellen als de baby met een handicap wordt geboren.

Sommige vrouwen lukt het tijdens de zwangerschap met roken te stoppen. Vervolgens komt na negen maanden van ongemak, angst, verwachting en opwinding de periode met de meeste stress: de angst, de pijn, de geestelijke en lichamelijke uitputting van de bevalling die het hoogtepunt bereiken in het wonder van de geboorte. Als alles goed is met moeder en kind is de angst verdwenen en zijn de pijn en uitputting meteen vergeten. De depressiviteit verdwijnt onmiddellijk en maakt plaats voor euforie. Dit zijn de twee extremen in het leven van een roker wanneer de hersenen schreeuwen: IK WIL EEN SIGARET.

Verscheidene vrouwen die het grootste deel van de zwangerschap niet hebben gerookt, vertellen me dat ze een sigaret opstaken voordat de navelstreng werd doorgeknipt of meteen daarna.

Anderen bieden weerstand aan de onmiddellijke impuls en lopen vervolgens in de val tijdens een postnatale depressie. Jammer genoeg stoppen maar weinig vrouwen voorgoed *ten gevolge van* zwangerschap. Net als bij alle andere redenen om te stoppen verdwijnt de wens niet te roken als ze daar geen reden meer voor hebben.

Een vrouw, die tijdens haar eerste zwangerschap geen zin had in roken maar meteen daarna weer verslaafd raakte, vertelde me dat ze opzettelijk weer zwanger raakte, niet omdat ze nog een kind wilde, maar om haar te helpen stoppen. In eerste instantie vond ik het bizar, maar hoe meer ik erover nadacht, hoe beter ik het begreep. Het probleem was dat het niet werkte.

Veel zwangere vrouwen weigeren te geloven dat roken schadelijke effecten heeft op hun ongeboren kind of rechtvaardigen die door te zeggen: 'Ik denk dat ik de baby meer schade berokken als ik nu probeer te stoppen.' Sommigen beweren dat hun arts het hun daadwerkelijk heeft afgeraden om deze reden te stoppen. Ik zou nog een boek kunnen schrijven over wat men beweert dat artsen zeggen over roken. Ongetwijfeld hebben artsen het in sommige gevallen echt gezegd, maar ik denk dat de meeste citaten uit hun verband zijn gerukt of aangepast worden. Nog een favoriete verdediging van rokers is dat zij een argument van een ándere roker om te blijven roken, gebruiken, want als dat argument geldt voor die roker geldt het voor alle rokers.

Tijdens een van mijn seminars verklaarde een meisje dat aan astma leed dat haar arts haar had verteld dat ze moest roken om haar astma-aanvallen te verlichten. Ze zei dit in aanwezigheid van ongeveer dertig andere rokers. Ik zei: 'Maar roken is een belangrijke oorzaak van astma. Ik kan moeilijk geloven dat jouw arts je werkelijk dit advies heeft gegeven.' Ze zei nogmaals dat hij dat had gedaan. Ik zei: 'Dat is schandelijk. Geef me alsjeblieft zijn naam en adres, dan ga ik erachteraan.' Toen begon ze terug te krabbelen. 'Nou, hij zei het niet werkelijk, maar toen ik hem vertelde dat een sigaret leek te helpen bij een astma-aanval, knikte hij.' Als ik niet had doorgevraagd, dan zouden dertig andere rokers de indruk krijgen dat sommige artsen beweren dat roken astma verlicht.

Met de beste bedoelingen adviseren veel artsen zwangere vrouwen te minderen als ze niet helemaal kunnen stoppen. Het advies klinkt logisch, maar zoals ik al heb uitgelegd, is dit het ergste wat de aanstaande moeder kan doen. In plaats van maar een paar dagen last te hebben van de ontwenningsverschijnselen van nicotine, of die nu geestelijk of lichamelijk zijn, heeft ze negen maanden lang de extra stress van deze vrijwillige beperking en ook schuldgevoel als ze op een slechte dag meer rookt. Maar echt schadelijk is dat in de geest van de moeder de illusie wordt gewekt dat elke sigaret kostbaar is. Het wachten om die jeuk te kunnen krabben is aanwezig en groeit. Als ze de sigaret eenmaal heeft opgestoken, is de verlichting enorm en een beloning voor het wachten. Na de geboorte zit de moeder in dezelfde positie als iemand die op dieet is en het gevoel van ontbering niet langer kan verdragen. Die gaat vreselijk schransen; de roker gaat kettingroken.

Nu, ik ben niet van plan uitvoerig uit te leggen waarom roken slecht is voor een ongeboren kind, deels omdat daar al genoeg over is geschreven, maar vooral omdat het laatste waarover een zwangere vrouw wil lezen de schade is die ze haar baby berokkent. Dat weet ze al en ze kan toch niet ophouden.

Wat al die mensen die met de beste bedoelingen standjes geven aan zwangere vrouwen zich niet lijken te realiseren is dat de vrouw zelf zich het meest van de schade bewust is. Ze zal het niet toegeven en proberen het goed te praten, maar ze voelt zich schuldig over wat ze doet. Ze doet gewoon wat alle rokers hun hele leven lang doen. Hoe banger, zenuwachtiger en onzekerder ze wordt, des te groter is haar behoefte aan het zogenaamde steuntje.

Naast de zwangerschap en de kwaadsprekerij krijgen zwangere meisjes op dit moment nog een schok. De meeste jonge mensen die roken zijn ervan overtuigd, dat ze de situatie onder controle hebben en dat ze kunnen stoppen als dat nodig is. Als ze zwanger zijn, realiseren ze zich vaak dat ze een van de vele miljoenen zijn, een 'nicotinejunky'!

Er is één aspect van de schade van roken voor de gezondheid van een baby dat ik moet noemen. Ik heb gelezen dat baby's van wie de moeder is verslaafd aan heroïne ontwenningsverschijnselen krijgen. Dit lijkt heel logisch. Hetzelfde bloed loopt immers door de bloedvaten van moeder en foetus. Hetzelfde principe is dus ook van toepassing op nicotineverslaving.

Ik weet dat ik heel nerveus werd toen ik probeerde te stoppen met de 'wilskrachtmethode', omdat ik geen sigaret mocht hebben. Ik weet ook dat ik dat helemaal niet erg vond toen ik me er eenmaal van bewust werd dat het lege gevoel werd veroorzaakt door de sigaret en snel zou verdwijnen. Ik heb alleen maar die twee situaties gekend: de ene waarin ik geloofde dat de sigaret het lege gevoel wegnam en de andere waarin ik wist dat de sigaret het veroorzaakte. Ik weet niet wat het is het lichamelijke ongemak van de ontwenning van nicotine te hebben zonder het op de een of andere manier met sigaretten in verband te brengen. Hoe kan ik dan weten wat het is?

Er is een nuttige leidraad die we kunnen gebruiken. Ik heb gezegd dat het lichamelijk ongemak van de ontwenning van nicotine gelijk is aan een hongergevoel. Baby's zijn geprogrammeerd om te huilen als ze honger hebben. Een baby met de lichamelijke ontwenningsverschijnselen van nicotine heeft voortdurend honger en blijft huilen. Voeding zal dat gevoel niet wegnemen. De uitgeputte en verbijsterde moeder zal haar baby te veel voeding geven en daardoor het probleem alleen maar erger maken.

Maar we dwalen af. Of je nu zwanger bent of niet, ik wil dat je stopt met roken om de zuiver egoïstische reden dat je veel meer van het leven zult genieten. Ik zeg niet dat er geen echte problemen in het leven zijn. Als je een echt probleem hebt en je kunt daar iets aan doen, doe dat dan! Als je er helemaal niets aan kunt doen, accepteer het feit dan – je er zorgen over maken helpt je geen zier. Als je rookt, heb je een serieus en echt probleem. Gelukkig is er een eenvoudige en gemakkelijke oplossing voor:

stop met roken!

Als je dat doet, zul je ontdekken – net als ik en duizenden anderen – dat die andere schijnbaar onoplosbare problemen plotseling in rook opgaan. Hoe dan ook, wat je problemen of frustraties ook zijn, of die nu echt of denkbeeldig zijn, als je eenmaal uit de sigarettenvalkuil bent ontsnapt, zijn die helemaal niet meer zo erg als nu.

Nu behandelen we een andere misleiding, die miljoenen vrouwen na aan het hart ligt:

het fabeltje dat je met roken kunt afvallen

18

Het fabeltje dat je met roken kunt afvallen

Ik ben de tel kwijt van het aantal vrouwen dat me heeft verteld dat ze opzettelijk gingen roken om af te vallen. Roken helpt je niet echt met afvallen, zoals ik straks zal uitleggen. Als alle andere misleidingen heeft het in werkelijkheid het tegenovergestelde effect. Maar zelfs als je met roken zou afvallen, geloof ik niet dat iemand voor de rest van zijn leven opzettelijk roker is geworden om die of een andere reden. Het is heel belangrijk dat je je hiervan bewust bent. Door andere rokers raken we in eerste instantie verslaafd en zij geven ons het gevoel dat we er niet bij horen als we zijn gestopt. Het is belangrijk dat we nooit vergeten dat geen enkele roker rookt omdat hij dat wil, dat rokers geen voordeel hebben van roken en dat alle rokers wilden dat ze nooit waren begonnen.

Wat zou je ervan denken als ik ditzelfde argument gebruikte met betrekking tot een andere schadelijke gewoonte? Stel dat ik zeg: 'Nog nooit heeft iemand er een gewoonte van gemaakt zijn hand in kokend water te steken om verlichting te krijgen.' Je vindt misschien dat dit zo duidelijk is dat het een waardeloos argument is. Het echte verschil tussen de twee is dat roken ons wijsmaakt dat we een echt pleziertje of steuntje krijgen. Ik denk dat we het erover eens zijn dat we, als we roken zien zoals het werkelijk is – als 'verwoesting' – niemand ervoor zou kiezen om verslaafd te raken. Maar nogmaals, we zijn gehersenspoeld om te geloven dat we bepaalde voordelen van roken krijgen. Waarom zou iemand zich dan niet voor de gek laten houden en opzettelijk beginnen met roken ?

Zelfs als we de misleidende voordelen van roken geloven, is er geen logische reden om opzettelijk verslaafd te raken. Wat zijn deze misleidende voordelen? Dat roken prettig is? De eerste sigaret is een pleziertje dat we kunnen missen als kiespijn. Men vertelt ons dat roken helpt bij concentratie en ontspanning, dat het stress verlicht en verveling wegneemt. Maar we weten ook dat het ongezond, vies en walgelijk is. Tot nu toe konden we ons heel goed concentreren, ontspannen, van sociale gebeurtenissen genieten en zelfs met verveling en stress omgaan zonder die vieze rook in onze longen te ademen. Waarom zouden we dan logischerwijze de nadelen riskeren voor voordelen die we niet echt nodig hebben?

Het is gewoon niet logisch. In feite is zelfmoord de enige logische reden om opzettelijk verslaafd te raken. Zelfs dat zou niet aannemelijk zijn, want als je je leven zou willen verkorten, kun je je moeilijk een langduriger, pijnlijker, duurdere en ondoeltreffender methode voorstellen om dit doel te bereiken.

Desondanks kun je aanvoeren dat een tiener met overgewicht die heel graag een partner wil, denkt dat je met roken kunt afvallen en daarom opzettelijk het leerproces doormaakt. Maar laten we er maar van uitgaan dat onze jeugd met een greintje intelligentie is gezegend. Zou een beetje intelligente persoon niet al weten dat de enige verstandige oplossing om af te vallen is minder te eten en minder alcohol te drinken? De kwestie van het lichaamsbeeld in de media en de overeenkomstige toename van eetstoornissen werd in de jaren negentig zo'n heet hangijzer dat de overheid werd verzocht in te grijpen om het overdadige gebruik van uitgemergelde modellen, zowel mannen als vrouwen, aan banden te leggen in een poging de trend te stoppen.

De sigarettenreclame is radicaal veranderd en de machtigste pleitbezorgers die zeggen dat roken 'sexy' en 'cool' is, worden niet openlijk door de tabaksindustrie gesteund. Als jongeren mensen als Elle Macpherson en andere slanke, aantrekkelijke mode/mediasterren zien roken, willen ze dat beeld ook voor zichzelf. Wat ze zien, is gratis reclame voor *Big Tobacco*. Het is treurig dat deze mooie mensen door de tabaksindustrie worden gebruikt en er geen cent voor krijgen. In feite betalen zij de tabaksfabrikanten om ongewild een beeld te promoten dat de industrie op legale wijze nooit kan krijgen en om het 'gebruik' van een product dat hen uiteindelijk zal vermoorden, te beschermen. Alle rokers werken in feite op deze manier voor de tabaksfabrikanten. Sommigen van hen staan in de belangstelling en komen in de publiciteit. De volgende keer dat je uitgaat, wil ik dat je op ontdekking uitgaat. Pik de roker met overgewicht eruit en ik garandeer je dat je dan een echte openbaring krijgt.

Vanzelfsprekend moet je allereerst je eetgewoonten veranderen als je je gewichtsprobleem wilt oplossen. Niemand raakt natuurlijk opzettelijk verslaafd aan de meest dodelijke ziekte van de westerse maatschappij en geeft tijdens zijn leven 80 000 euro uit, alleen maar voor het privilege, tenzij ze logischer en conventioneler methodes als een dieet hebben geprobeerd en die zijn mislukt. Je denkt misschien: 'Ze geloofden vast niet dat ze verslaafd zouden raken en hadden niet uitgerekend wat het hun zou kosten.' Daar ben ik het mee eens. In feite is het een slimmigheidje van de valkuil dat veel jongeren het proberen omdat ze denken dat ze niet verslaafd raken. Maar dat geldt natuurlijk niet voor iemand die niet de zelfdiscipline heeft om zijn eetgedrag te beheersen. We weten immers allemaal hoe verslavend nicotine is en welke enorme wilskracht het kost om te stoppen. Daarom waren veel zware rokers als ik in de jaren zestig, toen zogenaamde 'soft' drugs in de mode waren, bang om daarmee te experimenteren omdat we wisten dat we onze rookgewoontes niet konden beheersen en we dus al helemaal geen controle hadden over wat we dachten dat zwaardere drugs waren.

Het feit dat we helemaal niet de moeite nemen uit te rekenen wat het kost, bewijst gewoon mijn standpunt. Als we opzettelijk een bepaalde richting kiezen, brengen we doorgaans de voor- en nadelen daarvan in kaart voordat we een beslissing nemen. Je begint niet zomaar met skiën; je kijkt eerst of je het kunt betalen en, als je net zo oud bent als ik, of je wel het risico wilt lopen dat je een been of iets anders breekt. Als één op de drie skiërs zou sterven als een direct gevolg van skiën, dan zouden zelfs roekeloze jongeren er niet aan beginnen. Denk je dat een roker opzettelijk is gaan roken om welke reden dan ook, laat staan om een stompzinnige reden als afvallen, als hij wist dat zijn eerste sigaret hem 80 000 euro zou gaan kosten? Maar als we onze eerste sigaretten zelf hadden moeten betalen, zouden we vast niet in de val zijn gelopen.

Zelfs als we al jarenlang verslaafd zijn en weten dát we verslaafd zijn, durven we nog steeds niet uit te rekenen hoeveel geld we al hebben weggegooid en hoeveel het ons in de toekomst nog kost als we niet stoppen. Vraag een roker hoeveel geld hij aan roken uitgeeft en hij zal je het juiste bedrag niet vertellen. Zelfs als we proberen 'op te houden', verdraaien we de waarheid. We zeggen dat we zoveel geld per week overhouden, terwijl we in werkelijkheid niet zoveel geld per week wéggooien. Je zou kunnen zeggen dat we de pil op dezelfde manier vergulden als we het over onze hypotheek hebben: we praten dan over maar zoveel per maand. We zijn om precies dezelfde reden zo vaag: we willen er niet aan herinnerd worden dat er een molensteen van 80 000 euro om onze nek hangt. Met de hypotheek zagen we tenminste de feiten onder ogen voordat we die verplichting op ons namen. Soms beschouwen we die als een molensteen, maar de schuld is voor ons waardevolste bezit: ons huis. Dit is ook een bezit dat in waarde stijgt.

Alle rokers liegen maar dat willen ze niet. Als ze een schijnbaar logische verklaring kunnen vinden – als 'ik begon alleen maar om af te vallen' – houden ze daaraan vast. Een oppervlakkig onderzoek van deze schijnbare 'logica' bevestigt slechts dat roken totaal onlogisch is. Rokers proberen urenlang de redenen waarom ze roken, goed te praten. Het feit dat je geen enkele roker in de westerse maatschappij vindt die zijn kroost niet met klem adviseert om níet te roken is het doorslaggevend bewijs dat geen enkele roker blijft roken omdat hij dat wil. Denk je echt dat iemand zo stom zou zijn om verslaafd te raken aan een drug die ze niet nodig hebben totdat ze verslaafd zijn, een drug die ze 80 000 euro kost, een drug die het leven van één op de drie gebruikers verkort en waaraan ze hun hele leven verslaafd blijven? Zelfs als je gelooft dat roken een echt gevoel van plezier of steun geeft, dan weet elke roker dat ze het niet nodig hadden voordat ze verslaafd raakten en dat niet-rokers niets missen. Elke roker weet intuïtief dat hij in een val is gelopen. Dat hoef je me niet te vertellen. Geen enkele roker vindt het leuk dat hij rookt, echt niet. Benijd ze dus niet.

Veel rokers zullen toegeven dat ze er heel graag vanaf zouden zijn. Anderen verdraaien de waarheid om hun gezicht niet te verliezen, jij en ik dat hebben gedaan. Maar je bent er al snel vanaf. Vergeet nooit dat elke roker het zinkende schip wil verlaten. Benijd hen niet maar heb medelijden met hen.

Waarom denken we dat je met roken kunt afvallen? Wanneer

een vriendin erover opschept dat ze zes maanden niet heeft gerookt, complimenteren we haar omdat ze er zoveel gezonder uitziet. Heimelijk denken we echter: 'Die nieuwe garderobe moet haar een fortuin hebben gekost!' Het is waar dat de meeste rokers die met een 'wilskrachtmethode' stoppen aankomen. Als je ouders hebben gerookt of een tante of nicht, heb je de afgelopen jaren vast weleens de onuitroeibare woorden gehoord: 'Ik probeerde op te houden, maar ik kwam zoveel aan dat ik weer ben begonnen.' In eerste instantie heeft dit niet echt impact op jou; alleen als we zelf proberen uit de valkuil te ontsnappen, komt het uit ons bewustzijn bovendrijven als een van die aantastbare beweringen over roken. Het is wel zo, dat de gewichtstoename bij veel ex-rokers blijvend is. Het lijkt alsof we de conclusie kunnen trekken dat je met roken kunt afvallen omdat je dikker wordt als je stopt. Net als met alle andere aspecten van roken blijkt het tegenovergestelde waar te zijn als je de aard van de valkuil eenmaal helemaal hebt begrepen. Ik neem mijzelf als voorbeeld.

Ik heb al uitgelegd dat het lege gevoel voor voedsel en nicotine hetzelfde is en waarom een roker eerder een sigaret opsteekt dan iets eet. Als we eenmaal verslaafd zijn, slaan we uiteindelijk niet alleen het ontbijt maar ook de lunch over. Het diner krijgt een belangrijker plaats in de geest van de roker; niet verwonderlijk, want tegen die tijd heeft het lichaam echt behoefte aan voedsel. Als we deze avondmaaltijd hebben gebruikt, hebben we nog steeds een leeg gevoel zelfs als we voldoende hebben gegeten. Natuurlijk denken we dat we onze honger niet hebben gestild, vooral omdat we de hele dag niets hebben gegeten.

De juiste verklaring is dat je lichaam overdag om voedsel vraagt, maar dat je hersenen het gevoel interpreteren als 'ik wil een sigaret' en daarom rook je in plaats van iets te eten. 's Avonds hunkert het lichaam naar nicotine, maar de hersenen interpreteren het als 'je hebt honger; je moet iets eten.' In mijn geval begreep ik niet dat mijn lichaam naar nicotine hunkerde en daarom bleef ik eten. Het lege gevoel door de hunkering naar nicotine is niet te onderscheiden van hongergevoelens, en voedsel bevredigt net zomin een hunkering naar nicotine als nicotine een hongergevoel.

Het resultaat van deze verwarring is dat we de hele dag roken om onze hunkering naar nicotine te bevredigen maar dat we de echte honger van ons lichaam nooit stillen. Vervolgens eten we de hele avond om het verlangen naar voedsel te bevredigen, maar we krijgen geen verzadigd gevoel omdat ons lichaam hunkert naar nicotine. Hoewel ik de hele dag niet at, was ik toch meer dan tien kilo te zwaar.

Waarom komen rokers dan aan als ze proberen 'op te houden'? Omdat het kleine monster niet meteen sterft en nog even naar nicotine blijft verlangen, hoewel deze in snel tempo uit het lichaam verdwijnt. De natuurlijke tendens is nicotine door voedsel te vervangen. Ik zal in een later hoofdstuk uitleggen waarom vervangende middelen het niet gemakkelijker maken om te stoppen en dat ze er een belangrijke oorzaak van zijn dat rokers weer verslaafd raken of zelfs jaren nadat ze zijn gestopt nog steeds naar een sigaret verlangen. In die gevallen is het kleine monster allang dood en is de hunkering zuiver mentaal.

We hebben nu het struikelblok in het proces bereikt: de fase waarin ik denk dat de rokers wie het niet is gelukt met de Carr-methode, afhaken. Het is absoluut essentieel dat je de kern van de volgende hoofdstukken helemaal begrijpt. Van het relatief kleine aantal brieven dat ik krijg van rokers wie het niet is gelukt, is deze passage van een brief van Barbara het meest typisch.

Beste Allen,

Ik ken een paar mensen die na het lezen van uw boek zijn gestopt met roken. Ik vind het een prachtig boek en ik begrijp en ben het eens met alles wat u zegt. Ik heb het boek een paar keer gelezen, maar helaas werkt het niet bij mij.
Ik heb het een paar keer geprobeerd, maar het langst dat ik het kon volhouden was drie weken. Ik ben de vrouw van een boer en we hebben vier zonen die allemaal op de boerderij werken. Het is een leven met lange dagen en veel stress. Telkens als ik probeer op te houden moet ik toch weer aan roken denken. Ik word heel huilerig en depressief. Ik weet dat u het druk hebt, maar ik zou het zo fijn vinden als u me kon helpen.

Voordat ik de punten in Barbara's brief kan behandelen, moet ik je eerst nog wat informatie geven. Ik zei dat er maar vijf instructies zijn. Dat is waar. Maar dit zijn alleen maar instructies die je moet opvolgen terwijl je dit boek leest. Ze zijn bedoeld om je in de juiste gemoedsstemming te brengen voor het moment waarop je die laatste sigaret rookt. Er zijn nog een paar instructies die je voor de rest van je leven in een gelukkige stemming moeten houden. Een paar daarvan heb ik al behandeld of aangestipt. Maak je geen zorgen als je dat niet hebt gemerkt; ze worden straks allemaal gespecificeerd.

Net als het kiezen van de juiste richting in een doolhof, zijn deze instructies allemaal belangrijk. Een ervan is zelfs niet te proberen niet meer aan roken te denken als je eenmaal bent gestopt. De reden dat ik je dit advies geef, is omdat we ons met een 'wilskrachtmethode' ellendig voelen, omdat we niet meer mogen roken, maar dat onze geest nog geobsedeerd is door de gedachte aan roken en dat we er daarom niet aan proberen te denken. Maar je kunt onmogelijk niet aan roken denken. Als ik tegen je zeg: 'Denk niet aan een enorme roze olifant met grote zwarte vlekken die op een voetbal probeert te balanceren', dan moet je daar toch juist wel aan denken?

Terug naar Barbara's brief. Stoppen met roken is misschien wel de meest heilzame beslissing die je ooit zult nemen. Hoe kun je daar dan niet aan denken? Zelfs als je dat zou proberen, dan herinnert het kleine monster je er toch een paar dagen lang aan dat hij niet wordt gevoed. Mensen die het goed met je menen, vragen hoe het gaat. Rokende vriendinnen blazen misschien wel opzettelijk rook in je gezicht en proberen jou en zichzelf ervan te overtuigen dat je er niet meer bij hoort. Het is onmogelijk om niet aan roken te denken en als je dat probeert, voel je je alleen maar ellendiger.

Waarom zou je er niet aan willen denken? Volgens mij is het niet alleen de heilzaamste beslissing die je ooit zult nemen, maar de grootste prestatie in je leven. Er gebeurt niets ernstigs; integendeel, er gebeurt iets fantastisch. Na achttien jaar vrijheid denk ik ongeveer negentig procent van mijn leven dag en nacht aan het feit dat ik niet meer rook. Ik ben nog steeds ontzettend blij dat ik ervan af ben.

Barbara zegt: *Telkens als ik probeer op te houden moet ik toch weer aan roken denken*. Kennelijk gelooft ze nog steeds dat ze iets 'opgeeft', anders zou dat niet zo vaak gebeuren. Ze zegt ook dat haar leven veel stress kent. Daar twijfel ik niet aan, maar als je een dergelijk leven leidt, waarom zou je dan een fortuin betalen voor iets waardoor je nog meer stress oproept?

Ongetwijfeld heeft Barbara niet alles begrepen. Rokers die moeite hebben met stoppen zijn niet de enigen die dit bij de Carr-methode overkomt. Ironisch genoeg zijn degenen wie het wel is gelukt de oorzaak van hun mislukking. Herinner je je nog dat Debbie zei: 'Ik denk zelfs niet meer aan roken'? Omdat rokers die een 'wilskrachtmethode' gebruiken zich beroofd en ellendig voelen, verlangen ze uiteraard naar de dag waarop roken hun leven niet langer beheerst en ze er niet meer aan hoeven te denken. Debbies verklaring brengt hen alleen maar in verwarring. Ze gaan geloven dat ze alleen maar succes hebben als ze niet meer aan roken denken. Hoe meer ze zich inspannen dit niet meer te doen, des te meer worden ze erdoor geobsedeerd en des te ellendiger gaan ze zich voelen.

Het gaat er niet om óf je eraan denkt, maar hóe! Op de vragen: 'Wanneer hoef ik er niet meer aan te denken?' of 'Wanneer voel ik me niet meer ellendig en heb ik niet meer het gevoel dat me iets is ontnomen?' is het antwoord: Nooit! Maar als je denkt: 'Is het niet geweldig? Ik ben ervan af!' dan voel je je prettig!

Is het echt zo eenvoudig? Is dat echt alles wat je de rest van je leven hoeft te doen? Telkens als je aan roken denkt, denk je alleen maar: 'Is het niet geweldig? Ik ben ervan af!' Nee, zo eenvoudig is het niet. Denk ook niet dat het uiteindelijk werkelijkheid wordt als je het maar vaak genoeg herhaalt. We weten dat roken een stom spelletje is. We maken onszelf niet wijs dat het chic of macho is. We roken omdat we ons niet konden concentreren, de telefoon opnemen, van een maaltijd genieten of met stress omgaan als we stoppen. We wisten niet beter of dat kwam omdat er een foutje in ons karakter zat of omdat er een soort magie in roken lag.

We begrepen het niet. We wisten alleen dat het zo was. We konden onszelf op geen enkele manier wijsmaken dat het geweldig was dat we waren beroofd van ons steuntje of dat we ervan af waren. Als je eenmaal begrijpt dat die hele nicotinevalkuil een knappe truc is, dat je niet rookt vanwege een foutje of zwakheid, dat nicotine je concentratie of ontspanning niet bevordert maar er in werkelijkheid de oorzaak van is dat je je niet kunt concentreren of ontspannen, dan kun je jezelf op geen enkele manier aanpraten dat je moet roken. Ik wist dat ik ervan af was en ik kon mezelf niet meer voor de gek houden.

De reden waarom rokers aankomen als ze proberen 'op te houden' is omdat het kleine monster nog een paar dagen het lege, onzekere gevoel veroorzaakt. De ex-roker mag de 'jeuk' niet krabben en omdat het niet te onderscheiden is van gewone honger, neemt hij een snoepje of een stukje kauwgom. Deze drang wordt versterkt door het feit dat de ex-roker een sigaret als een beloninkje beschouwde dat een anders saaie en moeilijke dag moest opvrolijken en daarom heeft hij behoefte aan een geschikte vervanging.

Ex-rokers zijn er zich duidelijk van bewust dat ze van kauwgom en snoepjes aankomen. Maar ze beschouwen dit als een zuiver tijdelijke maatregel en zijn van plan ermee te stoppen als ze de 'gewoonte' hebben afgeleerd. Het probleem is dat zoetigheid de hunkering naar nicotine niet bevredigt en daarom willen ze nog een snoepje en dan nog een. Het is geen beloninkje meer, maar wordt kleveriger en ziekelijker. Ze leren de gewoonte niet af en de snoepjes maken het alleen nog maar erger. Al snel is de ex-roker tien kilo te zwaar, helemaal misselijk van de snoepjes en verlangt hij wanhopig naar een sigaret. Nu heeft hij een geldig excuus om een sigaret op te steken: 'Ik joeg mezelf niet alleen de dood in met mijn overgewicht maar ik gaf ook een fortuin uit aan nieuwe kleren. Ik vind dat ik mezelf dan net zo goed de dood in kan jagen met roken!'

Rokers die 'wilskrachtmethodes' gebruiken, komen om deze redenen aan. Maar laten we er duidelijk over zijn: ze komen niet aan omdat ze stoppen, maar eerst en vooral omdat ze in de valkuil zijn terechtgekomen. Nicotineverslaving geeft je een permanent hongergevoel en daarom kun je last van overgewicht krijgen. Je kent misschien rokers die heel tenger zijn en het figuur hebben van een supermodel. Maar zoals Anita Roddick, grondlegger van de Body Shop-keten, heeft gezegd, zijn er maar zeven supermodellen op de wereld; de rest van ons is normaal.

Het is belangrijk dat je je realiseert dat je met de meeste vervangende middelen aankomt en je ellendig voelt en dat die het stoppen ook moeilijker voor je maken. Ik benadruk dat je niet hoeft aan te komen, zelfs niet voor een korte periode, als je de Carr-methode gebruikt.

Probeer je het kleine monster voor te stellen als een levende lintworm in je lichaam die zich voedt met nicotine. Hoe lang moet je het kleine monster uithongeren voordat het doodgaat? We kunnen met een medische test vaststellen wanneer alle nicotine uit het lichaam is verdwenen, maar we kunnen onmogelijk weten wanneer het kleine monster niet meer naar nicotine snakt. Waarom? Omdat het echte lichamelijke gevoel haast onmerkbaar is en niet te onderscheiden van een leeg, onzeker gevoel dat wordt veroorzaakt door honger en door bepaalde andere gevoelens waarmee we moeten leren leven. De schattingen die ik je geef zijn dus gebaseerd op mijn eigen ervaringen met stoppogingen en op de observaties en de opmerkingen van duizenden andere rokers. Maar alsjeblieft:

raak niet in paniek!

Een gewaarschuwd mens telt voor twee. Ik wil je uitleggen wat je kunt verwachten zodat je nergens bang voor hoeft te zijn. Op het moment dat je de nicotinetoevoer stopzet, neemt de hunkering geleidelijk aan toe en bereikt een hoogtepunt na ongeveer vijf tot zeven dagen. Vanaf dat moment voelt de ex-roker zich langzamerhand minder gespannen en meer ontspannen. Het lichaam ontgift en keert terug in een toestand van homeostase of evenwicht. Na ongeveer drie weken voelt de ex-roker dat het kleine monster dood is. Je bereikt een stadium dat je je vroeger niet kon voorstellen zonder te roken. Plotseling realiseer je je dat je niet alleen drie weken lang niet hebt gerookt, maar dat je daar zelfs niet aan hebt gedacht. Je beseft dat je van het leven kunt genieten en dat je opgewassen bent tegen alles wat het je toewerpt zonder dat je afhankelijk bent van nicotine. Je bent helemaal vrij.

Dit is een heel prettig gevoel voor elke roker, welke methode om te stoppen hij ook heeft gebruikt. Het blijkt ook een gevaarlijk moment te zijn, een moment dat al veel succesvolle stoppogingen heeft laten mislukken. Omdat je je bevrijd voelt, wil je één sigaret opsteken om het te bewijzen. En dat is het dan! Na drie weken van onthouding smaakt de sigaret vreemd en vies. Je krijgt geen plezierig gevoel of een gevoel dat nicotine een steuntje is en je vraagt je af waarom je die illusies hebt gekoesterd. Maar je hebt weer nicotine in je lichaam gestopt en op het moment dat die uit je lichaam gaat verdwijnen, heb je een nieuw klein monster geschapen. De kans bestaat dat je de 'jeuk' niet onmiddellijk gaat krabben, maar pas een paar dagen of weken later als je weer in de verleiding komt en denkt: Twee weken geleden heb ik een sigaret gerookt en ik ben niet opnieuw verslaafd geraakt. Het kan dus geen kwaad. Je zit weer in dezelfde valkuil en voor je het weet, rook je weer net zoveel als vroeger.

Het is belangrijk dat je deze periode van drie weken niet verwart met de langdurige hunkering van rokers die 'ophouden' met de 'wilskrachtmethode'. Deze rokers zijn zich zelfs niet bewust van het kleine monster. Lang nadat het kleine monster is gestorven en telkens als ze een leeg, onzeker gevoel hebben, of dat nu wordt veroorzaakt door gewone honger, stress of angst, vreugde of wat dan ook, zegt het verstand: 'Zie je wel, je wilt een sigaret – je hebt het nog steeds niet afgeleerd!'

Daarnet zei ik dat als je de nicotinetoevoer stopzet, de hunkering geleidelijk aan toeneemt en na ongeveer vijf tot zeven dagen een hoogtepunt bereikt. Je denkt misschien dat je dan ernstige ontwenningsverschijnselen krijgt en dat je een tijd lang weerstand moet bieden aan de hunkering. Niet waar! Vergeet niet dat het zo'n mild gevoel is dat we het niet eens in de gaten hebben. Daarom kunnen gelegenheidsrokers een week lang zonder sigaret zonder ontwenningsverschijnselen. Vergeet ook niet dat je dat lege gevoel je hele rokende leven al hebt zonder dat je je daarvan bewust bent geweest en dat het niet erger wordt als je stopt.

Toen ik eindelijk stopte, kon ik niet begrijpen waarom ik niet naar een sigaret snakte of waarom ik geen ontwenningsverschijnselen had. Ik was meteen zielsgelukkig en dat ben ik nog steeds. Ik heb voortdurend naar de hunkeringen van het kleine monster verwezen. In feite kan het lichaam net zomin naar nicotine hunkeren als naar voedsel. Het lichaam stuurt alleen een signaal naar de hersenen: 'Ik heb honger, ik moet iets eten' of 'ik wil een sigaret.' Het eerste is een veiligheidsmechanisme, een alarm, dat ervoor moet zorgen dat je in leven blijft en lang en gelukkig leeft. Maar het tweede is een wrede, subtiele truc. Die zegt je dat je een krachtig vergif wilt of nodig hebt, dat langzamerhand je geest en je lichaam vernietigt en dat helemaal geen pleziertje of steuntje is.

Wees je ervan bewust dat je, vooral de eerste dagen als het kleine monster nog leeft, het gevoel hebt van 'ik wil een sigaret'. Nu komen we bij de kern van het belangrijkste en meest cruciale verschil tussen de Carr-methode en 'wilskrachtmethodes'.

Met een 'wilskrachtmethode' beredeneert de ex-roker de vele machtige redenen waarom roken stom is. Maar soms al een paar minuten nadat je hebt besloten dat je nooit meer een sigaret zult roken, zegt een deel van de hersenen: 'Je wilt een sigaret.' Dit is heel verwarrend. We begrijpen niet dat dat alleen maar de doodsstrijd van het kleine monster is. Je denkt dat je een sigaret wilt omdat die je een pleziertje of steuntje geeft of omdat je de gewoonte nog niet hebt afgeleerd. De reden doet er eigenlijk niet toe. Het is een feit dat je een sigaret wilt maar dat je dat van jezelf niet mag. Hierdoor voel je je beroofd en ellendig. Intussen heb je het kleine monster nog niet bevredigd en daarom neemt het verlangen of de behoefte langzamerhand toe. Je voelt je nog meer beroofd en nog ellendiger en je wordt bang.

Wanneer heb je een sigaret nodig? Juist – als je onder stress staat. Het is een oorzaak-en-gevolgsituatie: hoe hoger de stress, des te groter de behoefte. Hoe langer je de behoefte niet bevredigt, des te groter wordt de stress. Geen wonder dat rokers die met 'wilskrachtmethoden' 'ophouden' zo gestresst worden en het zo moeilijk vinden.

Met de Carr-methode kun je verwachten dat je het gevoel van 'ik wil een sigaret' krijgt. Accepteer het en als het gebeurt, zal het je niet hinderen. Je weet dat het alleen maar de doodsstrijd van het kleine monster is. Je weet dat dat gevoel een wrede truc is en je weet dat het wordt veroorzaakt door de laatste sigaret. Omdat je weet dat roken je geen pleziertje of steuntje geeft, ga je niet hunkeren naar een sigaret en voel je je ook niet beroofd of ellendig, omdat je niet kunt roken. Je zegt tegen jezelf: ' Nu begrijp ik hoe deze knappe truc werkt. Niets kan me overhalen om nog meer vergif in mijn longen te ademen. Is het niet geweldig? Ik ben ervan af!' Elke keer als je de lichamelijke effecten ervaart als de nicotine uit je lichaam verdwijnt, begrijp je de ware situatie beter.

Je kunt aanvoeren dat je technisch gezien in feite nog steeds snakt naar een sigaret, wat het gevoel van 'ik wil een sigaret' ook oproept. Niet echt. Een hunkering is geen momentopname, maar een aanhoudend verlangen dat niet wordt bevredigd. Is het je wel eens opgevallen dat de schakelaar voor de ruitenwissers bij een nieuwe auto altijd op een plek zit waar in je oude auto de richtingaanwijzer of de claxon zat? Dat is precies de wet van Murphy. Een paar dagen lang zul je, als je de richtingaanwijzer wilt bedienen, de ruitenwissers of de claxon in werking stellen. Een keer dacht ik dat ik op de claxon duwde toen een andere chauffeur me sneed, maar dat was de ruitensproeier. Ik voelde me een beetje dom, maar er was gelukkig niets gebeurd. Ik zou het voorval al vergeten zijn als Joyce niet elke keer als ik word gesneden roept: 'Spuit hem nat, Allen!'

Accepteer dat je je aan alle veranderingen in het leven moet aanpassen, zelfs aan de veranderingen ten goede, zoals een betere auto, een andere baan of een nieuw huis. Als je de ruitenwisser gebruikt in plaats van de richtingaanwijzer, word je daar dan zenuwachtig van? Ga je dat opzettelijk nog eens doen? Natuurlijk niet; je accepteert gewoon dat je eraan moet wennen en je gaat verder met je leven. Denk er ook aan dat alle kleine ongemakken die je doormaakt als je stopt met roken, worden veroorzaakt omdat je vroeger in de valkuil bent getrapt. Ze worden niet veroorzaakt omdat je probeert te stoppen.

Accepteer dus dat je hersenen gaan schreeuwen: 'Ik wil een sigaret.' Realiseer je dat het jouw eigen keuze is. Je kunt tegen jezelf zeggen: 'Wat zou ik nu graag een sigaret willen. Hoe lang duurt die hunkering? Zal ik er ooit van af zijn?' Maar als je die optie kiest, kies je in feite voor de hunkering. Het zou ongelofelijk dom zijn als je hiervoor kiest, want dan zul je nooit vrij zijn.

Ik heb je verteld dat geen enkele roker wil blijven roken en dat alle rokers in een valkuil zitten waaruit ze niet weten te ontsnappen. Maar laat het duidelijk zijn: er is een middel waarmee dat wel mogelijk is. De Carr-methode geeft elke roker een sleutel van die gevangenis. Hiermee heb je de keuze onmiddellijk, gemakkelijk en voorgoed te vertrekken. Als je dat moment van 'ik wil een sigaret' krijgt, blijf je gewoon even stilstaan in plaats van in paniek te raken en het feit te betreuren dat je er geen mag hebben, en zeg je tegen jezelf: 'Haha, dit is het dus. Het is alleen maar de doodsstrijd van het kleine monster. Is het niet geweldig? Ik ben ervan af!'

en dat ben je ook

Maar hoe weet je dat je jezelf niet voor de gek houdt en dat je er echt vanaf bent? Je kunt jezelf niet wijsmaken dat je niet afhankelijk bent van nicotine. Niemand is ooit afhankelijk van nicotine, zelfs rokers niet. Het werd hun alleen maar aangepraat. Met de 'wilskrachtmethode' maken rokers hun hopelijk laatste sigaret uit en zeggen vervolgens de komende dagen: 'Wat zou ik nu graag een sigaret willen, maar dat mag ik niet!' Sommigen van hen roken hun hele leven niet meer, maar zeggen soms toch nog: 'Wat zou ik nu graag een sigaret willen.' Wacht even. Denk eens aan de dubbelzinnigheid van die situatie: je zegt dat je niet-roker wilt zijn en vervolgens zeg je je hele leven regelmatig: 'Wat zou ik nu graag een sigaret willen.'

Dat is toch onlogisch?

Wat is het echte verschil tussen een roker en een niet-roker? Niet-rokers hebben geen behoefte om te roken. Wat proberen rokers te bereiken als ze proberen te stoppen, ongeacht de methode die ze gebruiken? Willen ze verder leven met de regelmatige hunkering naar een sigaret en met een ellendig gevoel omdat ze er geen mogen hebben? Klampen ze zich vast aan dat sprankje hoop dat ze, als ze het maar lang genoeg volhouden, op een ochtend wakker worden met het gevoel van:

is het niet fantastisch? is het niet geweldig? ik ben ervan af! ik ben niet-roker!

Eén ding is zeker: dat gebeurt niet. Om redenen die ik al heb gegeven, spannen ze tegen zichzelf samen en dan zullen ze dat geweldige gevoel nooit krijgen. Je hoeft niet te wachten om niet-roker te worden. Het is heel belangrijk dat je niet wacht tot je niet-roker bent. Als je de hopelijk laatste sigaret uitmaakt en nog steeds gelooft dat sigaretten een pleziertje of een steuntje zijn, hoe kun je dan ooit het tegendeel bewijzen?

Is het niet verstandiger eerst alle mysterie, verwarring en twijfel weg te nemen? Als je dat doet voordat je die laatste sigaret uitmaakt, dan weet je dat je niets hoeft op te geven. Dan weet je dat roken concentratie of ontspanning niet bevordert, verveling niet wegneemt en stress niet verlicht, maar dat roken een belangrijke oorzaak is van verveling en stress, en juist concentratie en ontspanning verhindert. Is het niet verstandiger te beginnen met de naakte waarheid? Dat je niets opgeeft. Dat je niet wordt beroofd van je pleziertje of steuntje, maar dat je alleen maar wordt genezen van de belangrijkste doodsoorzaak van de westerse maatschappij en dat je geen ellende, verlangen en slavernij meer hebt. Is het niet verstandiger te beginnen met het gevoel van:

is het niet fantastisch? is het niet geweldig? ik ben ervan af! ik ben niet-roker!

Dat deed ik. Dat deed Debbie en de honderdduizenden andere exrokers die het lukt met de Carr-methode. Je hoeft alleen maar de instructies op te volgen en het overkomt ook jou. Als je met dat gelukkige gevoel begint, hoef je niet te wachten totdat er iets gebeurt:

je bent al een gelukkige niet-roker

en daar ben je je hele leven blij om. Als je erop wacht niet-roker te worden, of dat nu vijf dagen, drie weken of langer is, wacht je alleen maar op een toestand waarin je al verkeert: je wacht op niets.

Net als niet-rokers en rokers hebben ook ex-rokers goede en slechte dagen. De ex-roker die met een 'wilskrachtmethode' is gestopt, geeft het feit dat hij niet meer rookt overal de schuld van. Verwacht dat er dingen fout gaan als je de Carr-methode gebruikt, maar wees je ervan bewust dat op het moment dat je die laatste sigaret uitmaakt niet alleen de nicotine uit je lichaam verdwijnt, maar ook alle andere troep. Berichten dat het tussen de zeven en tien jaar duurt voordat dat gebeurt zijn niet correct: die worden verspreid door medisch experts die je proberen te bewegen nu te stoppen. Die bangmakerijen werken niet. Die jagen ons alleen maar de stuipen op het lijf, waardoor we weer naar een sigaret grijpen. Natuurlijk, angst versterkt ons voornemen tot stoppen, maar niet vandaag, morgen – en we weten dat morgen nooit komt.

De troep verdwijnt nooit volledig uit het lichaam zolang er rokers in de buurt zijn; zelfs niet-rokers hebben er een beetje van, zoals we allemaal de andere vergiften inademen waarmee we de planeet vervuilen. Het systeem dat ons heeft gecreëerd, heeft ons echter ongelofelijk sterk gemaakt. Ik weet niet waarom ik geen longkanker of een van de andere dodelijke ziektes heb gekregen, terwijl ik zoveel rookte. Maar het feit dat ik die niet kreeg, bewijst mijn stelling. Ik maak me geen zorgen over de relatief kleine hoeveelheden die ik van rokers binnenkrijg.

Je kunt er zeker van zijn dat de meeste troep al na een paar dagen uit je lichaam is verdwenen. Wacht niet tot het gebeurt! Realiseer je dat je op het moment dat je die laatste sigaret uitmaakt snel sterker wordt, zowel lichamelijk als geestelijk.

Als je een slechte dag hebt, accepteer dat dan. Zeg gewoon tegen jezelf: 'Oké, ik heb een van die dagen, maar omdat ik lichamelijk en geestelijk sterker ben, ben ik beter af dan toen ik nog rookte.' Net als ik zul je al snel ontdekken dat je minder vaak een slechte dag hebt maar veel meer goede dagen. Als je je lichamelijk en geestelijk niet goed voelt, lijkt een molshoop op een berg. Als je lichamelijk en geestelijk sterk bent, worden de grote problemen van vroeger kleine uitdagingen die je graag aanneemt en overwint.

Ik moet dit punt uitvoerig behandelen. Het is namelijk absoluut essentieel dat je het begrijpt. Het kleine monster is echt, maar het hunkert nooit. Net als de hersenspoeling is het kleine monster de katalysator die je naar een sigaret laat snakken, maar het is jouw keuze of je het doet of niet. Draai de kraan open en houd je hand onder kokendheet water. Neem je eerst een beslissing of je je hand wel moet terugtrekken? Natuurlijk niet. Je hebt precies dezelfde keus als je denkt: Ik wil een sigaret. Is het verstandig erover te piekeren dat je geen sigaret kunt roken? Als je dat doet, dan denk je in feite: Wil ik verslaafd raken aan 'verwoesting'?

Als je gedurende de eerste dagen nadat je je laatste sigaret hebt uitgemaakt het lege gevoel krijgt, hoe weet je dan of het de doodsstrijd van het kleine monster is of een echt hongergevoel? Dat weet je niet, net zomin als je dat weet als je blijft roken. Maar je hoeft het ook niet te weten. Tijdens die periode eet je gezonde maaltijden en neem je geen snacks tussendoor. Met andere woorden, als je het lege gevoel krijgt, dan weet je dat het de doodsstrijd is. Dat gevoel is trouwens bijna niet merkbaar. Je stoort je er niet aan maar je gaat je erop verheugen.

Misschien ben je al een dwangmatige eter en kun je het niet laten tussen de maaltijden door iets te nemen. Als dat zo is, komt dat waarschijnlijk omdat je verslaafd bent aan nicotine. Ik heb al uitgelegd waarom je hierdoor een permanent hongergevoel hebt en dit versterkt mijn standpunt dat je met roken niet afvalt. Als je een gewichtsprobleem hebt, heb je niets te verliezen. Integendeel, je ontdekt dat je met je rookprobleem ook je gewichtsprobleem en de meeste andere problemen oplost, net als de honderdduizenden andere rokers die de instructies van de Carr-methode hebben opgevolgd.

Vergeet nooit dat je nog steeds honger zult hebben ook al stop je jezelf vol met snoepjes of koekjes. Je zult jezelf ook een van de echt grote pleziertjes van het leven ontzeggen. Als je jezelf volstopt met snoepjes, word je niet alleen dik, verdrietig en misselijk, je ruïneert ook een heel kostbaar bezit: je gezonde eetlust. Het is niet voor niets een gewoonte in culturen waarin voedsel wordt gewaardeerd dat men je 'smakelijk eten' wenst en niet 'smakelijk voedsel'. Zelfs van smakelijk voedsel kun je niet genieten als je geen honger hebt. We vinden honger niet prettig, maar het is essentieel om van een goede maaltijd te kunnen genieten. Als je regelmatig en gezond eet, dan heb je geen honger.

Zelfs als je op de dagen nadat je bent gestopt met roken een hongergevoel hebt, dan is dat nog geen grote beproeving. Honger is een kostbaar verschijnsel en hoe langer je honger hebt, hoe prettiger de maaltijd zal zijn.

Roken verhoogt in feite het hongergevoel, maar ruïneert tegelijkertijd de smaak- en reukzin. Een van de grote voordelen van stoppen is dat je die twee zintuigen terugkrijgt. En dat gebeurt al op het moment dat je de laatste sigaret uitmaakt. Maar als je snoepjes of koekjes als vervangend middel gebruikt, beroof je jezelf niet alleen van dat plezier, maar word je bovendien dik en voel je je ellendig. En er gebeuren nog meer slechte dingen. In een volgend hoofdstuk zal ik bespreken dat het belangrijk is om geen verbanden te leggen en de leegte weg te nemen; met vervangende middelen kunnen we dat niet. Daarmee weet je ook nooit wanneer je ervan af bent. Als ze al zouden werken, dan zou je vervolgens met het probleem worden geconfronteerd met de vervangende middelen 'op te houden'.

Het is tijd de balans op te maken van onze vooruitgang. In hoofdstuk 7 heb ik je gevraagd om een vragenlijst in te vullen met twintig algemene illusies die de maatschappij over het algemeen als feiten accepteert. Laten we nu eens kijken:

hoeveel fabeltjes we al hebben ontzenuwd

19

Hoeveel fabeltjes hebben we ontzenuwd?

Beantwoord nog eens alle vragen van de vragenlijst op bladzijde 64. Neem er de tijd voor en schrijf je antwoorden op. Vergelijk deze met de antwoorden die je de eerste keer hebt gegeven. Zijn ze anders?

Lees nu de uitleg bij de vragen. Lees indien nodig het desbetreffende hoofdstuk opnieuw zodat je alles goed begrijpt.

1. *Roken mensen omdat ze dat willen?*

We hebben in hoofdstuk 7 vastgesteld dat rokers er net zomin voor kiezen te roken als dat ze een keuze hebben wat betreft hun moedertaal. Wilde de Amerikaan die London Bridge kocht die wel kopen? Niemand dwong hem daartoe. Je kunt dus aanvoeren dat hij een keuze maakte. Maar hij werd het slachtoffer van een truc. Hij wilde niet opgelicht worden. Kiest een muis ervoor in een val te lopen om kaas te eten of een bij om de honing te drinken van een vleesetende bloem? Dat zouden ze beslist niet hebben gedaan als ze alle feiten hadden gekend. Ze werden opgelicht!

2. *Roken mensen uit gewoonte?*

Nee, ze roken omdat ze in de meest verraderlijke en ingenieuze valkuil zijn terechtgekomen die moeder Natuur en de mensheid samen hebben gegraven: NICOTINEVERSLAVING (hoofdstuk 9).

3. *Zijn rokers die al heel lang roken meer verslaafd dan jongeren?* (hoofdstuk 9)

De ‘experts’ weten geen antwoord op de vraag wanneer een ‘liefhebberende’ tiener echt verslaafd raakt. Wanneer raakt de bij verslaafd? Dat is duidelijk: als zij de honing ruikt, moet zij wel haar natuurlijke instincten volgen. Jongeren raken verslaafd op het moment dat ze besluiten die eerste experimentele sigaret op te steken. Waarom raken dan niet alle jongeren die een sigaret proberen verslaafd? Om dezelfde reden waarom sommige vissen of muizen die het aas eten niet worden gevangen – ze hadden geluk! Met betrekking tot de vraag of rokers die al heel lang roken meer verslaafd zijn dan jongeren, kun je ook vragen:

4. *Zijn zware rokers meer verslaafd dan gelegenheidsrokers?* (hoofdstuk 9)

Wie zou je het meest benijden: iemand die met zijn voeten in drijfzand staat of iemand die er tot zijn nek in zit? Ze zitten allebei in dezelfde val. Wie heeft de meeste kans om te ontsnappen? Zijn dat de mensen die niet beseffen dat ze in de val zitten en denken dat ze roken, omdat ze daarvan genieten en daarvoor kiezen? Als je beseft dat je in een val zit en wilt ontsnappen, dan heb je tenminste een kans. Maar als je niet wilt ontsnappen, heb je geen enkele kans!

5. *Beginnen jongeren te roken omdat ze dan volwassen, ‘cool’ of opstandig zijn?*

Jongeren willen ongetwijfeld volwassen en ‘cool’ zijn. Zijn de kinderjaren en de puberteit niet gewoon een opleiding voor de volwassenheid? Een opstandige geest is beslist een goede eigenschap en zeker geen boos gedrag, mits de bedoeling goed is en hij een goede begeleiding krijgt.

Ironisch genoeg beschouwen jongeren rokende volwassenen niet als chic of ‘cool’. Ze vinden hen eerder idioot omdat ze verslaafd zijn geraakt! Ze kunnen de valkuil niet begrijpen en zich ook niet voorstellen dat zijzelf ooit volwassenen worden. Herinner je je hoe Christines dochter Sarah huilde omdat ze dacht dat haar mamma zou doodgaan? Mogelijk is ze nu zelf verslaafd aan sigaretten. Ik herinner me hoe mijn vader zijn longen uit zijn lijf hoestte. Zijn waterige, bloeddoorlopen ogen, zijn door de nicotine verkleurde vingers en tanden en zijn vieze adem waren helemaal niet chic of 'cool'. Maar belette dat me om ook in de valkuil terecht te komen? Natuurlijk niet, en ook de honderdduizenden jongeren van nu is dat niet bespaard gebleven. Verlegen jongeren benijden hun opstandige leeftijdgenoten. Roken wordt nog steeds gezien als een gebaar van onafhankelijkheid, een vorm van loskomen van de ouders, een wezenlijk deel van de overgang naar volwassenheid. Afgezien van deze gegronde redenen roken ze echter om precies dezelfde reden als jij en ik. Ze werden belazerd!

6. *Zijn rokers dom?*

Als rokers dom zijn, dan waren Bertrand Russell, Freud, Einstein en zelfs Sherlock Holmes dom. Ja, ik weet dat Sherlock Holmes een romanfiguur is, maar maakt dat niet allemaal deel uit van de hersenspoeling en verwarring? Holmes praat over een 'probleem van de drie pijpen'; de grote man kon geen conclusies trekken als hij niet rookte. Ik kan me indenken dat tegenwoordig nog maar weinig jongeren Sherlock Holmes-boeken lezen. Zijn moderne tegenhanger is ongetwijfeld Mel Gibsons rol in de *Lethal Weapon*-films. Is het verwonderlijk dat we denken dat we ons niet kunnen concentreren zonder sigaret? Is een muis dom als hij aan de kaas in de val knabbelt? Dat zou je kunnen zeggen, want wij weten dat de kaas het lokaas is. Is een bij dom omdat zij op een bloem neerstrijkt en de honing eruit haalt? Nogmaals, wij weten hoe die bepaalde valkuil werkt en wij komen er niet in terecht.

Maar de nicotinevalkuil is iets anders. Hij is ingenieus, bedacht door mensen om mensen aan te trekken. Nog maar een paar generaties geleden hield hij negentig procent van de volwassen mannelijke bevolking gevangen. Nog steeds loopt meer dan dertig procent van onze jongeren erin en nu zelfs meer meisjes dan jongens. Hij is verantwoordelijk voor de vroegtijdige dood van meer mensen dan een andere ziekte, hongerdood en alle oorlogsslachtoffers in de geschiedenis van onze planeet bij elkaar. Nicotineverslaving eist op dit moment vier miljoen slachtoffers per jaar. De Wereldgezondheidsorganisatie heeft berekend dat dit cijfer tegen 2030 tot tien miljoen zal stijgen.

Denk je dat de muis aan de kaas zou knabbelen als hij begreep hoe de val werkte? Als we tegen onze kinderen zeggen dat roken duur is en slecht voor de gezondheid, dan belet hen dat duidelijk niet er toch mee te beginnen. Ze zijn niet dommer dan jij en ik en de valkuil is precies dezelfde als die waarin wij zo lang gevangenzaten. Als we hun uitleggen hoe de valkuil precies werkt, dan kunnen we hen ervan vrijwaren. We kunnen hen niet ervan overtuigen als we alleen maar zeggen dat roken slecht is voor hun gezondheid.

Achttien jaar geleden was ik de enige voorvechter van de Carrmethode. Nu kunnen duizenden mijn stellingen bevestigen. Zij weten dat deze methode werkt. Als jij er ook van overtuigd bent, zou ik het heel fijn vinden als je meer deed dan een bedankbrief schrijven. Schrijf alsjeblieft naar de media en naar je huisarts. Vraag waarom ze de illusies laten bestaan waarmee dit specifieke kwaad kan gedijen. Moedig hen aan uit de middeleeuwen naar de 21ste eeuw te komen. Het is jammer dat rokers eerst longkanker moeten krijgen om zich bewust te worden van de ware aard van de valkuil. Dan gaan ze nadenken over hun domheid en geven ze zichzelf de schuld. Maar dit is niet eerlijk. Ze waren alleen maar het slachtoffer van een knappe val die ze hadden kunnen vermijden als ze hem hadden begrepen.

Is er een groter cadeau voor onze jeugd dan de informatie waarmee ze in ieder geval kunnen proberen om dit gevaar te vermijden? Zelfs opstandige jongeren staan open voor een aanpak die hen niet afschrikt van sigaretten. Dit weten onze trainers, die op scholen lezingen geven over roken, van de feedback die ze krijgen.

7. *Genieten rokers maar van een paar sigaretten?* (hoofdstuk 5)
8. *Smaken sommige sigaretten – bijvoorbeeld na het eten – beter dan andere?*

Als een roker eens echt een sigaret zou opeten, dan zouden we het antwoord op beide vragen weten. Als je al eens een shagje hebt gerookt of een peuk hebt gerold uit de asbak, dan weet je hoe tabak smaakt en dan weet je ook wat ik bedoel.

Sommige rokers beweren dat ze roken omdat ze de geur van tabak prettig vinden, maar alle rokers gaan hoesten als ze in een rokerige kamer komen en zeggen dat ze dat niet prettig vinden. Het verschil is dat een roker er sneller aan went dan een niet-roker en dat de rook hem dan niet meer hindert.

We moeten nu het punt van die aangenaam ruikende tabaksrook behandelen. Niet-rokers zeggen dat de geur echt vies is, vooral als ze aan het eten zijn. Maar op andere momenten lijken zelfs sommige niet-rokers de geur van tabak prettig te vinden. Zij beginnen ook de effecten van verslaving te voelen en worden erdoor aangetrokken. Je hoeft zelf niet te roken om het kleine monster te creëren. Het ergste aspect van passief roken is dat die kankerverwekkende rook nicotine bevat en dat bestanddeel schept het kleine monster bij niet-rokers. Het effect kan op twee belangrijke tijdstippen bij ex-rokers bijzonder krachtig zijn en daarvan moet je je bewust zijn.

De eerste keer gebeurt dat de eerste dagen nadat je je laatste sigaret hebt gerookt. Het kleine monster sterft van de honger en schreeuwt om voedsel. Voor de ex-roker die de aard van de valkuil waaruit hij net is ontsnapt niet kent, kan de geur van een brandende sigaret net zo verleidelijk zijn als de geur van honing voor de bij. Dat zijn de ex-rokers die proberen de rook van een sigaret in hun neus te krijgen. De geur veroorzaakt een aangeleerde reactie die het opsteken van een sigaret verbindt met een prettig gevoel. Als je pas bent gestopt met roken, schrik je misschien als je plotseling, uit het niets, dat oude ik-wil-een-sigaretsignaal krijgt. Ex-rokers die weten wat dat betekent, raken niet in paniek. Zij nemen het voor kennisgeving aan en zijn dankbaar dat ze geen sigaret meer hoeven op te steken. Zij weten dat het gevoel snel overgaat.

Het is ook belangrijk te weten dat tabaksrook en sigaretten- of sigarenrook alleen prettig zijn als je niet aan het roken bent. Sommige pijprokers ruiken aan hun tabak voordat ze hun pijp aansteken, net zoals je aan een heerlijke stoofschotel ruikt voordat je gaat eten. Noch de geur noch de smaak van tabak is prettig als het kleine monster is bevredigd.

Maar moet je passief roken niet vermijden als je daardoor weer verslaafd raakt? Nee! Prent het duidelijk in je hoofd: niet het kleine monster maakt je verslaafd. Dat doet het grote monster: dat is de overtuiging dat je een pleziertje of steuntje krijgt als je het kleine monster hebt gevoed. Het stukje kaas misleidt de muis en hij zit in de val. Maar als de muis de val zou begrijpen, zou hij dat stukje kaas zien zoals het werkelijk is: als een lokaas die zijn rug breekt en niet als voedsel dat zijn honger stilt. Ongelofelijk genoeg is het lokaas bij de nicotinevalkuil geen voedsel maar het belangrijkste dodelijke vergif in de westerse maatschappij. Als je de valkuil eenmaal begrijpt, zul je nooit meer in de verleiding komen om het kleine monster te voeden.

Het andere belangrijke tijdstip waarvan je je bewust moet zijn, zijn feesten en partijen, vooral Kerstmis en nieuwjaar met de feesten waar je wordt blootgesteld aan passief roken. Je hebt misschien gemerkt dat de mensen die er het felst tegen zijn dat je rookt niet de mensen zijn die dat nooit hebben gedaan, maar de onuitstaanbare ex-rokers. Het grootste deel van hun leven hebben ze de vrijheid te roken wanneer zij dat wilden opgeëist. En nu zijn ze een week gestopt en verdedigen op een agressieve manier hun recht lucht in te ademen die niet is vervuild door vieze en onattente rokers. Het is niet zozeer dat ze zelf ook niet attent zijn of geen medeleven tonen. Het komt omdat passief roken het kleine monster opnieuw tot leven heeft gewekt. Zelfs als tabak niet aangenaam ruikt, horen ze hoe dat verleidelijke stemmetje zegt: 'Je zou nu echt een sigaret willen.' Ex-rokers voelen zich kwetsbaar op die momenten. Ze weten dat zij beter af zijn dan de rokers, maar de rokers lijken blij en opgewekt en mogen roken. Hun verzet tegen rokers is een verdedigingsmechanisme. Door rokers te bekritiseren en te vernederen overtuigen ze zichzelf van de juistheid van hun beslissing.

Is het dan een oplossing andere rokers te vermijden? Dit klinkt logisch en de 'experts' raden het aan, maar in werkelijkheid is het net zo onmogelijk als proberen niet aan roken te denken. Denk gewoon eens even na over wat dat betekent. Het betekent dat je naar geen enkele sociale gebeurtenis kunt gaan, niet naar een huwelijk, begrafenis, feestje, café of restaurant waar rokers zijn. Als je vriendinnen roken, moet je ze laten vallen of erop staan dat ze in jouw aanwezigheid niet roken. Als er op je werkplek wordt gerookt, moet je een nieuwe baan zoeken. Je kunt niet naar je golfclub, tennisclub, bridgeclub of gaan kienen omdat daar rokers zijn. En als je partner rookt en als die weigert te stoppen en blijft roken waar jij bij bent, dan moet je een nieuwe partner zoeken. De enige keuze die je nog rest, is een klooster of een ander soort leefgemeenschap waar roken verboden is. En er zijn nog veel meer dingen die je moet opgeven als je dat doet!

Je hoeft rokers en plaatsen waar wordt gerookt helemaal niet te mijden. Je stopt niet met leven. In feite ben je zelfs niet 'opgehouden' met roken. Je hoeft nergens mee op te houden.

Op het moment dat je die laatste sigaret hebt uitgemaakt, heb je het probleem al opgelost. Je vergiftigt je lichaam niet meer en je wordt lichamelijk en geestelijk snel sterker. Je kunt meteen van het leven gaan genieten, mits je natuurlijk niet gaat zitten mokken over een pleziertje of een steuntje dat nooit echt heeft bestaan. Niets kan dat beter verduidelijken dan wat ik het 'dinerincident' noem.

Ik had Margaret al eens ontmoet, maar ze voelde zich niet op haar gemak als ze rookte waar ik bij was. Mensen weten waarmee ik de kost verdien en denken dat ik de meest onuitstaanbare ex-roker ben die ze ooit hebben ontmoet. Ze denken dat ik hen de les ga lezen over de negatieve kanten van het roken. Toevallig was zij de enige roker. Ik denk niet dat ze zich er zorgen over maakte dat iemand boos op haar zou zijn als ze rookte, maar ze voelde zich gewoon niet op haar gemak omdat zij de enige was. Hoe dan ook, het diner was voorbij en ze kreeg de 'rokerskramp'.

Iedereen zat vrolijk te kletsen maar Margaret zat te spelen met haar sigaretten en aansteker. Ik kan het niet verdragen als ik rokers in deze toestand zie en ik zei: 'Margaret, we zijn klaar met eten, niemand zal mopperen, neem een sigaret als je er een nodig hebt.' Ze antwoordde: 'Ik heb er geen nodig, maar ik zou er wel een willen.'

Ik had mijn mond moeten houden, maar haar antwoord werkte als een rode lap op een stier. Ik kon gewoon niet nalaten te zeggen: 'Als je er geen nodig hebt, neem er dan geen. Het heeft geen zin je onnodig te verstikken.'

Ze stond op het punt een sigaret op te steken. In plaats daarvan zei ze alleen maar: 'Mij best, ik neem er geen.'

Ik vervolgde mijn gesprek met Shelagh, de vrouw die naast me zat en die ik nog nooit had ontmoet, maar mijn aandacht bleef bij Margaret. Ik wilde zien hoe ze met de situatie omging. Het duurde natuurlijk niet lang of de kramp werd ondraaglijk.

Je leeft ongetwijfeld mee met Margaret. Ik weet zeker dat je als roker veel vergelijkbare situaties in je leven hebt meegemaakt. Maar vergis je niet: ik was niet de schurk van het stuk. Dat vieze kruid was de schurk. Niet-rokers kennen het probleem niet dat ze zich ellendig voelen als ze niet mogen roken. Opeens stond Margaret op om naar het toilet te gaan. Ze pakte haar sigaretten en aansteker, keek naar mij en ging meteen weer zitten. Ik kon alleen maar vermoeden dat ze dacht dat ik weer de een of andere spottende opmerking zou maken. Ik begon me nu heel ongemakkelijk te voelen. Ik had de situatie niet gemakkelijker gemaakt, maar moeilijker. Ik probeerde een manier te vinden om uit de impasse te komen toen Shelagh opeens zei: 'Ik zou een moord doen voor een sigaret.'

Ik was echt verrast, omdat ik dacht dat ze niet rookte. Ik was er van overtuigd dat ze nooit had gerookt. Ze was teer als porselein. Ze had een prachtige teint. Maar wat me echt op het verkeerde been had gezet is, denk ik, dat ze de domineesvrouw was. Ik weet niet waarom deze vrouwen niet zouden roken. De meesten van hen doen dat misschien wel. Maar je vormt je nu eenmaal een mening over mensen.

Ik zei: 'Sorry, ik wist niet dat je rookte. Je hoeft het ter wille van mij niet te laten; het hindert mij echt niet! Ik was de zwaarste roker van de wereld.' Ze zei: 'Helemaal niet! Ik heb acht jaar niet gerookt en ik zal dat ook nooit meer doen. Maar vroeger hield ik van de sigaret na het eten en ik heb er nu echt zin in.' Ondertussen had Margaret, die dacht dat ik nu helemaal door de vrouw van de dominee in beslag werd genomen, een sigaret opgestoken en nam een flinke trek.

Het incident illustreert duidelijk de totale nutteloosheid van roken. Aan de ene kant was er Margaret. Ze zag er heel schuldig en niet op haar gemak uit. Ze trok heftig aan haar sigaret, hoopte dat niemand het had gemerkt en wilde dat ze niet hoefde te roken zoals alle andere mensen in de kamer. Aan de andere kant was er Shelagh die acht jaar lang niet had gerookt en nu naar iets verlangde wat ze eigenlijk niet wilde hebben!

Het was een belachelijke situatie. Het is stom iemand anders te benijden, in welk opzicht dan ook. Hier had je een situatie waarin twee vrouwen elkaar benijdden, maar toch hadden ze allebei de keuze roker of niet-roker te zijn. Een vervelende bijkomstigheid was dat ik een halfuur voor het diner met Margaret had gepraat. Ik had haar voorzichtig verteld hoe aangenaam het was ervan af te zijn en ik probeerde haar ervan te overtuigen dat ze het kon. Ik had een touw om haar middel en trok haar langzaam uit de valkuil. Margaret was een van die rokers die geen dag zonder sigaret konden. Kun je je de reactie van Margaret voorstellen toen ze hoorde dat Shelagh na acht jaar nog steeds naar een sigaret hunkerde?

Een Engelse krant wijdde onlangs een paginalang artikel aan een vrouw die na acht jaar weer was gaan roken. Het ging uitvoerig in op de ellende van die jaren en vermeldde ook dat ze kilo's was aangekomen. Er werd beschreven hoe geweldig ze zich voelde toen ze de duidelijke beslissing had genomen weer te gaan roken. Ze was vooral lyrisch over de verrukkelijke smaak van die eerste sigaret.

Maar toch leef ik met die vrouw mee. Ik heb het gehad over mijn ellende toen ik probeerde te stoppen met een 'wilskrachtmethode'. Ik ben me er ook zeer van bewust dat ik het trauma nogal heb overdreven. Ongetwijfeld was zij een ongelukkige niet-roker, maar laten we eens naar haar uitspraken kijken. Als ze vindt dat roken zo fantastisch is, waarom is ze dan gestopt? Als die acht jaar zo erg waren, waarom is ze dan niet al veel eerder weer begonnen? Uit het feit dat ze dat niet heeft gedaan blijkt dat ze er een hekel aan had om te roken. Ik kan niet geloven dat ze ten slotte van harte toegaf dat de acht jaar lange 'boete' een totale tijdverspilling is geweest.

Ik kan me het enorme gevoel van opluchting nog herinneren toen ik uiteindelijk van mezelf de strijd mocht staken tijdens die mislukte stoppogingen met de 'wilskrachtmethode'. Maar ik herinner me niet dat ik toen dacht: 'Fantastisch! Ik rook weer. Wat smaakt die sigaret toch geweldig!' Integendeel, deze opluchting werd altijd getemperd door een gevoel van mislukking en door een akelig voorgevoel en de eerste sigaretten smaakten vreselijk.

Diarree is niet prettig, maar voor iemand die acht jaar lang aan verstopping heeft geleden moet het een waar genot zijn. Als je acht jaar op een sigaret hebt gewacht, twijfel ik er niet aan dat de opluchting enorm is, maar niet de smaak. Zoals ik al heb gezegd, zijn alle drugverslaafden leugenaars. Dat moeten ze wel. Shelaghs opmerking tijdens dat diner was tamelijk onschuldig, maar de uitwerking ervan op Margaret was vernietigend en maakte mijn eerdere gesprek met haar volledig waardeloos. Kun je je de uitwerking van dat krantenartikel voorstellen op iemand die net is 'opgehouden' en de ellende van de 'wilskrachtmethode' doormaakt of op een roker die een stoppoging overweegt?

Je hebt ongetwijfeld situaties meegemaakt die vergelijkbaar zijn met het dinerincident en je weet wat de vrouw van het krantenartikel voelt. Maar ga andere rokers niet uit de weg. Integendeel, andere rokers helpen je herinneren hoe geweldig het is om de rest van je leven geen roker meer te hoeven zijn! Hé! Krab het buitenste laagje vernis weg, kijk verder dan de zelfmisleiding en beschouw alle rokers, gelegenheidsrokers of andere rokers, zoals ze werkelijk zijn: gewoon ellendige drugverslaafden. Als je dat eenmaal begrijpt, heb je alleen nog maar medelijden met hen.

Als de gedachte aan een feestje waarop je niet rookt je nog steeds angst aanjaagt, ga dan zo snel mogelijk nadat je je laatste sigaret hebt gerookt naar zo'n feestje. Maar wees niet bang. Er gebeurt niets ergs. Je bent ontsnapt aan een levenslange gevangenisstraf voor een misdaad dat je niet hebt begaan. Integendeel, er gebeurt iets opwindends en prachtigs.

Je krijgt iets waarnaar elke roker op deze planeet verlangt: VRIJHEID. Het is jouw kans te bewijzen dat je niet hoeft te wachten om een gelukkige niet-roker te worden. Je kunt meteen van het leven, van maaltijden en andere sociale gebeurtenissen gaan genieten. Jij bent de prima donna, het middelpunt van de belangstelling. Die rokers denken dat je zeurderig en verdrietig zult zijn. Zelfs als je de enige niet-roker bent, zullen alle andere rokers je benijden. Sommigen zijn te bang om het toe te geven. Anderen blazen rook in je gezicht of bieden je nonchalant een sigaret aan als ze denken dat je even niet oplet. Minacht hen niet; heb medelijden met hen. De angst die nicotineverslaving veroorzaakt kan aardige en meelevende mensen in barbaren veranderen. Je voelt je misschien zo geweldig dat je vergeet dat je gestopt bent en je wilt die sigaret pakken. Maar voordat je dat kunt doen, roept degene die je de sigaret aanbiedt uit: 'Ik dacht dat je was "opgehouden"!', gevolgd door een bulderend gelach van de rokers. Daar sta je dan met je arm in de lucht. Je bent van je stuk gebracht en je hebt de moed verloren. Je denkt: Ik dacht ook dat ik was 'opgehouden'.

Dit is een van die moeilijke situaties waardoor je gaat twijfelen. Je vraagt je af: 'Ben ik er echt van af of houd ik mezelf alleen maar voor de gek?' Maak je geen zorgen. Je duwde alleen maar op de claxon in plaats van op de richtingaanwijzer. Bedenk gewoon dat het simpele feit dat je het had vergeten een fantastisch teken is. Welk beter bewijs kun je krijgen dat je niet alleen meteen van je leven kunt gaan genieten, maar dat je gedachten niet meer in beslag worden genomen door het feit dat je niet meer rookt?

Er zijn verschillende manieren waarop je kunt reageren op de aangeboden sigaret. Je kunt hem accepteren, verfrommelen en zeggen: 'Ik was niet van plan om die sigaret te roken. Ik wilde gewoon een nagel aan je doodskist wegnemen.' Maar dat is niet mijn stijl. Die rokers zien heus wel dat je het echt had vergeten. Ze hebben misschien ook gemerkt dat je je geweldig voelt omdat je ervan af bent. Je kunt het beste heel eerlijk zijn en zeggen: 'Ik kan het niet geloven. Bij vorige stoppogingen voelde ik me zo ellendig en werd ik helemaal in beslag genomen door de gedachte dat ik niet mocht roken. Als iemand me had verteld dat ik er al na twee dagen niet meer aan dacht dat ik ooit had gerookt en dat ik met enorm veel plezier een sigaret zou weigeren, dan had ik hem niet geloofd!'

Je denkt misschien dat dit een scherp antwoord is. Maar je doet die rokers een plezier. Wees je ervan bewust dat er een voortdurende strijd woedt tussen rokers en ex-rokers die met een 'wilskrachtmethode' zijn 'opgehouden'. De ex-rokers blijven erover praten hoe gezonder ze zich voelen en hoeveel geld ze hebben bespaard en dat roken een walgelijke gewoonte is. De rokers worden lyrisch over het plezier dat ze ervan hebben, dat het geld goed is besteed en dat ze morgen onder een bus kunnen lopen. Als je met de Carr-methode stopt, hoef je niet te bluffen. Je hebt de beste kaarten in de hand en je weet dat de rokers de beroerdste hebben. Onder de rokers die echt van je houden en willen dat het je lukt, zijn er ook die willen dat het je niet lukt. De reden is dat jij je hebt aangesloten bij de miljoenen die het zinkende schip hebben verlaten waardoor de roker nog banger wordt dat hij straks de enige roker op het schip is.

Die zeurende ex-rokers als Shelagh en de vrouw uit het krantenartikel maken de gedachte aan 'ophouden' zo beangstigend. Ga rokers dus niet uit de weg. Als zij zien dat je meteen van je leven gaat genieten en dat je het roken helemaal niet mist, zullen ze denken dat je een supervrouw bent. Dan kun je ook je familie en vrienden stimuleren te stoppen. Maar wat nog belangrijker is, je zult je echt als een supervrouw voelen. Gooi alle twijfels weg en verheug je op wat zoveel deelnemers aan de Carr-methode de grootste prestatie van hun leven noemen. Net als bij iedereen die uit een gevangenis wordt ontslagen, zal de verrukking over vrij zijn nooit weggaan.

Een ander onderwerp dat veel voorkomt in de brieven die ik krijg is dat stoppen onmogelijk is als je partner rookt. Maak niet de fout hem over te halen ook te stoppen. Als je dat doet, zul je hem verliezen of hij zal jouw succes stiekem ondermijnen. Zelfs als het je lukt, zal hij waarschijnlijk de ongelukkigste mens worden: een heimelijke roker! Volg gewoon de bovenstaande principes. Als hij beseft dat je er echt van af bent, dan zal hij je vanzelf volgen.

We hebben nu de illusies 1 tot en met 8 ontzenuwd. De fabeltjes 9 tot en met 12 kunnen we het best tegelijkertijd behandelen.

9. *Helpt roken verveling te verdrijven?*
10. *Kun je je beter concentreren als je rookt?*
11. *Kun je je beter ontspannen als je rookt?*
12. *Kan roken stress verlichten?*

Ik heb al gezegd dat ontspannende en stressituaties en verveling en concentratie precies het tegenovergestelde zijn. Vraag aan een roker waarom een sigaret uit hetzelfde pakje heel anders smaakt dan de sigaret die hij een uur eerder heeft gerookt; zelfs de 'experts' weten niet hoe ze dit fenomeen moeten uitleggen. Maar er is een heel eenvoudige verklaring voor. Als nicotine uit het lichaam van een roker verdwijnt, voelt deze zich gestresst en gespannen. Als een roker een echte stressituatie meemaakt, zoals een auto-ongeluk, denkt hij dat de stress uitsluitend daarvan het gevolg is. Als je een sigaret opsteekt en je je echt minder angstig voelt dan daarvoor, maak je je hersenen wijs dat de sigaret de echte stress deels heeft weggenomen. Waarom besef je niet dat je je, zelfs als je een sigaret rookt, in feite nog angstiger voelt dan een niet-roker? Dat komt omdat de sigaret de ontwenningsverschijnselen maar gedeeltelijk verlicht. In een ontspannende situatie kunnen rokers zich niet volledig ontspannen zolang ze 'jeuk' hebben. Dit verklaart waarom gelegenheidsrokers op feestjes kettingroken. Neem het niet zomaar van me aan; kijk om je heen.

Verveling en concentratie hebben wat meer uitleg nodig. Het is bijna onmogelijk iemand die een baan heeft met lange perioden van verveling (een verpleegkundige met nachtdienst bijvoorbeeld) ervan te overtuigen dat een sigaret verveling niet wegneemt. Het is vergelijkbaar met iemand die denkt dat je je met kauwgom kunt ontspannen. Een van de symptomen van stress is knarsetanden. Kauwgom geeft je alleen maar een reden hiertoe. Kauwgom voorkomt misschien slijtage aan je tanden, maar verlicht je stress niet. Als dat werkelijk zo was, dan zouden we niet de hele tijd hoeven kauwen. Nogmaals, neem het niet zomaar van me aan. Als je iemand kauwgom ziet kauwen, vraag je dan af of hij er ontspannen of gestresst uitziet. De ware situatie wordt duidelijk als je de hersenspoeling hebt weggenomen.

De enige reden waarom we denken dat roken verveling verdrijft is omdat we een sigaret opsteken als we ons vervelen. Maar verveling is een probleem van de geest. Als we ons vervelen, is er niets interessants waarmee we onze geest kunnen bezighouden. Een kruiswoordraadsel, een boek of een ander intensief tijdverdrijf houden onze geest echt bezig. Maar het roken van een sigaret is niet direct een geestverruimende activiteit. Zelfs het ritueel van een sigaret opsteken onderga je op den duur onbewust. Ik ben het ermee eens dat kinderen die eerste experimentele sigaretten uit verveling opsteken en dat de verveling even echt weg was. Maar als we eenmaal verslaafd zijn, roken we onbewust. Als je een sigaret opsteekt omdat je je verveelt, denk je toch niet: Nee maar, dit is interessant. Ik adem deze kankerverwekkende rook in mijn longen en blaas hem daarna weer uit. Dit is te gek! We hebben dit geestelijke proces niet, zelfs niet als we de zogenaamde 'speciale' sigaret roken, zoals die na het eten! Net zoals kauwgom stress niet verlicht, maar alleen onze gespannen toestand benadrukt, zo benadrukt roken enkel het feit dat we ons vervelen en verdrijft die verveling niet.

Waarom roken rokers dan als ze zich vervelen? Deels omdat ze gehersenspoeld zijn om te geloven dat roken verveling verdrijft. Maar vooral omdat je je niet bewust bent van die 'jeuk' als je iets hebt waarmee je je hersens kunt bezighouden, iets waarvoor geen stress of concentratie nodig is. Maar als je je echt verveelt, is er niets wat je geest van de 'jeuk' afleidt en zul je blijven krabben.

Denk eens aan mijn situatie: ik rookte sigaret na sigaret, dag in dag uit, meer dan dertig jaar lang. Kun je je iets vervelenders, walgelijkers of stompzinnigers voorstellen?

Nicotineverslaving is een belangrijke oorzaak van verveling om een aantal redenen. Omdat we geloven dat het verveling verdrijft, is het een gemakkelijke keuze en hoeven we geen echte oplossing hiervoor te zoeken. Doordat het ons lusteloos maakt en veel geld kost, hebben we niet de energie of het geld om echt interessante activiteiten te ontplooien. En wat nog belangrijker is: omdat we ons steeds ongemakkelijker voelen in situaties waarin we niet kunnen roken, vermijden we die. Was het toeval dat ik stopte met voetballen, rugbyen, cricket en tennissen? Was het toeval dat ik ging golfen, zodat ik kon sporten en roken tegelijk?

Ik heb gezegd dat een kruiswoordraadsel een goed tegengif is voor verveling. Dat is waar maar veel rokers roken als ze een kruiswoordraadsel oplossen. Dat deed ik ook. Om je goed te kunnen concentreren, moet je elke afleiding wegnemen. Rokers hebben een permanente afleiding: de 'jeuk'. Daar ben je je meestal niet van bewust. Daarom steken de meesten een sigaret op als ze telefoneren. Het is altijd moeilijker een gesprek via de telefoon te voeren, daarom neem je eerst elke mogelijke afleiding weg. Als het een moeilijk gesprek is, heb je nog een extra reden hiervoor. Als je met een vriendin belt, moet je je toch helemaal ontspannen voelen. En als zij lang van stof is, is het heel belangrijk dat je voldoende sigaretten bij de hand hebt. Nogmaals, een sigaret verlicht de 'jeuk' maar gedeeltelijk. Daarom kun je je niet zo goed concentreren als een niet-roker.

Een heel beroemde en overigens deskundige professor van Oxford heeft eens op de televisie verklaard: 'Roken is goed voor de concentratie.' We zijn allemaal gehersenspoeld en denken dat dit waar is. Als het waar is, waarom worden treinmachinisten, piloten, chirurgen en iedereen die zich moet concentreren dan niet verplicht tijdens hun werk te roken? Waarom mogen zij juist niet roken tijdens hun werk? Omdat we intuïtief weten dat alleen mensen die in de valkuil zijn gevallen zich niet kunnen ontspannen, verveling verdrijven, stress verlichten of zich concentreren zonder nicotine.

Bij mijn vele pogingen 'op te houden' kon ik me onmogelijk concentreren zonder een sigaret. Dit kwam omdat ik dacht dat roken me hielp om me te concentreren. Steeds als ik een mentale blokkade had, probeerde ik die niet op te heffen, maar dacht ik dat een sigaret het probleem vanzelf zou oplossen en vond ik het jammer dat ik geen sigaret mocht hebben. Geen wonder dat ik me niet kon concentreren!

Hebben alleen rokers en ex-rokers mentale blokkades? Als dat zo is, dan zou roken die alleen maar veroorzaken en niet opheffen. Iedereen kampt hiermee natuurlijk van tijd tot tijd. Wat doen nietrokers in dit geval? Zij doen precies wat wij deden voordat we verslaafd raakten: ze proberen die blokkades op te heffen. Omdat de 'jeuk' maar gedeeltelijk wordt verlicht als we een sigaret opsteken, belemmert roken in feite de concentratie. Het vervuilende proces dat nicotine veroorzaakt tast elk orgaan aan, inclusief de hersenen. Nadat ik was gestopt met mijn methode, had ik nog steeds mentale blokkades, maar omdat ik wist dat roken de concentratie vermindert, verspilde ik geen tijd aan het tobben over een sigaret. Ik zocht verder naar een echte oplossing voor de blokkade. Ik had er een toen ik dit hoofdstuk schreef. Vroeger zou ik weer een sigaret opsteken en verder worstelen. Maar omdat ik weet dat dit geen oplossing is, maar een gebrek aan concentratie veroorzaakt, bekeek ik de situatie op een logische manier. Daarna waren de oorzaak en de remedie heel duidelijk. Ik had me vijf uur lang intensief geconcentreerd – mijn hersenen hadden rust nodig. Het is verbazingwekkend hoe schijnbaar onoplosbare problemen op miraculeuze wijze verdwijnen na een goede nachtrust!

We hebben de fabeltjes 1 tot en met 12 ontzenuwd. Laten we nu eens gaan kijken naar twee van de hardnekkigste illusies in de fantasie van de roker.

Zelfs als je de aard van de valkuil begrijpt en weet hoe de illusie werkt, kun je heel moeilijk accepteren dat je eigenlijk nooit van roken hebt genoten. Het is zelfs nog moeilijker te begrijpen dat geen enkele roker ooit heeft genoten van een sigaret, sigaar of pijp. Je moet de illusies en de hersenspoeling wegnemen om de ware situatie te zien: dat nicotineverslaving niets meer of minder is dan 'verwoesting', zoals ik heb uitgelegd in het begin van hoofdstuk 6. Lees die definitie nog eens en je kunt niet begrijpen waarom iemand misleid werd om te geloven dat hij van roken genoot.

Vraag een roker waarom hij rookt en het antwoord is doorgaans zoiets als: 'Omdat ik het lekker vind, natuurlijk.' Vraag hem wat hij echt lekker vindt aan het inademen van vieze kankerverwekkende rook en hij staat met zijn mond vol tanden. We hebben de uitvluchten van rokers al weerlegd en aangetoond dat het alleen maar illusies zijn. Ik ken veel vrouwen die toegeven dat ze te kleine schoenen dragen. Maar ik moet de vrouw nog tegenkomen die toegeeft dat ze dat prettig vindt. In een restaurant trekken ze ze doorgaans discreet uit, samen met een andere irritatie– de behoefte om de 'jeuk' te krabben. Roken is vergelijkbaar met het dragen van te kleine schoenen; het is allebei niet prettig.

Er is echter nog een reden die de kritischer rokers af en toe opgeven en die ik nog niet heb besproken: het ritueel. Lees de volgende passage uit een brief:

> '*Ik ben psychiater en een zeer zware roker. Ik weet dat ik niet gek ben en ik ben tot de conclusie gekomen dat ik toch een of ander pleziertje van roken krijg, anders zouden ik en al die andere miljoenen rokers niet roken. Ik heb alle gebruikelijke redenen die rokers opgeven geanalyseerd maar geen daarvan lijkt ergens op te slaan. Een tijdlang heb ik gedacht dat de enige verklaring was dat ik een persoonlijkheid had die gevoelig was voor verslaving, maar door mijn opleiding wist ik dat dat nergens op sloeg. Ik ben tot de conclusie gekomen dat alleen het ritueel prettig is: het mooie pakje, het verwijderen van het cellofaan en het zilveren papiertje, het pakje aanbie-*

den aan een vriend, de perfect gerolde en verpakte sigaret eruit nemen en aansteken, die eerste paar trekjes en het nog bevredigender uitblazen, mits je natuurlijk niet naast een niet-roker zit! Ik associeer dit ritueel met de prettigste momenten van mijn leven en eerlijk gezegd kan ik me een leven zonder sigaretten gewoon niet voorstellen.'

In deze brief staan twee belangrijke punten, maar laten we eerst het ritueel bespreken. Als dat zo prettig zou zijn, moet het ook mogelijk zijn dit te continueren, maar de sigaret niet op te steken. Rokers hebben dit geprobeerd maar kwamen tot de ontdekking dat het maar heel kort werkt. Je kunt gemakkelijk begrijpen waarom als je het ritueel van eten begrijpt.

Noem me een snob, maar ik houd van het ritueel van een maaltijd in een restaurant met prettige stoelen, een goede sfeer en een pittoresk uitzicht. En in het gezelschap van goede vrienden, des te beter. Het schone linnen, geslepen glaswerk, zilver en mooi porselein maken het ritueel nog prettiger. Stel je nu voor dat de geur van je lievelingseten naar binnen komt en dat je uitgehongerd bent. Eindelijk wordt het eten geserveerd. Je wacht beleefd totdat je vrienden ook hun eten hebben. Je staat op het punt het eerste hapje te nemen als de ober op je schouder tikt en zegt: 'Sorry, maar u betaalt alleen voor het ritueel, niet voor het eten.' Geniet je van het ritueel als je niet mag eten? Natuurlijk niet. Je zou des duivels zijn. Het ritueel van een maaltijd verhoogt alleen maar je plezier dat je je honger kunt stillen. Als je dat niet kunt, is het zinloos en buitengewoon frustrerend.

Bij roken dienen het mooie pakje, gouden aanstekers, zilveren sigarettendoosjes en kristallen asbakken het tegenovergestelde doel: ze misleiden je dat het prettig of gezellig is om vieze kankerverwekkende rook in te ademen. Maar evenals het ritueel van een maaltijd zinloos is als je niet mag eten, zo is ook het ritueel van roken zinloos als je die 'jeuk' niet mag krabben.

Een andere manier om dit fenomeen uit te leggen zijn de kruidensigaretten die je bij de drogist kunt kopen. Als je die hebt gerookt, dan weet je genoeg. Als je die nog nooit hebt gerookt, probeer ze dan eens en je begrijpt precies wat ik bedoel.

14. *Hebben sommige mensen aanleg voor verslaving?*

Ik vind deze claim heel aardig omdat je het onmogelijk kunt bewijzen als iets niet bestaat. Je kunt alleen het bewijs afwegen, je verstand gebruiken en besluiten wat het meest waarschijnlijk is.

Veel rokers komen tot de conclusie dat ze aanleg hebben voor verslaving. Waarom? In de regel omdat dat de enig logische verklaring is. Maar zelfs als er een persoonlijkheid met aanleg voor verslaving zou bestaan, slaat dat nergens op. Als ik een sociabele persoonlijkheid heb, dan betekent dit dat ik graag in het gezelschap van andere mensen ben. Dat zou ik doen en ik zou er werkelijk van genieten. Zodoende betekent een persoonlijkheid die gevoelig is voor verslaving dat ik verslaafd wil worden, niet alleen aan nicotine, maar aan heroïne en elke andere verslavende stof. Ik moet de man of vrouw nog tegenkomen die opzettelijk verslaafd raakte aan een drug.

Het hele onderwerp is een truc. Laat me je dit argument voorleggen in de meest fascinerende vorm die ik ken. Als ik je een miljoen euro zou geven om een onderzoek te doen naar het feit waarom meer Egyptenaren dan Oekraïners verdrinken in de Nijl en om vast te stellen of de Egyptenaren een persoonlijkheidstrekje hebben waardoor ze verdrinken in de Nijl, zou je de situatie snel begrijpen en met een conclusie komen. Oekraïners verdrinken niet in de Nijl omdat ze niet bij de Nijl wonen. De Egyptenaren zijn niet verslaafd aan verdrinken; ze verdrinken alleen per ongeluk als ze in de Nijl zwemmen of op de Nijl varen. Jij bent niet verslaafd aan heroïne omdat je geen heroïne gebruikt. Je kunt nergens aan verslaafd raken tenzij je het eerst gebruikt. Verbazingwekkend genoeg dringt deze openbaring tot duizenden rokers door die dachten dat ze een persoonlijkheid hadden die gevoelig was voor verslaving totdat ze de Carr-methode probeerden.

Niet je persoonlijkheid maakt je verslaafd maar een verslavende drug. Wat je ook verslaafd maakt, is het geloof dat je de een of andere vorm van pleziertje en/of steuntje krijgt van de drug en dat je zonder die drug niet van het leven kunt genieten of omgaan met stress. Met andere woorden, je bent afhankelijk van de drug die je moet helpen met de stress en de spanning van het leven. Je bent weliswaar lichamelijk verslaafd aan de drug, maar je bent ook verslaafd aan de illusie dat je niet compleet bent zonder sigaretten. Als we deze illusie eenmaal hebben weerlegd, is de verslaving verdwenen.

We hebben nu de fabeltjes 1 tot en met 14 ontzenuwd. Voordat we met de laatste zes verdergaan, moeten we eerst een andere kwestie uit de laatste brief behandelen: 'Ik associeer dit ritueel met de prettigste momenten van mijn leven en eerlijk gezegd kan ik me een leven zonder sigaretten gewoon niet voorstellen.' We moeten het belang bespreken van

het wegnemen van de associaties

20

Het wegnemen van de associaties

De Carr-methode werkt bij elke roker. Maar hoe mijn collega's en ik ook ons best doen de mensen die onze praktijk bezoeken te verzekeren dat onze methode écht bij elke roker werkt, lukt het een klein percentage rokers niet. Zij voelen zich misschien een mislukkeling, maar dat doen wij niet. We weten dat ze allemaal gemakkelijk kunnen stoppen. In alle gevallen waarin het moeilijk is, proberen we de redenen te analyseren. Alle instructies die ik je heb gegeven zijn belangrijk, maar ik vraag je te letten op de volgende punten die de belangrijkste oorzaken van mislukking blijken te zijn.

Je denkt dat je anders bent en dat de Carr-methode bij jou niet werkt.

Dit is negatief denken en je bent al verslagen voordat je zelfs maar bent begonnen. Als het je bij de eerste stoppoging met de Carr-methode niet lukt, betekent dit dat je een of meer instructies niet hebt begrepen of niet hebt opgevolgd. Dit kan gemakkelijk worden verholpen. Op een belangrijk aspect na, ben jij niet anders dan de andere 40 procent van de wereldbevolking die in de valkuil is terechtgekomen en probeert te ontsnappen. Jij kent de feiten. Je hebt nu de heldere gedachten die je vroeger zijn ontgaan.

Je begint in een neerslachtige en angstige gemoedsstemming en je gelooft dat stoppen heel moeilijk is.

Waarom zou je neerslachtig zijn? Je kiest ervoor vrij te zijn. Je zult je niet elke dag voelen als Nelson Mandela toen hij werd vrijgelaten na een jarenlange opsluiting. Begin in een gelukkige, zelfverzekerde houding en beschouw stoppen als een opwindende uitdaging. Je hebt helemaal niets te verliezen en heel veel te winnen.

Je begrijpt niet dat de enige reden waarom een roker blijft roken het voeden van het kleine monster is.

Dat kleine monster is de zuiver fysiologische verslaving in je lichaam en het idee dat roken je een pleziertje of een steuntje geeft, is alleen maar een illusie die je van het kleine monster krijgt. Dat monstertje veroorzaakt de onevenwichtigheid en rusteloosheid die je vanbinnen voelt. Je hersenen willen dat gevoel wegnemen en denken dat een sigaret de onevenwichtigheid zal opheffen. Nu begrijp je deze keten van misleiding en je bent je ervan bewust dat elke sigaret die je opsteekt het lege, onzekere gevoel niet wegneemt, maar het in werkelijkheid continueert. Je wordt voorgoed genezen als je het monster voorgoed kwijraakt.

Je begrijpt niet dat het kleine monster nog een paar dagen leeft nadat je je laatste sigaret hebt uitgemaakt.

Als je die laatste sigaret hebt uitgemaakt, kun je opeens naar een sigaret snakken. Denk er dan aan dat je niet echt naar een sigaret verlangt. Het is gewoon de doodsstrijd van het kleine monster. Nu is het tijd om blij te zijn en je beslissing te bevestigen.

Je kunt de associaties niet goed herkennen en wegnemen.

Dit brengt me weer op de analogie met de ruitenwissers. We hebben allemaal karaktereigenschappen die voortkomen uit oude gedragspatronen. Sommige mensen friemelen aan hun haren als ze zenuwachtig zijn als een vorm van steun. Dat deden ze als kind al. Rokers denken alleen aan de negatieve aspecten als ze niet kunnen roken. We kunnen ons niet voorstellen dat we kunnen telefoneren of een moeilijk probleem oplossen zonder een sigaret. Dit komt omdat we het hebben van sigaretten niet associëren met ons ellendig voelen. De angst dat je je voorgoed ellendig voelt in alle situaties zorgt ervoor dat je zelfs niet probeert te stoppen met roken.

Als je aan het begin van je stoppoging je maar moeilijk een maaltijd zonder sigaret kunt voorstellen, wat gebeurt er dan? Dat zal ik je zeggen. Je bent bijvoorbeeld vijf dagen gestopt. Dan heb je een etentje met vrienden. Na het eten steken die een sigaret op. Je krijgt een vleugje nicotine binnen en het nog niet helemaal dode kleine monster schreeuwt het uit. Wat doe je? Je probeert de verleiding met wilskracht te weerstaan of je steekt een sigaret op. Na vijf dagen smaakt die vies, maar de opluchting om de 'jeuk' te krabben bevredigt het kleine monster gedeeltelijk, verlengt zijn leven en bevestigt bij jou de illusie dat je zonder sigaret niet van een maaltijd kunt genieten.

Zolang je bang bent voor deze associaties, heb je wilskracht nodig om geen sigaret op te steken. En niet alleen het kleine monster zegt: 'Ik wil een sigaret!' Alle associaties waar we over hebben gesproken doen dat. Daarom kon Shelagh nog steeds 'een moord doen voor een sigaret', terwijl ze al acht jaar niet meer rookte en daarom voelen rokers die wilskracht gebruiken om 'op te houden' zich nooit helemaal bevrijd.

Het is heel belangrijk zoveel mogelijk associaties weg te nemen voordat je je laatste sigaret uitmaakt. Hiervoor heb je een beetje fantasie en zelfs moed nodig. Maar de beloning is hoog. Denk daaraan. Zeg tegen jezelf dat je dat gaat doen.

Prent het je op de eerste plaats duidelijk in dat alle situaties die je met roken in verband brengt heel plezierig waren en dat weer zullen zijn. Je hebt er al voldoende bewijs voor en daar hoef je deze bladzijden niet opnieuw voor te lezen. Je weet dat niet-rokers op die momenten geen behoefte hebben aan roken. Je weet ook dat jij dat ook niet hoefde voordat je een slechtoffer van de valkuil werd.

Vergeet niet dat het roken je in werkelijkheid hinderde om je op die momenten te amuseren, vanwege het aangeleerde gedragspatroon waar alleen verslaafden onder lijden. Met andere woorden, als een roker niet kan roken, wordt elke situatie snel onaangenaam en is het moment niet langer prettig. Alleen de sigaret veroorzaakt die ellende. Als je die situaties als niet-roker met de gemoedsstemming van de roker benadert, zul je er niet van genieten. Als je zegt: 'Ik denk dat ik hiervan niet kan genieten als ik niet mag roken', dan ruïneer je opzettelijk je kans op succes.

In het vorige hoofdstuk adviseerde ik je om zo snel mogelijk nadat je bent gestopt naar een feestje te gaan. Doe het, maar zie het als een test. Kijk naar de associaties, denk erover na, gebruik ze om de gedachtepatronen in je bewuste en onderbewuste geest te veranderen. Hiermee kun je je programmering herschrijven. Bewijs jezelf dat je niet hoeft te wachten niet-roker te worden en dat je geen periode van ellende hoeft door te maken. Net zoals je het prettig vindt dat de troep je lichaam verlaat, zul je het prettig vinden dat het vergif uit je hersenen verdwijnt omdat je de associaties hebt weggenomen. Er zijn letterlijk tientallen associaties. Laten we eens naar een paar typische ervan kijken.

Je ontmoet een groep rokers op een bruiloft of op vakantie. Ze lachen, zijn gelukkig en amuseren zich. Het pakje sigaretten gaat van hand tot hand en het is gemakkelijk nu te denken: Dit is niet eerlijk; die mensen amuseren zich echt. Zij kunnen roken en ik kan dat niet. Natuurlijk amuseren ze zich, maar dat komt niet omdat ze roken. Ze zijn op vakantie. Hoewel ze dat niet allemaal zullen toegeven, zullen alle rokers je benijden. Als je in die omstandigheden naar een sigaret gaat hunkeren, hunker je naar een situatie die nooit heeft bestaan. Je hebt op alle punten verloren: je voelt je ellendig omdat je niet kunt roken of je voelt je nog ellendiger omdat je dat wel doet.

Stel je voor dat die rokers behalve het feit dat ze in de nicotinevalkuil zitten, nog een handicap hebben. Stel dat ze allemaal een been missen. Ze zijn nog steeds uitgelaten op vakantie, maar heb jij het gevoel dat je er niet bij hoort omdat jij het geluk hebt dat je die handicap niet hebt?

De vertrekhal op een vliegveld is ook een valkuil voor ex-rokers vooral als je vlucht vertraging heeft. Hoe ze het voor elkaar krijgen weet ik niet, maar waar je ook bent, overal zie je mensen met belastingvrije sigaretten. Je verveelt je, je bent gefrustreerd en je hoort hoe de rokers zich verkneukelen over het geld dat ze hebben bespaard. Je zou dan gemakkelijk kunnen denken: Ik bespaarde vroeger ook geld met belastingvrije sigaretten. Ik koop gewoon een pakje. Doe dat niet! Denk er in plaats daarvan aan dat je helemaal niets bespaart en dat die rokers gemiddeld 80 000 euro in hun leven uitgeven aan hun verslaving, en hun gezondheid ruïneren.

Kijk eens naar de rokers om je heen, vooral naar de rokers op diezelfde vertraagde vlucht. Zien die er gelukkig en opgewekt uit?

Reken erop dat je in situaties terecht zult komen waarin oude associaties weer naar boven komen. Dit zijn je alarmbellen. Omdat vrouwen emotioneler zijn en hun emoties meteen herkennen, komen die bij hen sneller aan de oppervlakte, vooral de nare emoties. Als we niet lekker in ons vel zitten, proberen we die situatie te verhelpen door een handeling, gedachte of oplossing te zoeken. Wees erop voorbereid. Als die bellen beginnen te rinkelen, wees er dan op verdacht dat je eerste reactie – 'ik wil een sigaret' – alleen maar een reflex is, een vage herinnering aan het ongemak. Als je gedurende de eerste weken nadat je met roken bent gestopt met een heel moeilijke situatie wordt geconfronteerd, kan dit gevoel heel intens zijn. Maar vergeet niet dat hier twee krachten aan het werk zijn:

Je bent misschien nog in de laatste fase waarin je lichaam van de nicotine wordt gereinigd en daarom voelt het nogal verwarrend.

Je ondervindt de geestelijke gevolgen van de moeilijke situatie. Je hersenen verdelen die niet automatisch en zeggen niet: 'Deze helft is lichamelijk vanwege de ontwenningsverschijnselen en de andere helft komt omdat je je emotioneel niet goed voelt.'

je bent gewoon gestresst!

Als je weet hoe je op de alarmbel moet reageren en als je gelooft dat een sigaret het gevoel wegneemt, krijg je de neiging er een op te steken. Maar je weet dat die sigaret je maar tijdelijk soelaas biedt en, wat nog erger is, dat het hele proces opnieuw begint.

Raak niet in paniek als je die neiging krijgt. Denk op die momenten aan de werkelijkheid. Trek je beslissing om te stoppen nooit in twijfel. Houd jezelf voor hoe heerlijk het is om niet meer te hoeven roken.

Andere typische situaties zijn de kleine drama's van het leven. Iemand botst tegen jouw auto op. Natuurlijk ben je daar niet erg blij mee. Je denkt: Had ik nu maar mijn steuntje. Denk eens terug aan de tijd toen je nog rookte en kleine drama's meemaakte, of grote. Ongetwijfeld stak je een sigaret op, misschien wel meer dan een, maar heb je toen ooit gedacht: Is het leven niet prachtig? Ik heb een deuk in mijn mooie auto. Nou, en? Ik rook nu deze verrukkelijke sigaret. Nogmaals, als je op dit soort momenten denkt aan een sigaret, kwel je jezelf alleen maar.

Een minder gebruikelijke, maar vaak heel kritieke situatie kan het bezoekje zijn van die speciale vriendin met wie je vroeger samen rookte. Misschien heb je gemerkt dat Emma Freud erg werd beïnvloed door de vriendin die samen met haar rookte. De invloed kan echter omgekeerd even sterk zijn. Je praat samen over gebeurtenissen uit het verleden en over de toekomst met een glas wijn en een sigaret erbij. Dat kan toch onmogelijk hetzelfde zijn zonder een sigaret? Je maakt je zorgen dat je vriendschap op de een of andere manier voorbijgaat.

Herinner je je Emma's opmerking: 'Zij hadden ervoor bedankt en ik had dat niet.' Voelt je vriendin zich niet op haar gemak en voel jij je als een verraadster? Bereid je van tevoren op deze situaties voor. Denk eraan dat je niet hebt bedankt voor een gezelligheidsvereniging, maar voor een leprakolonie. Vergeet nooit dat je vriendin er net als jij, dolgraag van af zou zijn, hoe ze ook probeert je van het tegendeel te overtuigen. Pas toen zeven vriendinnen van Emma waren ontsnapt, kon ze zelf toegeven dat ze het roken haatte. Denk gewoon eens aan de voldoening die de eerste vriendin kreeg toen ze zoveel vriendinnen, inclusief Emma, had kunnen helpen om te ontsnappen. Jij zult al snel dezelfde voldoening krijgen.

Als roken alles zou doen wat we beweren, zou je dan niet tot en met je laatste sigaret

VOLKOMEN vrij van stress
ALTIJD ontspannen
NOOIT verveeld en
VOORTDUREND geconcentreerd zijn?

Wie was het ook weer die de verwachting wekte dat we om de een of andere reden iets misten, iets wat ons compleet moest maken?

De zesde en belangrijkste reden waarom het ons in eerste instantie niet lukt met de Carr-methode is:

de 'leegte'!

21

De 'leegte'!

Wat is 'de leegte'? Het is de overtuiging dat we om de een of andere reden niet compleet zijn, op welke manier we ons ook op deze planeet hebben ontwikkeld. Of je nu gelooft dat we werden geschapen door een god of door de evolutie, of door een combinatie van beide doet er niet toe. We weten dat de meer ontwikkelde soorten zoals gorilla's, tijgers en olifanten lichamelijk ongelofelijk sterk zijn en in het wild kunnen overleven zonder kleding of beschutting, zonder ziekenhuizen, artsen, drugs, geneesmiddelen, injecties of vaccinaties.

Je zou kunnen aanvoeren dat die soorten op het punt staan uit te sterven. Dat komt alleen maar omdat een nog sterkere soort de planeet voor zich heeft opgeëist en niet alleen hun natuurlijke omgeving heeft vernietigd en de rivieren, de grond en de lucht die ze inademen heeft vervuild, maar deze prachtige dieren ook heeft afgemaakt om zuiver commerciële en esthetische redenen, voor ivoor, het bont en de huid.

We vinden gorilla's, olifanten en tijgers lichamelijk ongelofelijk sterke dieren en toch hebben wij precies dezelfde huid en botten. Ons DNA is inderdaad voor 96 procent hetzelfde als dat van de chimpansee. Het is ook bewezen dat *homo erectus* veel langer dan wij op deze planeet heeft kunnen overleven zonder vuur, laat staan ziekenhuizen, artsen, drugs en het comfort en de veiligheid die wij hebben.

Als een babygiraffe een paar uur na de geboorte kan lopen, waarom doet een mensenbaby daar dan een jaar over? Waarom wordt een heel natuurlijk proces als een bevalling in de westerse maatschappij als een ziekte beschouwd? Een Australische aboriginal bevalt met behulp van een andere vrouw en twintig minuten later is ze weer op de been.

Ik suggereer helemaal niet dat we weer moeten terugkeren naar een primitieve manier van leven. Ik bestrijd ook niet dat de moderne geneeskunde het aantal sterfgevallen onder moeders en baby's heeft verlaagd. Ik wijs er alleen op dat we ons hebben ontwikkeld tot een punt waarop we denken dat niet alleen een baby lichamelijk zwak is, maar dat ook wij volwassenen zwak en onvolmaakt zijn.

Hoe vaak heb je die banale uitdrukking: 'Je jeugd is de gelukkigste tijd van je leven' niet gehoord. Stom genoeg geloven we dit ook nog. De geboorte is de meest indringende ervaring van elk levend wezen. Het feit dat Moeder Natuur aardig voor ons is en ervoor heeft gezorgd dat we ons niet bewust zijn van die ervaring of dat we die snel vergeten, verandert niets hieraan. De kinderjaren en de puberteit zijn ook niet gemakkelijk. We leren opgewassen te zijn tegen het leven, we worden volwassen en onafhankelijk. Als we eenmaal onafhankelijk en volwassen zijn, zou ons leven alleen rozengeur en maneschijn moeten zijn, maar dat is het niet. Onze uitvluchten zijn de hypotheek, de zware baan en de zorgen en verantwoordelijkheid voor het voeden, kleden, opvoeden en grootbrengen van de kinderen. We nemen deze verantwoordelijkheden vrijwillig op ons. Waarom zijn het dan zwaarwegende taken en geen genoegens?

Dat komt omdat we sinds onze geboorte worden gehersenspoeld en gaan geloven dat we het een of andere miraculeuze product of ding nodig hebben om beter te zijn, om compleet te worden. In werkelijkheid zijn het menselijk lichaam en de menselijke geest samen het krachtigste en meest ontwikkelde overlevingsmechanisme op aarde. Als we onszelf vergelijken met olifanten en tijgers vinden we dat we geestelijk superieur maar lichamelijk inferieur zijn. Het is echter precies andersom. Als onze jeugd de gelukkigste tijd van ons leven is, waarom neemt zelfmoord onder pubers in de westerse maatschappij dan elk jaar toe? Waarom zijn wij de enige soort die kan huilen en zelfmoord plegen?

We gebruiken onze zogenaamde intelligentie om onszelf te vernietigen. De puberteit is echt een tijd vol stress, maar net als alle andere schepselen op aarde kunnen wij van nature daarmee omgaan. Ik geloof echt dat onze bewuste geest ons beste overlevingsmechanisme is. Met andere woorden: dat wij logisch kunnen denken.

In hoofdstuk 18 hebben we besproken hoe de ingenieuze nicotinevalkuil ons een sigaret laat opsteken als we een leeg, onzeker gevoel krijgen, ongeacht het feit of dat te wijten is aan ontwenning, zoals na het eten of wordt veroorzaakt door gewone stress. We hebben er een gewoonte van gemaakt een sigaret te roken als we het lege, onzekere gevoel krijgen. Ons wordt wijsgemaakt dat de sigaret dat gevoel wegneemt. Maar nu begrijp je de truc. Net zoals je je snel aanpast aan een nieuwe auto, zul je de gewoonte snel afleren. Je denkt niet meer dat een sigaret het lege gevoel wegneemt en je voelt je niet meer beroofd, omdat je er geen mag hebben. Je beschouwt de sigaret als de oorzaak van het probleem en je bent opgetogen omdat je de kwelling niet meer hebt, omdat het probleem al is opgelost.

Zolang we de ware feiten over de aard van de truc niet kennen, zullen mensen onze situatie op alle mogelijke manieren uitbuiten. Denk eens na over het volgende.

De tabaksfabrikanten hebben in hun marketingcampagnes tientallen jaren tactieken gebruikt die ze hadden ontwikkeld met behulp van de psychoanalyse. De door overheid en industrie verzamelde informatie heeft uitgewezen dat mensen doorgaans producten willen kopen die hun een opkikkertje geven. De gemiddelde mens wil *iemand* zijn en materiële zaken zijn een middel om hem een hoger aanzien in de maatschappij te geven. De tabaksfabrikanten haakten in op deze trend en verzamelden hun eigen informatie zodat ze zich met hun producten op specifieke groepen in de maatschappij konden richten.

Ze namen uitstekende psychoanalitici in dienst die nauw samenwerkten met de marketingafdelingen om het juiste logo en imago te ontwikkelen die pasten bij de behoeften en verlangens van deze groepen. Kleuren en ideeën die in verband werden gebracht met jongvolwassenheid, succes en sociale integratie werden gebruikt om de verschillende markten te veroveren. Het werk gaat door en heeft duidelijk succes, omdat het de tabaksfabrikanten nog steeds lukt heel veel mensen in de nicotineval te laten lopen.

Documenten die zijn opgedoken en in rechtszaken tegen de tabaksfabrikaten werden gebruikt, laten duidelijk zien hoe cynisch hun marketingtrucs zijn. Rokers worden beschreven als 'onlogisch en stom' met betrekking tot hun verslaving. Ze bedoelen: rokers hebben er geen idee van dat wij een hoogst verslavende drug promoten en zelfs de rokers die tot die conclusie komen, kunnen zich niet bevrijden.

Je zou hopen dat de nationale overheden na de onthulling van die informatie op de hele wereld zouden ingrijpen om de handel in sigaretten te verbieden. Maar dat gebeurde helaas niet. De openbaarmaking van die documenten tijdens de rechtszaak tegen Philip Morris in Minnesota, Verenigde Staten, in 1998 heeft geen effect gehad op de activiteiten van de tabaksindustrie en heeft de nationale overheden niet geprikkeld zich ertegen te verzetten. De tabaksfabrikanten gaan nog steeds hun gang.

Een gedeelte van de informatie die ze gebruiken, komt rechtstreeks van jou. De verkoop bijvoorbeeld wordt gecontroleerd op basis van de informatie die ze krijgen van enquêtes. Je hebt zelf misschien al eens zo'n enquêteformulier ingevuld. Hoewel die niet rechtstreeks van de tabaksfabrikanten afkomstig zijn, worden ze wel aan hen verkocht. Kruis in het vervolg het hokje gegevensbescherming aan zodat de informatie die je verstrekt niet wordt doorgegeven.

In de jaren zestig was de verhouding mannelijke en vrouwelijke rokers 60 : 40. Daarna ging de trend naar beneden; het aantal mannelijke rokers nam met meer dan de helft af tot 27 procent, terwijl het aantal vrouwelijke rokers daalde naar 30 procent, een daling van 10 procent dus. De tabaksfabrikanten concluderen uit deze cijfers dat mannen meer succes hadden met stoppen dan vrouwen. Tegen 1998 rookte nog steeds maar 28 procent van de mannen; tegelijkertijd daalde het percentage rokende vrouwen naar 27 procent. Tegen de jaren negentig werden vrouwen beschouwd als het behoud van de sigarettenmarkt in de westerse wereld. Het onderzoek van de tabaksfabrikanten wees uit dat vrouwen minder werden beïnvloed door antirookcampagnes, vooral omdat die op mannen gericht waren en niet van toepassing waren op vrouwen. De kwesties die in de campagnes aan bod kwamen, vonden weinig weer-

Hoe de tabaksindustrie je ziet

Informatie uit 'Een structurele/psychologische verdeling van de markt van volwassen vrouwen'

* De leeftijden hebben alleen referentiewaarden. Er zijn steeds minder vrouwen van 18-30 jaar die geen kinderen hebben en niet werken.

klank bij vrouwen. Dit verklaart waarom deze stoppen zo moeilijk vinden.

Het percentage vrouwelijke rokers is nu gelijk aan dat van mannen. Verontrustender is dat het percentage rokende meisjes snel stijgt en in sommige landen zelfs hoger is dan het percentage rokende jongens. De belangrijkste kracht achter deze stijging zijn de alarmerend succesvolle marketingstrategieën van de tabaksindustrie. Vanaf de jaren zestig heeft die geprofiteerd van de grote veranderingen die plaatsvonden tijdens de emancipatie van de vrouw en de daarmee samenhangende toename van de economische onafhankelijkheid van vrouwen. De industrie beschouwt vrouwen heel duidelijk als een markt die moet worden veroverd en een groot deel van het jaarlijkse reclame- en marketingbudget is op hen gericht. Documenten die bij de fabrikanten in beslag werden genomen toonden de systematische analyse per marktsegment om beter te kunnen reageren op de stijgende 'behoeften en verlangens' van de moderne vrouw. Een enorme hoeveelheid onderzoek is op deze markt gericht.

Het meest verontrustend zijn de aantekeningen over minderjarige vrouwelijke rokers en de ontwikkeling van een aanpak, gericht op de levensstijl van deze meisjes bij het op de markt brengen van bepaalde producten. Ze proberen de opvattingen en wensen van vrouwen te identificeren, te profiteren van huidige trends en toekomstige trends te voorspellen. Ze praten over imagoversterkende merken voor de moderne vrouw. De sleutel hiervoor is volgens de tabaksindustrie: 'de effecten van het dagelijkse leven op te heffen'. 'Vrouwen', zeggen ze, 'zoeken manieren om zich terug te trekken en weer op adem te komen... met dit product kunnen ze niet alleen ontsnappen [als de kinderen bijvoorbeeld lastig zijn en moord en brand schreeuwen], maar het is ook een beloning ["ik doe het huishouden/maak dat rapport/die scriptie af en dan heb ik een rokerspauze verdiend omdat ik zo hard heb gewerkt"].' Klinkt je dat niet bekend in de oren?

Als je Marlboro Light rookt, hebben ze je helemaal gevangen. In feite zijn alle 'lights' bedrog. Het product was bedoeld voor de gezondheidsbewuste mens en zou minder schadelijk zijn. Daarmee had de roker een zogenoemde 'goede' reden om niet te stoppen. De tabaksfabrikanten geven het zelf toe en zeggen dat deze sigaretten 'niets meer dan bedrog' zijn. Je inhaleert gewoon dieper om de nicotine binnen te krijgen die je lichaam 'nodig heeft' om het in evenwicht te brengen. Als je hieraan twijfelt, denk dan eens aan die keer toen je voor het laatst een ultralight rookte. Geef maar toe, je plakte de filter af.

En ten slotte: de tabaksfabrikanten hebben producten ontwikkeld die specifiek bedoeld zijn voor vrouwen met een laag inkomen. Een laagje goud op een pakje moet de illusie van rijkdom geven.

Kijk eens op het schema op bladzijde 194. Ongetwijfeld herken je je in een van de categorieën die de tabaksindustrie heeft opgesteld om de vrouwelijke roker beter te begrijpen. Als je meer wilt weten over de wereld van de tabaksindustrie, kijk dan op internet bij Big Tobacco.

Ik kan eindeloos doorgaan over de tactieken die jou in de rookval moeten krijgen. Geef gewoon toe dat je je zoiets ingewikkelds en onheilspellends helemaal niet had kunnen voorstellen toen je die eerste sigaret opstak.

Je kunt die informatie gebruiken om het nieuwe beeld dat je van sigaretten hebt, te versterken, zodat je niet meer in die gevangenis terechtkomt die het schema zo duidelijk illustreert. Men zegt dat het verstand met de jaren komt. Op dit moment heb je de realiteit van het roken doorstaan. Je vond het niet prettig. Daarom lees je dit boek: om te ontsnappen. Met roken kan het nooit beter worden, alleen slechter. Als je de toestand waarin je nu verkeert, haat, dan zul je die altijd haten. Als je kon teruggaan naar de tijd voordat je die eerste sigaret rookte, wat zou je dan doen?

Je zult al snel in die unieke positie verkeren waarin je die laatste sigaret uitmaakt, waarin je een einde maakt aan de nachtmerrie en vrij bent. Je gaat terug naar de tijd toen je nog van het leven kon genieten alsof je die eerste sigaret nooit had opgestoken. Met alles wat je nu weet, kun je jezelf de beste raad geven. Eindelijk kun je een weloverwogen keuze maken.

Je kunt de rest van je leven in de valkuil blijven zitten, het grootste deel van de tijd de werkelijkheid negeren, weten hoe ellendig je je

voelt en hoe ellendig je je altijd zult voelen –
OF
Je kunt jezelf bevrijden en je ontsnapping vieren.

De leegte bestond niet vóór die eerste sigaret. Je probeert een leegte op te vullen die die eerste sigaret kunstmatig creëerde en je realiseert je niet dat een sigaret die leegte niet wegneemt maar groter maakt en vervolgens een nieuwe leegte schept.

Om opzettelijk een drug te nemen die het natuurlijke functioneren van het meest ontwikkelde organisme op aarde verstoort is net zo dom als het veranderen van de stemmen van een perfect gestemd instrument. Wees ervan overtuigd: je hoeft niet te roken en:

je hoeft er niets anders voor in de plaats

Dit brengt ons terug naar de vragenlijst en naar illusie 16: *Helpt het als je nicotinekauwgom, pleisters of spray gebruikt?* Ik wil je nu uitleggen waarom

je met vervangende middelen moeilijker kunt stoppen

22

Met vervangende middelen kun je moeilijker stoppen

Wat we willen bereiken is dat we nooit meer de behoefte of het verlangen hebben een sigaret te roken. Je gelooft misschien nog steeds dat dat moeilijk is. Ik beloof je dat het heel gemakkelijk is, mits je alle instructies opvolgt. Geluk heeft er niets mee te maken. Integendeel, je hebt de situatie volkomen in de hand.

Een van de instructies is géén vervangende middelen te gebruiken. Ik heb vaak gezegd dat het belangrijk is dat je niet meer denkt dat je niet compleet bent of dat je op de een of andere manier een essentieel element mist als je niet rookt. Als je een vervangend middel zoekt, zeg je eigenlijk tegen jezelf: 'Ik weet dat roken mijn gezondheid ruïneert en mij een fortuin kost en ik wil die kant ervan graag kwijtraken; maar het was ook mijn pleziertje en steuntje en ik moet er iets voor in de plaats hebben. Maar als je dat zegt, doorbreek je niet het idee dat je afhankelijk bent van de drug, je bevestigt alleen dat je denkt dat je niet zonder kunt. Want waarom zou je dan iets anders nodig hebben?

Als je net griep hebt gehad, zoek je dan in plaats daarvan naar een andere ziekte? Natuurlijk niet. Je bent blij dat de griep over is. Lees nu de definitie van 'verwoesting' in hoofdstuk 6 nog eens over; dat is de ziekte die je hebt gehad. Ik weet zeker dat je het moeilijk vindt roken op dezelfde manier te zien, maar ik wil je overtuigen. Stel je een alcoholist voor die altijd in de kroeg zit. Door welke problemen hij in eerste instantie ook begon te drinken, zijn ergste probleem is nu de alcohol zelf, die hem helemaal geen soelaas biedt. Dat zal iedereen duidelijk zien. De enige persoon die dat niet ziet, is uiteraard de verslaafde zelf. Alle verslavende drugs hebben dit effect op hun slachtoffer. Hoe meer ze je uitputten (en ik bedoel niet de lichamelijke effecten; de effecten die we kunnen zien), hoe meer ze je moed en zelfvertrouwen vernietigen en hoe meer behoefte je hebt aan je misleidende vriendje en steuntje.

Er is fantasie voor nodig jezelf in zo'n positie voor te stellen. En er is moed voor nodig om je fantasie te gebruiken. Nou, en? Moeder Natuur heeft je fantasie en moed gegeven voor de momenten waarop je die nodig hebt. We lijken allemaal een beetje op de laffe leeuw uit *De Tovenaar van Oz*; we hebben allemaal de natuurlijke moed en het zelfvertrouwen van vroeger verloren. Maar je zult die al snel terugvinden.

Hoe sneller je het kleine monster uithongert en het grote monster wegjaagt, hoe beter. Gelukkig is het grote monster alleen maar een hersenspinsel, een illusie. Net als de wereld zoals die in de film *The Matrix* wordt voorgesteld, is het een luchtbel die je kunt laten ontploffen voordat je je laatste sigaret uitmaakt.

Vervangende middelen verlengen alleen maar het leven van de luchtbel. Als je de illusie niet wegneemt voordat je de laatste sigaret uitmaakt, kun je die daarna nooit meer wegnemen. Alle vervangende middelen verlengen met opzet het leven van het grote monster. Vervangende middelen met nicotine hebben nog een nadeel: ze verlengen ook het leven van het kleine monster. Ik bedoel natuurlijk nicotinekauwgom, pleisters en neusspray. Nu weet ik dat dat logisch klinkt. De theorie is dat je, als je probeert met roken 'op te houden' met de 'wilskrachtmethode', twee machtige tegenstanders moet verslaan. De ene tegenstander is het lijden dat wordt veroorzaakt door de ontwenningsverschijnselen; de andere is de gewoonte zelf. Is het wel verstandig twee machtige tegenstanders tegelijkertijd te verslaan?

Volgens deze theorie zou je, als je je hopelijk laatste sigaret uitmaakt en de gewoonte afleert, je lichaam nicotine blijven geven zodat je die vreselijke lichamelijke ontwenningsverschijnselen niet krijgt. Als je de gewoonte hebt afgeleerd, kun je nu de tweede tegenstander aanpakken en het probleem verkleinen door de hoeveelheid nicotine geleidelijk te verminderen.

Het klinkt allemaal zo plausibel, nietwaar? Totdat je verder kijkt dan de oppervlakte. Krijg je niet precies hetzelfde resultaat als je gewoon geleidelijk aan minder gaat roken? Zou dat zelfs niet gemakkelijker zijn? Je kunt de situatie immers minder moeilijk maken door de gewoonte geleidelijk aan af te leren en de lichamelijke ontwenningsverschijnselen te verminderen. Herinner je je Mary in hoofdstuk 14? Ze probeerde het op die manier en ontdekte dat het haar illusie van afhankelijkheid helemaal niet wegnam, maar dat ze zich er alleen maar van bewust werd dat het kostbaarste ding op aarde een sigaret is.

Nicotinevervangers klinken logisch, maar zijn gebaseerd op drie misvattingen:

1. Dat roken een gewoonte is.
2. Dat gewoontes moeilijk af te leren zijn.
3. Dat de ontwenning van nicotine ontwenningsverschijnselen met zich brengt.

We hebben deze drie misvattingen al allemaal ontzenuwd. Je hebt misschien opgemerkt dat de meest voorkomende verklaring van rokers die de 'pleister' hebben geprobeerd en wie het niet is gelukt, was: 'Die pleister hielp heel goed met de lichamelijke ontwenning, maar loste het psychologische probleem niet op.' Met andere woorden, die zou een probleem moeten oplossen dat helemaal niet bestond, maar deed niets aan het werkelijke probleem.

Ik heb letterlijk tientallen artsen gevraagd of ze er een wetenschappelijke verklaring voor kunnen geven waarom geleidelijk minderen niet precies hetzelfde effect heeft als nicotinevervangers. En waarom beweren ze dat nicotinevervangers het stoppen gemakkelijker maken, terwijl het een bewezen feit is dat geleidelijk minderen het tien keer moeilijker maakt? Niet één van hen heeft geprobeerd een wetenschappelijke verklaring te geven. Ik heb dezelfde artsen gevraagd: 'Hoe is het mogelijk dat we een drugverslaafde helpen door hem dezelfde drug voor te schrijven waaraan hij verslaafd is?' Niet alleen heeft niemand hier een verklaring voor, maar het was ook helemaal niet bij hen opgekomen dat ze dat deden!

Een roker adviseren niet te roken, maar nicotinekauwgom te kauwen, is hetzelfde als een heroïneverslaafde adviseren geen heroïne te roken, omdat roken schadelijk is, maar om de heroïne in plaats daarvan direct in een bloedvat te injecteren! Zelfs de uitdrukking 'nicotinevervangers' is verkeerd. Er is geen therapie en er is geen vervanging. De therapie bestaat alleen uit het voorschrijven van dezelfde drug in een andere vorm. En daarom komen er letterlijk duizenden ex-rokers naar onze praktijken die bevrijd willen worden van de verslaving aan nicotinekauwgom.

Waar moeten we dan naar zoeken als we een vervangend middel willen? Naar iets wat alle voordelen van roken heeft maar geen nadelen? Een 'wonderpil' die de verveling verdrijft en de concentratie verbetert en die een stimulerende en ontspannende werking heeft? Kom nou! Geloof je nog steeds in sprookjes? Kwam je daarom toen in de valkuil terecht? Zoals Dorothy ontdekte: de tovenaar van Oz was een bedrieger. Waar ze naar zocht, had ze al. Dat heb jij ook al. Je lichaam en je hersenen hebben geen hulp van buitenaf nodig. De hersenen zullen echte stress niet opheffen net zomin als een sigaret dat doet, maar ze geven je adrenaline als je dat nodig hebt zodat je met stress kunt omgaan en ze geven je dopamine zodat je je kunt ontspannen en je weer gelukkig voelt als het gevaar is geweken.

Laten we nog even bij die artsen stilstaan. Een huisarts moet niet alleen een middel voorschrijven aan rokers die willen stoppen, maar ook een oplossing weten voor elke andere ziekte die het meest ontwikkelde schepsel op aarde kan krijgen. Laten we hen niet te hard aanpakken. Het kostte mij bijna een mensenleven om de geheimen van de rookval te ontdekken. Net als bij alle andere ziektes zijn artsen geneigd die middelen voor te schrijven die de geneesmiddelenconcerns aanbevelen. De gemiddelde huisarts weet niet meer over nicotineverslaving dan wie ook. Steeds meer medici vragen hulp aan onze praktijken dan mensen uit een andere beroepsgroep. Ik benadruk dat ze hulp vragen die niet voor hun patiënten is bedoeld, maar waarmee ze zelf uit de valkuil willen ontsnappen!

We hebben nu nog de laatste vier illusies van de vragenlijst over:

17. *Heb je wilskracht nodig om op te houden?*

18. *Krijg je lichamelijke ontwenningsverschijnselen als je stopt?*

19. *Moeten ex-rokers eerst een periode van hunkering en prikkelbaarheid doormaken?*

20. *Is het moeilijk om te stoppen?*

We hebben deze vier punten al even aangestipt. Het antwoord op alle vier is volmondig 'nee', mits je alle instructies hebt opgevolgd.

Nu wordt het heel spannend. Stel je voor dat je Edmund Hillary of de sherpa Tenzing Norgay bent, nog maar 25 meter verwijderd van de top van de Mount Everest. Al het harde werk van planning en voorbereiding is voorbij. Het weer is goed en je weet dat niets je ervan kan weerhouden je doel te bereiken.

Ben je een beetje nerveus en bang? Maak je daar geen zorgen over. Denk aan Nelson Mandela op het moment dat zijn gevangenisdeur openging. Kun je je de opwinding voorstellen? Denk je dat hij geen vlinders in zijn buik had? Je zit in een heel vergelijkbare positie als Hillary en Tenzing Norgay, alleen een die beter is. Je hoeft je niet te verlaten op Vrouwe Fortuna of andere onzekere factoren. Je bent al in precies dezelfde situatie als Nelson Mandela. Je hoeft nu alleen nog maar

de laatste instructies

op te volgen.

23

De laatste instructies

Voordat we verdergaan met de laatste instructies, moeten we nog een belangrijk onderwerp bespreken: TIMING. Je vraagt je misschien af: 'Is het nu echt het goede moment om een stoppoging te doen?'

Trap alsjeblieft niet in die ingenieuze val. Die zegt je alleen maar dat er nooit een goed moment is. Rokers roken immers op de prettigste momenten: het zou dwaas zijn 'op te houden' voor je bruiloft, Kerstmis of de vakantie. En dan is er de stress: 'Ik wacht totdat ik me meer ontspannen voel en probleem X, Y of Z is opgelost.' Deze manier van denken misleidt en vermoordt ons. Er is altijd wel een feest of een tragische gebeurtenis waardoor we de 'kwade' dag uitstellen.

Stel, iemand lijdt aan een ziekte die snel verergert, maar waarvoor één eenvoudige en goedkope behandeling is. Wanneer zou je hem adviseren de behandeling te ondergaan? Daar hoef je niet lang over na te denken. Het antwoord is en zal altijd NU! NU! NU! zijn. Wat een idioot zou je Hillary vinden als hij op 25 meter van de top zou twijfelen over zijn volgende stap en ten slotte zou zeggen: 'Misschien moet ik wel tot volgend jaar wachten.'

Er gebeurt niets ergs. Integendeel, er gebeurt iets fantastisch:

ga ervoor!

Je moest een aantal instructies opvolgen terwijl je het boek aan het lezen was. Het heeft geen zin die nu te herhalen. Voordat je echter verdergaat met het ritueel van de laatste sigaret is het heel belangrijk dat je de essentiële hoeksteen waarop de Carr-methode is gebaseerd kent: dat roken je geen echt pleziertje of steuntje in welke vorm dan ook geeft. Ik wil het absoluut duidelijk maken: ik bedoel niet dat de nadelen van roken welke voordelen dan ook tenietdoen. Elke roker weet dat voordat hij verslaafd raakte, wanneer hij verslaafd is en nadat hij is 'opgehouden', zelfs al blijft hij naar sigaretten snakken. Ik bedoel dat er geen voordelen zíjn.

De illusie van pleziertje en/of steuntje wordt veroorzaakt door het feit dat nicotine een leeg, onzeker gevoel, een onevenwichtigheid creëert als zij uit je lichaam verdwijnt en dat roken, verre van verveling te verdrijven en stress te verlichten of ontspanning en concentratie te bevorderen, precies het tegenovergestelde doet.

nicotine creëerde de onevenwichtigheid en blijft dat doen telkens als je een excuus hebt om weer een sigaret op te steken

Je moet begrijpen dat dit scenario op elke roker van toepassing is en niet alleen op jou. Tenzij je deze twee punten goed begrijpt, raad ik je aan het boek nog eens te lezen en niet te stoppen totdat je ze hebt eigen gemaakt. Als je het moeilijk blijft vinden, kun je hulp vragen bij een van mijn praktijken.

We moeten de laatste vier illusies van de vragenlijst nog uit de weg ruimen:

17. *Heb je wilskracht nodig 'om op te houden'?*
18. *Krijg je lichamelijke ontwenningsverschijnselen als je stopt?*
19. *Moeten ex-rokers eerst een periode van hunkering en prikkelbaarheid doormaken?*
20. *Is stoppen moeilijk?*

We hebben deze vier punten al een paar keer besproken en als je de valkuil helemaal begrijpt, dan weet je dat het allemaal illusies zijn. In het ideale geval zou je nu staan te trappelen van ongeduld om die laatste sigaret te roken en bevrijd te zijn. Maar als je al eens hebt geprobeerd te stoppen en dat, net als ik, moeilijk of onmogelijk vond, zul je het idee niet direct accepteren dat een roker het gemakkelijk en prettig vindt. Deze bedenking hoeft je er echter niet van te weerhouden de poging te wagen. Zoals met alles moet je de pudding eerst proeven om te weten of je hem lekker vindt – en sommige mensen moeten de pudding eerst helemaal opeten! Als je dus een beetje nerveus en bang bent, maak je daar dan geen zorgen over. Je kunt nerveus zijn, maar je zult je er wel doorheen slaan, mits je alle instructies opvolgt.

dit zijn je laatste instructies:

1. Controleer je gemoedsstemming. Vergeet niet dat het echte verschil tussen roker en niet-roker niet is dat de een rookt en de ander niet. De echte reden is dat een niet-roker geen behoefte of verlangen tot roken heeft; vandaag niet, morgen niet, nooit. Als je de gedachte dat je nooit meer een sigaret mag roken moeilijk vindt, probeer dan te denken aan de alternatieven en hoe je je daarmee voelt:

je hele leven snakken naar een sigaret maar je mag er geen hebben
of
je kunt nooit meer stoppen met roken.

Zelfs als je een beetje bang en nerveus bent, betekent dit niet dat je je ellendig hoeft te voelen. Het is heel belangrijk dat je begint – en doorgaat – met een blije gemoedsstemming; dat je roken ziet zoals het werkelijk is (niets meer of minder dan een drug die 'VERWOESTING' wordt genoemd); en dat je je realiseert dat je op het punt staat om iets fantastisch te bereiken, iets wat elke andere roker op aarde heel graag zou willen bereiken:

bevrijding van de nicotineverslaving

2. Je hebt nooit besloten dat je je hele leven ging roken. Net als elke andere roker werd je in de val gelokt. Onderschat de slimmigheid van die val niet. Op een bepaald moment zat negentig procent van de volwassen bevolking erin opgesloten. In tegenstelling tot iemand met een levenslange gevangenisstraf word jij niet na dertig jaar vrijgelaten en is er geen strafvermindering voor goed gedrag. Deze specifieke gevangenis is bedacht om je verslaafd te houden totdat je eraan doodgaat. Nog erger is dat je wordt gestraft voor een misdaad die je nooit hebt begaan. Je ontsnapt niet door alleen maar

te hopen dat je op een dag door een of ander wonder wordt bevrijd. Je moet op de eerste plaats een positieve beslissing nemen om te ontsnappen.

Je staat nu op het punt dat te doen. Sommige beslissingen zijn moeilijk. Als je een nieuwe auto koopt, moet je aan duizend dingen denken. Maar de beslissing die je nu gaat nemen, is misschien wel de belangrijkste in je leven. Je denkt wellicht dat ik de situatie overdrijf. Als de duizenden andere rokers die met de Carr-methode zijn gestopt, zul je achteraf beseffen dat de beslissing die je vandaag hebt genomen van invloed is op de kwaliteit van elk ander aspect van je leven. Denk eraan dat de beslissing die je nu neemt er niet om gaat of je moet stoppen met roken. Je hebt de keuze te beslissen of je de rest van je leven in de valkuil wilt blijven zitten of dat je eruit bevrijd wilt worden. Maak jezelf niet wijs dat je morgen stopt als je dat vandaag niet doet. Je bevestigt daarmee alleen maar mijn standpunt dat de valkuil je heeft verslagen en je blijft je hele leven gevangen. Gelukkig is stoppen met roken niet alleen de belangrijkste en heilzaamste beslissing die je ooit zult nemen, maar ook de gemakkelijkste. Het fantastische is dat je geen voordelen of nadelen tegen elkaar hoeft af te wegen. Er zitten helemaal geen voordelen aan roken. De nadelen zijn zo afschuwelijk dat we, eenmaal verslaafd, de gedachte eraan zelfs niet kunnen verdragen. Toch wil ik dat je nu plechtig belooft dat je, als je het ritueel van het roken van de laatste sigaret hebt voltooid, nooit meer een sigaret zult roken wat er ook in je leven gebeurt.

3. Als je de juiste beslissing hebt genomen, twijfel er dan nooit meer aan. Vanaf het begin zijn we gehersenspoeld om roken als een pleziertje of steuntje te beschouwen. Wees je ervan bewust dat roken uitsluitend nicotineverslaving is en nicotine niets meer of minder dan een drug die we ‘verwoesting’ noemen. Jouw beeld van roken is vertekend. Dat kan opnieuw gebeuren. Maar de feiten zijn nooit veranderd. Roken is altijd verslaving aan ‘verwoesting’ geweest en zal dat altijd blijven.

Sommige rokers kunnen moeilijk, zo niet onmogelijk, geloven dat alle rokers het gemakkelijk en prettig vinden te stoppen. Ik wil benadrukken dat de Carr-methode geen magie is, ondanks het feit dat duizenden ex-rokers denken dat zij wonderen verricht. Je kunt gemakkelijk uit de ingewikkeldste doolhof ontsnappen als je een kaart hebt. Veel critici geloven dat de Carr-methode alleen maar een serie nuttige tips is. Zij is meer dan dat: zij is de kaart waarmee elke roker het gemakkelijk vindt te stoppen, mits je de instructies opvolgt. Rokers vinden het alleen moeilijker te stoppen omdat:

A. ze denken dat ze worden beroofd van een echt pleziertje en/of steuntje. Daarom:
B. maken ze hun laatste sigaret uit, hopen dat ze er nooit meer een roken maar snakken er de komende dagen en de rest van hun leven naar en voelen zich leeg en ellendig omdat ze er geen mogen hebben.

De enige moeilijkheid is de twijfel, de onzekerheid, het wachten op niets. Als je een instructie opvolgt, moet je weten dat je de juiste beslissing hebt genomen en dat je daaraan niet gaat twijfelen. Dan vind je stoppen gemakkelijk.

A. Je voelt je niet beroofd maar opgetogen omdat je geen roker meer bent.
B. Je benijdt rokers niet meer maar hebt medelijden met hen als ze een sigaret opsteken.

Als je denkt dat je de verkeerde beslissing hebt genomen, plaats je jezelf in een onmogelijke positie: je mokt om en verlangt naar een situatie die nooit heeft bestaan en die niet kan bestaan. Je hebt nu maar twee keuzes. De eerste is de verleiding te weerstaan en je ellendig en beroofd voelen. De tweede is de verleiding niet te weerstaan en toch maar een sigaret te roken. Je weet zeker dat als je de verleiding nu niet kunt weerstaan, je dat nooit meer kunt. Je bent weer een slaaf van de nicotine en je voelt je nog ellendiger.

in beide gevallen heb je verloren

Gelukkig heb je een derde keuze: je moet accepteren dat je bent gehersenspoeld. Je benijdt misschien andere rokers of je wilt een sigaret, wellicht omdat je in een rokerige ruimte hebt gezeten en passief hebt meegerookt, wat een fysieke reactie kan veroorzaken. Of je bent gewoon verbaasd dat de mensen rondom je tevreden rokers zijn en je denkt dat roken hun iets geeft. Dit is een belangrijke waarschuwing: het betekent dat de hersenspoeling effect begint te krijgen. Denk eraan dat de tabaksfabrikanten bloedgeld betalen om het je in te prenten. Maar jij hebt een afweermiddel tegen hun bedrieglijke propaganda: je weet dat het allemaal deel uitmaakt van de ingenieuze valkuil en van de vele kenmerken die andere nicotineverslaafden gevangen houden totdat ze vernietigd zijn. Verheug je over het feit dat je nu weet hoe ingenieus de valkuil is en dat je al hebt verworven wat elke roker dolgraag wil bereiken. Laat niet toe dat deze momenten twijfel zaaien in je geest, maar gebruik ze om je eraan te herinneren:

hoe fantastisch het is om ervan af te zijn

dat je er geen trauma van krijgt

dat je er niet op hoeft te wachten om niet-roker te worden

Als je wacht, wacht je alleen maar op het moment waarop de onzekerheid en twijfels verdwijnen. Waarom zou je wachten? Net als ik en elke andere roker weet je onbewust dat roken een stommiteit is. Het is echt zo eenvoudig: je staat op het punt iets geweldigs te ervaren:

het ritueel van je laatste sigaret

Als je nog steeds bang wordt van deze uitdrukking, wees je er dan van bewust dat dat komt omdat je bang bent dat je het roken gaat missen en dat je zonder sigaret niet meer van het leven kunt genieten. Dat is echte angst, maar die had je niet voordat je in de valkuil terechtkwam.

Laten we eens kijken wat het ritueel van deze laatste sigaret echt is. Je hele rokende leven heb je naar dit moment toegewerkt: de sigaret uitmaken. Je hebt je ten doel gesteld iets te bereiken wat de hele maatschappij moeilijk vindt en wat veel rokers als onmogelijk beschouwen. Nu ben je zelfs geen 25 meter van de top. Je bent op de top. Het ritueel van de laatste sigaret is als de pracht en praal van de uitreiking van de Oscars. Zou een Oscar echt zo belangrijk zijn zonder die ceremonie? Zou een bruiloft of een begrafenis hetzelfde zijn zonder een ceremonie?

Hillary en Tenzing waren alleen, maar denk je dat dat afbreuk deed aan de ceremonie van het planten van de vlag? De hele wereld kende hun prestatie. Jouw familie, vrienden, collega's en kennissen zullen binnenkort weten wat jij hebt bereikt. Beschouw het niet als het ritueel van de laatste sigaret, maar zoals het in werkelijkheid is: een ceremonie voor jou alleen, voor je eigen eer en glorie, om je bevrijding te vieren en je ontsnapping uit een nachtmerrieachtige slavernij:

nicotineverslaving

Degenen onder jullie die mijn instructies hebben opgevolgd en zijn blijven roken, moeten nu hun laatste sigaret roken. Als jij voordat je dit boek ging lezen al plechtig had beloofd dat je nooit meer zou roken, heb dan niet het gevoel dat je nu iets mist. Jij hebt je laatste sigaret al gerookt, maar je kunt je prestatie toch vieren. In feite is het heel belangrijk dat je dat doet, ook al ben je al een stapje verder. In jouw geval vecht het kleine monster zijn laatste doodsstrijd of is misschien al dood.

Het is jammer dat we de Oscar, de onderscheiding van Hollywood, niet kunnen huren zodat alle rokers die in een bepaald jaar zijn ontsnapt hun prestatie samen kunnen vieren. Als we dit zouden kunnen regelen met dezelfde publiciteit die de uitreiking van de Oscars krijgt, ben ik ervan overtuigd dat het onvermijdelijke einde van nicotineverslaving in onze maatschappij zou worden versneld.

Je kunt het natuurlijk vieren in gezelschap van je naaste familie en goede vrienden. Maar om welke reden dan ook geef je er misschien de voorkeur aan het alleen te doen.

Wat je ook kiest, rook die laatste sigaret heel aandachtig. Wees je ervan bewust dat er niets plezierigs is aan de smaak en dat het uitgesproken onaangenaam is om vieze, kankerverwekkende dampen in je longen te ademen. Wees je er ook van bewust dat je naaste familie en goede vrienden je toch wel zullen steunen ook als je het alleen wilt doen. Hoewel ze het niet zullen toegeven, zal elke roker je toejuichen, omdat elke keer als iemand aan de tirannie weet te ontsnappen, er hoop is voor degenen die nog gevangenzitten.

In het begin heb ik gezegd dat geen roker ooit heeft genoten van een sigaret. Ik wil deze uitspraak nuanceren. Het is wel mogelijk alleen van één sigaret te genieten, zelfs om in verrukking te raken van het roken van een sigaret, omdat je weet dat het je laatste is!

Of je nu wel of niet staat te trappelen van ongeduld, niets staat je meer in de weg jezelf te bevrijden en je hoeft de vernedering van beperking of gevangenisstraf nooit meer mee te maken. Rook nu die laatste sigaret en draai de sleutel om die je zal bevrijden uit

de nicotineslavernij

Als je die laatste sigaret hebt uitgemaakt, kun je jezelf niet-roker noemen. Van nu af hoef je alleen maar te accepteren dat rokers, net als niet-rokers en ex-rokers, goede en slechte dagen hebben. Terwijl de verslaving hen steeds vaster in haar greep krijgt, hebben ze in feite steeds minder goede dagen. Verwacht dat je je een paar dagen een beetje gedesoriënteerd voelt, maar maak je daar geen zorgen over: het is alleen maar een teken dat je beter wordt. Het is echt zo eenvoudig: ik hoef je niet te vertellen dat rokers stommeriken zijn. Van nu af moet je, of je nu denkt aan roken, of je een goede of een slechte dag hebt, je beslissing niet in twijfel trekken, maar zeggen:

hiep hoi, ik ben niet-roker!

Dit is geen mantra, die als je hem maar vaak genoeg herhaalt, waar wordt. Het *is* de waarheid. De ingenieuze valkuil heeft je doen geloven dat een leeg, onzeker gevoel gedeeltelijk wordt weggenomen als je een sigaret rookt. Het enige doel van de Carr-methode is om je te laten zien dat het tegenovergestelde waar is. Het kost tijd je deze waarheid eigen te maken. Volg intussen gewoon de instructies op en over een paar dagen zul je een fantastische ervaring beleven. Ik noem het het 'moment van openbaring'. Dit is vergelijkbaar met het gevoel dat je krijgt als je de eerste keer zonder zwembandjes of andere hulpmiddelen zwemt, of als je slaagt voor je rijbewijs. Als je dat hebt, is de wereld van jou. Je kunt gaan en staan waar je wilt zonder iemand te moeten smeken je ergens heen te brengen. Je bent onafhankelijk, net als toen je eindelijk kon fietsen zonder hulpwieltjes of een hand van je vader of moeder in je rug. Dit werd prachtig weergegeven in een reclamespotje: een jongetje roept steeds opnieuw: 'Niet loslaten, papa.' Hij kijkt om en ziet dat papa dat al heeft gedaan. Hij heeft vijftig meter alleen en zonder steun gefietst.

Het echte genot van deze momenten komt door het gevoel van een nieuwe vrijheid en dat je niet langer van iemand afhankelijk bent. Het moment van openbaring overtreft alle voorbeelden die ik heb gegeven. Te beseffen dat je niet langer afhankelijk bent van een smerig vergif dat je vermoordt, dat je vrij bent van de zelfverachting omdat het je een fortuin kost om een slaaf van een vergif te zijn, dat is iets anders. Het is een heel bijzonder moment.

Dit moment ervaar je doorgaans een paar dagen nadat je bent gestopt, na een van die situaties waarvan je dacht dat je er niet van kon genieten of er niet mee kon omgaan zonder een sigaret. Het kan een feestje zijn of een stressvolle situatie. Daarna begint het tot je door te dringen: je hebt niet alleen niet gerookt, maar je hebt helemaal niet aan roken gedacht. Dan realiseer je je dat alles wat ik heb gezegd waar is: sociale gebeurtenissen zijn prettiger, je kunt beter met stress omgaan, je hebt niet meer het gevoel dat je er niet bij hoort en de uitdrukking 'eens een roker altijd een roker' is bedrog.

Als je probeert niet aan roken te denken, dan krijg je een fobie en blijf je eraan denken. Als je probeert het moment van openbaring te creëren, dan zul je dat nooit bereiken. Rokers die een 'wilskrachtmethode' gebruiken, ervaren dat moment van openbaring zelden, omdat ze nooit zeker weten of het hun is gelukt. Als je doel is een week of een jaar niet te roken, kun je onmogelijk weten dat het je is gelukt totdat die week of dat jaar voorbij is. Als je doel is nooit meer te roken, zul je om dezelfde reden niet weten of het je is gelukt totdat je leven voorbij is. In feite zul je dat dan nooit weten.

Hoe weet je dat met de Carr-methode? Omdat je de aard van de valkuil begrijpt. Vissen vechten om dat stukje aas, maar de vis die weet dat er een haak in zit, zal er zelfs geen hapje van pakken; die vis heeft alleen maar medelijden met de andere vissen en vooral met de vis die het gevecht heeft gewonnen.

Je bent al niet-roker. De nachtmerrie is voorbij. Het belangrijkste doel van dit boek is niet alleen je te helpen te stoppen met roken. Het voornaamste doel is dat je meer van het leven gaat genieten. Doe dat ook.

Een kleine minderheid ex-rokers vindt stoppen tamelijk gemakkelijk met de Carr-methode en blijft niet-roker, maar ervaart het moment van openbaring nooit. Dat komt omdat ze niet alle instructies hebben opgevolgd. Je herinnert je vast wel Fiona's geval in hoofdstuk 15:

> *Ik begrijp en ben het eens met alles wat u zegt in* Stoppen met roken. *Ik wil graag duidelijk maken dat ik dolgelukkig ben dat ik niet-roker ben en weet dat ik nooit meer zal roken. Ik weet dat u zegt dat ik over roken moet denken als: Is het niet geweldig! Ik ben ervan af! en zo voel ik dat ook echt, behalve wanneer ik in dat lege huis kom. Dan denk ik: Kon ik nu maar een sigaret roken. Ik weet dat het dan niet bij die ene sigaret blijft en daarom doe ik het niet. Maar ik rook nu al zes maanden niet meer. Kunt u me alstublieft helpen?*

Toen ik Fiona ontmoette, wees ik haar erop dat ze iets gemist of niet goed begrepen moest hebben. We ontdekten dat ze het verband tussen haar lege huis en het misleidende steuntje van een sigaret niet had verbroken. Ze maakte dat droevige moment nog droeviger door te snakken naar iets wat ze niet mocht hebben, vooral omdat dat het werkelijke probleem – het lege huis en haar gevoel van eenzaamheid – niet zou oplossen. We bespraken haar situatie en ze was het ermee eens dat het voor haar echt een droevig moment was als ze in dat lege huis kwam omdat er niemand was met wie ze de gebeurtenissen van de dag kon delen. Als een gezelschapsmens van nature voelde ze zich verdrietig door haar situatie. Hoeveel sigaretten zou ze nodig hebben om die situatie te veranderen? Ze las haar persoonlijke verklaring nog eens over. Dit bevestigde dat ze doodziek was van het lege huis, omdat ze daar alleen was, erop los rookte, zich vergiftigde en haar leven niet ten volle leefde. Wij mensen zijn vaak niet tevreden met onze prestaties en proberen het de volgende keer altijd beter te doen. Fiona's geval benadrukt hoe belangrijk het is je gedachten en gedragspatronen te herschrijven, zodat je ze kunt begrijpen! Op dat moment besloot Fiona dat ze, elke keer als ze die deur opendeed, eraan moest denken hoe fijn het was dat ze iets afschuwelijks onder controle had en dat ze het aankon. Het resultaat was een openbaring voor ons allebei. Ze schreef:

Ik deed wat u zei van maandag tot en met vrijdag en ik voelde me er goed bij. Ik zag altijd op tegen de vrijdag omdat dat de ergste avond was – een heel weekeinde in een leeg huis! Verbazingwekkend genoeg dacht ik er helemaal niet aan hoe fijn het was dat ik niet hoefde te roken. Maar nog verbazingwekkender: ik verheugde me er echt op thuis te zijn! En dat kwam niet omdat ik me nu helemaal bevrijd voelde van het roken. Ik besefte dat ik met mijn scheiding precies hetzelfde was omgegaan als met mijn roken. Sorry voor mijn taalgebruik, maar hij was een egoïstische, ongemanierde schoft! Voordat ik verliefd op hem werd en met hem trouwde, was ik gelukkig en vol zelfvertrouwen. Ik wil niet opscheppen, maar ik had vriendjes genoeg. Hij ondermijnde mijn zelfvertrouwen, maakte van mijn leven één stuk ellende en liet me als een nerveus wrak achter. Net als bij het roken kniesde ik om een situatie die nooit heeft bestaan.

De brief leek heel veel op die van Debbie. Ik wil niet met de eer gaan strijken voor situaties waar ik niets aan kan doen, maar stoppen met roken wordt als een ongelofelijk moeilijk doel beschouwd. Als je het eenmaal hebt bereikt, kun je met het zelfvertrouwen en geloof in jezelf aspecten van je leven onder ogen zien en beheersen waar je je vroeger ongerust over maakte. Ik vind dit een van de grootste voordelen van de bevrijding van nicotine.

Ik heb het moment van openbaring ervaren voordat ik mijn laatste sigaret uitmaakte. In onze praktijk beleven veel rokers het lang voordat de therapie is afgesloten. Ze zeggen dan zoiets als: 'Je hoeft niets meer te zeggen. Ik zie het allemaal zo duidelijk. Roken is gewoon een enorme truc en ik weet dat ik nooit meer zal roken.' Misschien heb jij dat ook al ervaren. Maak je geen zorgen als dat bij jou nog niet is gebeurd. Veel verschillende factoren kunnen de situatie beïnvloeden: de mate van afhankelijkheid van de drug; of je een grote fantasie hebt of dat je op het bewijs moet wachten; en het belangrijkst van alles, of je als een schaap langs een gebaande weg moet worden geleid, hoe absurd ook, of dat je je geest kunt openstellen en de waarheid accepteren. Het maakt niet uit als je op alle punten slecht scoort. Als je alle instructies hebt opgevolgd, ben je al een gelukkige niet-roker. Vroeger heb je misschien gedacht dat dat voor jou onmogelijk was. Als je het moment van openbaring ervaart, kun je moeilijk geloven dat je ooit weer in de valkuil terechtkomt. Lees nu het laatste hoofdstuk en ontdek

hoe je de rest van je leven een gelukkige niet-roker kunt blijven

24

Hoe kun je de rest van je leven een gelukkige niet-roker blijven?

Toen ik het moment van openbaring kreeg, wist ik dat ik nooit meer in de nicotinevalkuil zou tuimelen. Achttien jaar later heeft niets die overtuiging kunnen veranderen, alleen maar versterkt. Ik geloofde ook dat elke andere roker die met behulp van de Carr-methode gemakkelijk kon ontsnappen net zo onkwetsbaar zou zijn. Een paar maanden later ontdekte ik dat dit niet per se zo hoefde te zijn en ervoer ik mijn grootste nederlaag. Stel je mijn teleurstelling voor toen Emma Freud me vroeg haar inleiding op mijn video te schrappen.

Ik wilde aan haar verzoek voldoen. Hoe trots ik ook op die inleiding was en hoeveel rokers erdoor konden ontsnappen, het laatste wat ik wilde was een aanbeveling door iemand die weer was gaan roken. De rokers die het horen, zeggen niet wat ze denken. Ze zouden kunnen zeggen: '*O, echt? Je verliet die praktijk na vier uur en je was al een gelukkige niet-roker en het kostte je niet meer dan 200 euro? Dat moet de deal van je leven zijn geweest. Ik ga het beslist proberen!*' Maar wat ze denken is: *Denk je dat ik gek ben? Als het zo gemakkelijk en prettig is, waarom ben je dan weer begonnen?*

Ja, waarom? Sinds ik de Carr-methode heb ontdekt, heb ik meer over dit specifieke aspect van roken nagedacht dan over alle andere aspecten samen. Een cynisch persoon zou natuurlijk denken: *Heel veel mensen hebben gedurende een bepaalde tijd niet gerookt en waren tamelijk gelukkige niet-rokers. Maar ze waren er niet echt van af en begonnen uiteindelijk weer. Ze hebben zichzelf alleen maar voor de gek gehouden!* Ik schaam me er niet voor dat toe te geven. Als ik de Carr-methode niet had ontdekt, zou mijn houding precies hetzelfde zijn. Ik zou zeker geen 200 euro over de balk gooien, hoe vurig de ex-roker de methode ook had aanbevolen.

Mijn gepieker is niet helemaal zonder succes gebleven. Ik weet en accepteer dat het een klein percentage rokers niet lukt drie maanden lang te stoppen. Ik ben er heel erg trots op dat ik dat percentage heb kunnen verlagen van 24 procent in mijn eerste jaar tot minder dan 5 procent in mijn laatste jaar. Ik ken ook de grootste tragedie van de Carr-methode: niet dat het in eerste instantie niet lukt, maar dat het wél lukt en dat je vervolgens weer verslaafd raakt. Ik heb goede redenen te geloven dat ik dit percentage ook aanzienlijk heb kunnen terugbrengen, maar helaas heb ik daarvan geen exacte statistische gegevens kunnen bemachtigen. Dit laatste hoofdstuk moet garanderen dat jij straks niet zo'n gegeven wordt.

Ik beweer dat elke roker met de Carr-methode gemakkelijk en voorgoed kan stoppen. Hoe kan ik dat beweren en tegelijkertijd toegeven dat er altijd rokers zijn wie het in eerste instantie lukt maar die toch weer verslaafd raken? Velen zullen zeggen dat je niet kunt stellen dat je voorgoed bent gestopt als je weer verslaafd raakt. Dat is waar, maar je kunt wel zeggen dat je ontsnapt bent uit een berenval en dat je nu helemaal bevrijd bent. Het is ook mogelijk dat je in de toekomst in een andere berenval trapt. Betekent dat niet dat je uit de eerste val bent ontsnapt?

Ik heb al uitgelegd dat ex-rokers met een 'wilskrachtmethode' niet helemaal bevrijd zijn en de rest van hun leven kwetsbaar blijven. Met de Carr-methode ben je bevrijd op het moment dat de hersenspoeling is verdwenen. Laten we eens kijken naar Doris, een van de eerste bezoeksters aan onze praktijk in Birmingham. Ze kwam in tranen en ze was zo somber als een roker maar kan zijn. Ze ging ook weg in tranen; tranen van geluk, moet ik er snel aan toevoegen en iedereen huilde, ik ook. Ze gaf me een dikke kus toen ze wegging in een toestand van euforie. Ze was al een gelukkige niet-roker. Ze ging diezelfde avond naar haar dochter en schoonzoon om hun het goede nieuws te vertellen. Hij had beloofd op hetzelfde moment 'op te houden', niet omdat hij dat wilde, maar om zijn schoonmoeder te steunen. Maar hij gebruikte natuurlijk de 'wilskrachtmethode' en de duidelijke opgetogenheid van zijn schoonmoeder versterkte alleen maar zijn gevoel van gemis. Hij zei: 'Waarom ben je zo opgewonden? Je bent nog geen dag gestopt!' Het effect was catastrofaal. De vier uur waarin ik die dame uit de valkuil had geholpen, werden in een paar seconden ongedaan gemaakt. Dat was dus zijn steun. Ze rookte niet waar zij bij waren, maar het zaad van de twijfel was gezaaid. Het ontkiemde, woekerde en groeide.

Toen Doris de praktijk verliet, was ze al een gelukkige niet-roker en vastbesloten om dat de rest van haar leven te blijven. Je kunt aanvoeren dat er weinig hoop op was dat ze vrij zou blijven als er maar een paar woorden voor nodig waren om haar opnieuw verslaafd te doen raken. Maar ze bleef vrij. Gelukkig kwam ze terug naar mijn praktijk. Ik herinnerde haar aan de strijd die woedt tussen rokers en ex-rokers en dat ze moest proberen zich in de positie van haar schoonzoon te verplaatsen. Hij wilde haar niet met opzet pijn doen. Hij verdedigde gewoon zichzelf. Zij was opgetogen omdat ze niet langer hoefde te roken. Maar hij was somber en ellendig omdat hij moest 'ophouden'. Ze ging meteen terug en speelde hem de joker toe.

Je bent bevrijd op het moment dat de hersenspoeling is weggenomen en je in de juiste gemoedsstemming bent. Maar word er nooit ongevoelig voor. Als de Carr-methode al een zwak punt heeft, dan is het dit: omdat het zo gemakkelijk is te stoppen, worden de cliënten overmoedig en beschouwen het als vanzelfsprekend. Een van de goede eigenschappen van Moeder Natuur is dat we ons de goede dingen mogen herinneren en de slechte dingen vergeten. Helaas kan dat een averechtse uitwerking hebben. De Carr-methode is zo doeltreffend omdat je tegen de tijd dat je de cursus hebt voltooid veel krachtige en geldige redenen hebt om nooit meer te roken en geen enkele geldige reden om ermee door te gaan. Maar na verloop van tijd vergeten we de slechte kant. Het gevaar ligt niet zozeer in de eerste dagen als je bang bent en je je kunt herinneren hoezeer je het haatte dat je rookte. De reden waarom ik wilde dat je je 'persoonlijke verklaring' maakte, was dat je die af en toe kunt lezen om je eraan te herinneren hoe geweldig het is ervan af te zijn. Schrijf je gevoelens op als je het moment van openbaring ervaart.

Telkens als ik een roker zie die een langere periode is gestopt, maar weer begon te roken, vraag ik hem: '*Vond je het fijn niet-roker te zijn gedurende de tijd dat je ervan af was?*' Zonder uitzondering zeggen ze allemaal: '*Het was geweldig!*' Ze blijven erover praten hoe geweldig het was. Ik vraag hen vervolgens of ze het prettig vinden dat ze weer roken. Zonder uitzondering zeggen ze allemaal: '*Ik haat het! Waarom ben ik ook zo stom geweest?*' Ik moet erbij zeggen dat ik precies hetzelfde antwoord krijg van rokers die langere tijd met een 'wilskrachtmethode' zijn 'opgehouden'. Leer van hun fouten. Als het gebeurt bij een cliënt die me een brief heeft geschreven zoals Debbie deed, wordt het probleem in de regel opgelost als ik zijn brief gewoon aan hem terugstuur als een herinnering aan hoe ze zich voelden toen ze stopten.

Waarom was het bericht dat Emma weer rookte zo'n schok? Ze was immers jong, gezond en rijk en had minder reden tot stoppen. Ze had ook een prestatiegericht beroep met veel stress waarin de verleiding groot is. Het kwam omdat ze heel intelligent was, maar ook de misschien wel aardigste persoon die ik ooit heb ontmoet. Ze was een succesvol voorbeeld voor meisjes, ze was een afstammelinge van de grote Sigmund Freud en ze had veel succes. Ze had geen ongelijk toen ze me vroeg haar inleiding te verwijderen. Ze moet zich een huichelaarster hebben gevoeld en ze zou waarschijnlijk zeer in verlegenheid worden gebracht door de opmerkingen van haar vrienden en vriendinnen die wisten dat ze weer rookte.

Ik heb alleen maar respect voor Emma en ben niet kwaad op haar. Maar ik haat mezelf dat ik ermee akkoord ben gegaan haar inleiding te verwijderen. Ik heb één les in dit leven geleerd: eerlijkheid duurt het langst, niet om morele of idealistische redenen, maar om de zuiver egoïstische reden dat zij de moeite waard is. Ik had moeten volhouden dat de inleiding bleef staan. Het was heel duidelijk dat Emma eerlijk en oprecht was en er op dat moment echt van genoot dat ze een gelukkige niet-roker was. Ik had die inleiding moeten gebruiken als een waarschuwing, zoals ik dat nu doe. Het is gemakkelijk meteen en voorgoed te stoppen, maar onderschat de ingenieuze valkuil nooit. Je hebt plechtig beloofd dat je nooit meer een sigaret zult roken. De belangrijkste instructie van de Carr-methode is: als je de juiste beslissing hebt genomen, twijfel daar dan nooit meer aan. Telkens als je van nu af aan roken denkt, denk dan gewoon:

hiep hoi, ik ben niet-roker!

Op die manier heb je zelfs geen wilskracht nodig en breek je je belofte niet. Ik wil hiermee zeggen dat succes in het begin gegarandeerd is, maar dat je permanent succes kunt evenaren als je alle instructies opvolgt. Elke roker die niet meteen of voorgoed kan stoppen met de Carr-methode heeft dat niet gedaan.

Ik neem Fiona als laatste voorbeeld. Ze volgde één instructie niet op: het wegnemen van alle verbanden. Maar ze was toch dolgelukkig dat ze niet-roker was en wist dat ze nooit meer zou roken. Maar hoe kon zij of ik dat zeker weten want ze had het laatste stukje hersenspoeling niet weggenomen. Het antwoord is dat we dat niet kunnen weten. We weten alleen dat ze zich volledig vrij voelde in elk aspect van haar leven toen de laatste belemmering was verdwenen.

Hoe weten we dat er niet nog een aspect van de Carr-methode is dat Fiona en jij hebben gemist? Dat weten we niet, maar zoals men wel zegt: '*Als het niet is gebroken, verspil dan geen tijd en geld om het te repareren.*' Als je toch een probleem hebt, nu of in de toekomst, lees dan gewoon bijlage A.

Ten slotte moet ik je iets bekennen. Hoe graag ik rokers ook wil helpen met stoppen, ik heb een hekel aan schrijven. Wil je dus iets voor me doen? Lees bijlage A nu. Sla geen onderdeel over, omdat je denkt: 'Ja, dat is duidelijk.' Je hebt zo hard gewerkt om zover te komen. Het kost maar een paar minuten en het zou jammer zijn alles te bederven omdat je er genoeg van hebt. Behandel elk punt serieus. Vraag je af: geloof ik dit echt? Is het echt tot me doorgedrongen? Als je dat voor me doet, kan ik alleen maar Emma's woorden herhalen:

veel plezier!

Bijlagen

A: DE BELANGRIJKSTE INSTRUCTIES DIE JE MOET OPVOLGEN TERWIJL JE DIT BOEK LEEST

Wees niet bevooroordeeld

Houd steeds een blij gemoed

Probeer niet te stoppen of te minderen voordat je het boek uit hebt

Loop niet te hard van stapel

Stel je 'persoonlijke verklaring' op

B: DE INSTRUCTIES WAARMEE JE GEMAKKELIJK EN VOORGOED KUNT STOPPEN

1. Vergeet nooit dat roken jou of een andere roker helemaal geen voordelen biedt.

2. Benijd andere rokers niet. Zij benijden jou. Hun gras is zelfs niet groen, maar heeft een ongezonde, vieze, bruine kleur!

3. Als je de juiste beslissing hebt genomen, twijfel daar dan nooit aan.

4. Wees je ervan bewust dat het kleine monster nog een paar dagen leeft en dat je dan een sigaret wilt pakken. Als dat gebeurt, maak je daar dan geen zorgen over. Gebruik het moment om je eraan te herinneren hoe fijn het is ervan af te zijn.

5. Neem de associaties weg. Vind ze en vernietig ze.

6. Gebruik geen vervangende middelen – die heb je niet nodig.

7. Accepteer dat je goede en slechte dagen hebt, maar vergeet niet dat de goede dagen nog beter worden en de slechte dagen steeds minder voorkomen.

8. Mijd andere rokers niet en verander je levensstijl ook niet omdat je bent gestopt, tenzij je die toch al wilde veranderen. Denk eraan: je bent alleen gestopt met roken, niet met leven!

9. Lees je 'persoonlijke verklaring' nog eens over. Zet die in je computer als screensaver.

10. Probeer niet te minderen of de hoeveelheid sigaretten in bedwang te houden.

11. Negeer het advies van 'experts' en vrienden als dat in strijd is met deze instructies, hoe belangrijk deze mensen ook zijn en hoe imponerend ze ook klinken.

12. Wacht niet op het moment van openbaring of op het moment waarop je niet-roker wordt – je bént het al. Ga gewoon over tot de orde van de dag.

13. Probeer vooral niet *niet* aan roken te denken. Maar als je eraan denkt, denk dan:

hiep hoi! ik ben niet-roker!

ALLEN CARR'S EASYWAY CLINICS

The following list indicates the countries where Allen Carr's Easyway To Stop Smoking Clinics are currently operational. Check for latest additions to this list.

The success rate at the clinics, based on the three-month money-back guarantee, is over 90 per cent.

Selected clinics also offer sessions that deal with alcohol, other drugs and weight issues. Please check with your nearest clinic, listed below, for details.

Allen Carr's Easyway guarantee that you will find it easy to stop at the clinics or your money back.

LONDON CLINIC AND WORLDWIDE HEAD OFFICE
Park House, 14 Pepys Road,
Raynes Park, London SW20 8NH
Tel: +44 (0)20 8944 7761
Fax: +44 (0)20 8944 8619
Email: mail@allencarr.com
Website: www.allencarr.com
Therapists: John Dicey, Colleen Dwyer, Crispin Hay, Emma Hudson, Rob Fielding, Sam Carroll, Sam Bonner

Worldwide Press Office
Contact: John Dicey
Tel: +44 (0)7970 88 44 52
Email: media@allencarr.com

UK Clinic Information and Central Booking Line
Tel: 0800 389 2115

UK CLINICS

Aylesbury
Tel: 0800 0197 017
Therapists: Kim Bennett, Emma Hudson
Email: kim@easywaybucks.co.uk
Website: www.allencarr.com

Belfast
Tel: 0800 0776 187
Therapist: Tara Evers-Cheung
Email: tara@easywayni.com
Website: www.allencarr.com

Birmingham
Tel: 020 8944 7761
Therapists: John Dicey, Colleen Dwyer, Crispin Hay, Rob Fielding, Sam Carroll
Email: info@allencarr.com
Website: www.allencarr.com

Bournemouth
Tel: 020 8944 7761
Therapists: John Dicey, Colleen Dwyer, Emma Hudson, Sam Carroll
Email: mail@allencarr.com
Website: www.allencarr.com

Brentwood
Tel: 020 8944 7761
Email: mail@allencarr.com
Website: www.allencarr.com

Brighton
Tel: 020 8944 7761
Therapists: John Dicey, Colleen Dwyer, Emma Hudson, Sam Carroll
Email: mail@allencarr.com
Website: www.allencarr.com

Bristol
Tel: 020 8944 7761
Therapist: David Keys
Email: stop@easywaysouthwest.com
Website: www.allencarr.com

Cambridge
Tel: 020 8944 7761
Therapists: Kim Bennett, Emma Hudson
Email: kim@easywaybucks.co.uk
Website: www.allencarr.com

Carlisle
Tel: 0800 077 6187
Therapist: Mark Keen
Email: mark@easywaycumbria.co.uk
Website: www.allencarr.com

Coventry
Tel: 0800 321 3007
Therapist: Rob Fielding
Email: info@easywaycoventry.co.uk
Website: www.allencarr.com

Crewe
Tel: +44 (0)1270 664176
Therapist: Debbie Brewer-West
Email:
debbie@easyway2stopsmoking.co.uk
Website: www.allencarr.com

Derby/Nottingham
Tel: +44 (0)1270 664176
Therapists: Debbie Brewer-West
Email:
debbie@easyway2stopsmoking.co.uk
Website: www.allencarr.com

Guernsey
Tel: 0800 077 6187
Therapist: Mark Keen
Email: mark@stopsmoking.gg
Website: www.allencarr.com

Isle of Man
Tel: 0800 077 6187
Therapist: Mark Keen
Email: mark@stopsmoking.im
Website: www.allencarr.com

Jersey
Tel: 0800 077 6187
Therapist: Mark Keen
Email: mark@stopsmoking.je
Website: www.allencarr.com

Lancashire
Tel: 0800 077 6187
Therapist: Mark Keen
Email:
mark@easywaylancashire.co.uk
Website: www.allencarr.com

Leeds
Tel: 0800 077 6187
Therapist: Rob Groves
Email:
mark@easywaymanchester.co.uk
Website: www.allencarr.com

Leicester
Tel: 0800 321 3007
Therapist: Rob Fielding
Email: info@easywaymidlands.co.uk
Website: www.allencarr.com

Lincoln
Tel: 0800 321 3007
Therapist: Rob Fielding
Email: info@easywaymidlands.co.uk
Website: www.allencarr.com

Liverpool
Tel: 0800 077 6187
Therapist: Mark Keen
Email:
mark@easywayliverpool.co.uk
Website: www.allencarr.com

Maidstone
Tel: 020 8944 7761
Email: mail@allencarr.com
Website: www.allencarr.com

Manchester
Tel: 0800 077 6187
Therapist: Rob Groves
Email:
mark@easywaymanchester.co.uk
Website: www.allencarr.com

Manchester – Alcohol sessions
Tel: 07936 712942
Therapist: Mike Connolly
Website: www.allencarr.com

Milton Keynes
Tel: 020 8944 7761
Therapists: Kim Bennett, Emma Hudson
Email: mail@allencarr.com
Website: www.allencarr.com

Newcastle
Tel: 0800 077 6187
Therapist: Mark Keen
Email:
mark@easywaynortheast.co.uk
Website: www.allencarr.com

Oxford
Tel: 020 8944 7761
Therapists: Kim Bennett, Emma Hudson
Email: mail@allencarr.com
Website: www.allencarr.com

Reading
Tel: 020 8944 7761
Therapists: John Dicey, Colleen Dwyer, Emma Hudson, Sam Carroll
Email: mail@allencarr.com
Website: www.allencarr.com

Sheffield
Tel: +44 (0)1226 972356
Therapist: Rob Groves
Email:
joseph@easywaysheffield.co.uk
Website: www.allencarr.com

Southampton
Tel: 020 8944 7761
Therapists: John Dicey, Colleen Dwyer, Emma Hudson, Sam Carroll
Email: mail@allencarr.com
Website: www.allencarr.com

Staines/Heathrow
Tel: 020 8944 7761
Therapists: John Dicey, Colleen Dwyer, Emma Hudson, Sam Carroll
Email: mail@allencarr.com
Website: www.allencarr.com

Stevenage
Tel: 020 8944 7761
Therapists: Kim Bennett, Emma Hudson
Email: mail@allencarr.com
Website: www.allencarr.com

Telford
Tel: +44 (0)1270 664176
Therapist: Debbie Brewer-West
debbie@easyway2stopsmoking.co.uk
Website: www.allencarr.com

Watford
Tel: 020 8944 7761
Website: www.allencarr.com

SCOTLAND
Glasgow and Edinburgh
Tel: +44 (0)131 449 7858
Therapists: Paul Melvin and Jim McCreadie
Email: paul@easywayscotland.co.uk
Website: www.allencarr.com

REPUBLIC OF IRELAND
Dublin and Cork
Lo-Call (From ROI) 1 890 ESYWAY (37 99 29)
Tel: +353 (0)1 499 9010 (4 lines)
Therapists: Brenda Sweeney and team
Email: info@allencarr.ie
Website: www.allencarr.com

WORLDWIDE CLINICS

AUSTRALIA
Brisbane
Tel: 1300 848 028
Email: nic@allencarr.com.au
Website: www.allencarr.com.au

Northern Territory – Darwin
Tel: 1300 55 78 01
Therapist: Dianne Fisher
Email: wa@allencarr.com.au
Website: www.allencarr.com

Melbourne
Tel: 1300 848 028
Email: nic@allencarr.com.au
Website: allencarr.com.au

Sydney, New South Wales
Tel: 1300 848 028
Therapist: Natalie Clays
Email: nic@allencarr.com.au
Website: www.allencarr.com

South Australia – Adelaide
Tel: 1300 523 129
Therapist: Jaime Reed
Email: sa@allencarr.com.au
Website: www.allencarr.com

Western Australia – Perth
Tel: 1300 13300 848 028
Therapist: Dianne Fisher
Email: wa@allencarr.com.au
Website: www.allencarr.com

AUSTRIA
Sessions held throughout Austria
Freephone: 0800 RAUCHEN (0800 7282436)
Tel: +43 (0)3512 44755
Therapists: Erich Kellermann and team
Email: mail@allen-carr.at
Website: www.allencarr.com

BRAZIL
São Paolo
Therapists - Alberto Steinberg & Lilian Brunstein
Email: contato@easywaysp.com.br
Website: www.allencarr.com

BULGARIA
Tel: 0800 90 70 50/ 0899 88 99 07
Therapist: Rumyana Kostadinova
Email: rk@nepushaveche.com
Website: www.nepushaveche.com

CANADA
Toll free: +1 866 666 4299
English Therapist: Damian O'Hara
French Therapist: Rejean Belanger
Regular seminars held in Toronto, Vancouver and Montreal
Corporate programs available throughout Canada
Email: info@theeasywaytostopsmoking.com
Website: www.theeasywaytostopsmoking.com

CHILE
Tel: +56 2 4744587
Therapist: Claudia Sarmiento
Email: contacto@allencarr.cl
Website: www.easyway.cl

COLOMBIA, BOGOTA – SOUTH AMERICA
Therapist: Felipe Sanint Echeverri
Tel: +57 3158681043
Email: info@nomascigarrillos.com
Website: www.nomascigarillos.com

CZECH REPUBLIC
Tel: + 420 731 107 057
Email: easyway@allencarr.cz
Website: www.allencarr.cz

DENMARK
Sessions held throughout Denmark
Tel: +45 20783136
Therapist: Mette Fonss
Email: info@easyway.dk
Website: www.easyway.dk

ESTONIA
Tel: +372 733 0044
Therapist: Henry Jakobson
Email: info@allencarr.ee
Website: www.allencarr.ee

FINLAND
Tel: +358 (0)45 3544099
Therapist: Janne Ström
Email: info@allencarr.fi
Website: www.allencarr.fi

FRANCE
Sessions held throughout France
Freephone: 0800 FUMEUR (386387)
Tel: +33 (4) 91 33 54 55
Therapists: Erick Serre and team
Email: info@allencarr.fr
Website: www.allencarr.fr

GERMANY
Sessions held throughout Germany
Freephone: 08000 RAUCHEN
(0800 0 7282436)
Tel: +49 (0) 8031 90190-0
Therapists: Erich Kellermann and team
Email: info@allen-carr.de
Website: www.allen-carr.de

GREECE
Sessions held throughout Greece
Tel: +30 210 5224087
Therapist: Panos Tzouras
Email: panos@allencarr.gr
Website: www.allencarr.gr

GUATEMALA
Tel: +502 2362 0000
Therapist: Michelle Binford
Website: www.dejedefumarfacil.com

HONG KONG
Tel: + (852) 81913513
Email: info@easywayhongkong.com
Website:
www.allencarrhongkong.com

HUNGARY
Seminars in Budapest and 12 other cities across Hungary
Tel: 06 80 624 426 (freephone)
or +36 20 580 9244
Therapist: Gábor Szász
Email: info@allencarr.hu
Website: www.allencarr.hu

ICELAND
Reykjavik
Tel: +354 588 7060
Therapist: Petur Einarsson
Email: petur@easyway.is
Website: www.easyway.is

INDIA
Bangalore & Chennai
Tel: +91 (0)80 41603838
Therapist: Suresh Shottam
Email:
info@easywaytostopsmoking.co.in
Website: www.allencarr.com

ISRAEL
Sessions held throughout Israel
Tel: +972 (0)3 6212526
Therapists: Ramy Romanovsky, Orit Rozen, Kinneret Triffon
Email: info@allencarr.co.il
Website: www.allencarr.com

ITALY
Sessions held throughout Italy
Tel/Fax: +39 (0)2 7060 2438
Therapists: Francesca Cesati and team
Email: info@easywayitalia.com
Website: www.easywayitalia.com

JAPAN
Sessions held throughout Japan
www.allencarr.com

LEBANON
Tel: +961 1 791 5565
Mob: + 961 76 789555
Therapist: Sadek El-Assaad
Email:
stopsmoking@allencarr.com.lb
Website: www.allencarr.com

LITHUANIA
Tel: +370 694 29591
Therapist: Evaldas Zvirblis
Email: info@mestirukyti.eu
Website: www.allencarr.lt

MAURITIUS
Tel: 499 2300
Therapist: Heidi Hoareau
Email: info@allencarr.mu
Website: www.allencarr.mu

MEXICO
Sessions held throughout Mexico
Tel: +52 55 2623 0631
Therapists: Jorge Davo and Mario Campuzano Otero
Email: info@allencarr-mexico.com
Website: www.allencarr.com

NEW ZEALAND
North Island – Auckland
Tel: +64 (0) 27 417 7077
Therapist: Vickie Macrae
Email: vickie@quitsmoking.co.nz
Website: www.allencarr.com

South Island – Christchurch
Tel: (0) 27 431 9381
Therapist: Laurence Cooke
Email: deb@easywaydunedin.co.nz
Website: www.allencarr.com

NORWAY
Oslo
Tel: +47 93 20 09 11
Therapist: René Adde
Email: post@easyway-norge.no
Website: www.allencarr.com

PERU
Lima
Tel: +511 637 7310
Therapist: Luis Loranca
Email:
informes@AllenCarrPeru.com
Website: www.allencarrperu.com

POLAND
Sessions held throughout Poland
Tel: +48 (0)22 621 36 11
Therapist: Anna Kabat
Email: info@allen-carr.pl
Website: www.allencarr.pl

PORTUGAL
Oporto
Tel: +351 22 9958698
Therapist: Ria Slof
Email:
info@comodeixardefumar.com
Website:
www.comodeixardefumar.com

ROMANIA
Tel: +40 (0) 7321 3 8383
Therapist: Diana Vasiliu
Email: raspunsuri@allencarr.ro
Website: www.allencarr.ro

RUSSIA
Moscow/St. Petersburg
Tel: 8 (800) 250 66 22
Therapist: Alexander Fomin
Email: info@allencarrmoscow.ru
Website: www.allencarr.com

SERBIA
Belgrade
Tel: +381 60 323 7798
Email: office@allencarr.co.rs
Website: www.allencarr.com

SINGAPORE
Tel: +65 6329 9660
Therapist: Pam Oei
Email: info@allencarr.com.sg
Website: www.allencarr.com.sg

SLOVAKIA
Website: www.allencarr.com

SLOVENIA
Tel: 00386 (0) 40 77 61 77
Therapist: Gregor Server
Email: easyway@easyway.si
Website: www.allencarr.com

SOUTH AFRICA
Sessions held throughout South Africa
National Booking Line: 0861 100 200
Head Office: 15 Draper Square, Draper St, Claremont 7708, Cape Town
Cape Town: Charles Nel
Tel: +27 (0)21 851 5883
Mobile: 083 600 5555
Therapists: Charles Nel, Malcolm Robinson and team
Email: easyway@allencarr.co.za
Website: www.allencarr.com

SOUTH KOREA – SEOUL
Tel: +82 (0)70 4227 1862
Therapist: Yousung Cha
Email: allencarr@naver.com
Website: www.allencarr.com.kr

SWEDEN
Göteborg
Tel: +46 (0)8 240100
Email: info@allencarr.se
Website: www.antligenickerokare.se

Malmö
Tel: +46 (0) 40 30 24 00
Email: info@allencarr.se
Website: www.antligenickerokare.se

Stockholm
Tel: +46 (0) 735 000 123
Therapist: Christofer Elde
Email: info@allencarr.se
Website: www.antligenickerokare.se

SWITZERLAND
Sessions held throughout Switzerland
Hotline: 0800 728 2436
Tel: +41 (0)52 383 3773
Therapists: Cyrill Argast and team

Sessions in Suisse Romand and Svizzera Italiana
Email: info@easyway.ch
Website: www.easyway.ch

TURKEY
Sessions held throughout Turkey
Istanbul Tel: +90 212 358 5307
Ankara Tel: +90 312 418 60 85
Therapist: Emre Üstünuçar
Email: info@allencarrturkiye.com
Website: www.allencarrturkiye.com

UKRAINE
Crimea, Simferopol
Tel: +38 095 781 8180
Therapist: Yuriy Zhvakolyuk
Email:
Website: www.allencarr.com

Kiev
Tel: +38 044 353 2934
Therapist: Kirill Stekhin
Email: kirill@allencarr.kiev.ua
Website: www.allencarr.com

USA
Central information and bookings:
Toll free: 1 866 666 4299 /
New York: 212- 330 9194
Email:
info@theeasywaytostopsmoking.com
Website: www.allencarr.com
Seminars held regularly in New York,
Los Angeles, Denver and Houston
Corporate programs available throughout the USA
Mailing address: 1133 Broadway, Suite 706, New York, NY 10010
Therapists: Damian O'Hara, Collene Curran, David Skeist